Tilsit

Königsberg

Stolp

Köslin

Danzig

Elbing

OSTPREUSSEN

POMMERN

Graudenz

Stargard

WESTPREUSSEN

Schneidemühl

Bromberg

rg/Warthe

Posen

Lódz

POSEN

Auf dieser Karte sind alle Sektionen
außerhalb der Bundesrepublik
Deutschland verzeichnet, die bis
zum Kriegsende 1945 ständig (oder
nur zeitweilig) Mitglied im
deutsch-österreichischen Alpenverein waren.

SCHLESIEN

Liegnitz

Breslau

z

henberg

Waldenburg

Gablonz

Oppeln

Glatz

Gleiwitz

Kattowitz

OSTOBERSCHLESIEN

SUDETENLAND

Troppau

Ölmütz

Brünn

Preßburg

W0236222

Pioniere, Abenteurer und Mäzene

Christine Schemmann

Pioniere, Abenteurer und Mäzene

Ostdeutschlands Beitrag
zur Eroberung der Alpen

VERLAG GERHARD RAUTENBERG

Fotonachweis

Alpenfreund 1870 (Seite 77, 97); Alpines Museum Innsbruck (29, 75, 96); Amthor/Selbstbiographie (70); Archiv Dyhrenfurth (81), Heckl (14), Schemmann (21); DAV-Bibliothek (31); DAV-Mitteilungen (239, 240, 243/3, 249/2, 250, 254, 259); Die Schutzhütten u. Unterkunftshäuser i. d. Ostalpen, Sektion Wien, ca. 1910 (28 Repros)); Erhart, Sepp (43); Fremdenverkehrsamt Maurach (162); Heckl, Herwig (102); Historama Agfa-Gevaert (33); Hofer, Erich (63); Kaiserer, Otto (197); Müller-Uibrig (48); Nationalparkverwaltung Berchtesgaden (178, 180/81); Österreichischer Touristenklub (60/61, 262); Röhrl, Ernst (116); Rigibahn-Gesellschaft (147); Segantini-Museum St. Moritz (11); Sektion Asch (239), Breslau (82), Dresden (57, 246), Edelweiß (259), Erfurt (78, 167), Essen (191), Frankfurt/Main (255), Kattowitz (248), Leipzig (16, 18, 22, 24, 25, 249, 252), Oberkochen (171, 254, 260), Oberer-Neckar (247), Reichenberg (125, 255/2), Sudeten (131, 141), Starnberg (246), Warnsdorf (118, 119/2, 121); Schaffitzel, Margarethe (137, 244); Schauer, Oswald (244); Schemmann, Karlheinz (41, 44, 45, 47, 65, 74, 83, 89, 91, 94, 99, 135, 146, 149, 152, 153, 155, 187, 191, 193, 204, 208 und 25 Repros); Hüttenverzeichnis: 38 Fotos (und 24 Repros); Wengeralp-Jungfraubahn (147); Zesch, Max (251).

*

Für hilfreiche Unterstützung dankt die Autorin den ost- und mitteldeutschen Bergsteiger-Sektionen, dem Hauptgeschäftsführer des Deutschen Alpenvereins Werner Sedlmair, insbesondere jedoch Herta Heckl (Pentenried), Hans Koehler (München), Walter Nimmrichter (Esslingen) und Familie Arntz (Burgwedel) sowie Hedwig Rüber von der DAV-Bibliothek und Horst Scholz vom Pinzgauer Bezirksarchiv.

CIP-Titelaufnahme der Deutschen Bibliothek
Schemmann, Christine:
Pioniere, Abenteurer und Mäzene : Ostdeutschlands Beitr. zur Eroberung d. Alpen / Christine Schemmann. – Leer : Rautenberg 1988
ISBN 3-7921-0378-8

Inhaltsverzeichnis

Denn sie sollen nicht vergessen werden ...

Ein Drittel jener Kolonisatoren, die den Alpen ihre Schrecken nahmen und sie wohnlich machten, kam aus Ost- und Mitteldeutschland.

Ähnlich wie die Siedler in Amerikas Wildem Westen zogen sie im Rausch der Begeisterung auch auf unserem Kontinent von Ost nach West, um im gelobten Land der hohen Berge, jenseits von Oder und Neiße, Öde und Wildnis zu zähmen.

Diese Männer kamen mit Taschen voll Geld. Sie waren gebildete Kraftnaturen von hohen Graden und exemplarisch ehrgeizig.

Pioniere und Abenteurer, die unter Strapazen Oasen schufen und ganzen Talschaften und Gebirgszügen ihren Stempel aufdrückten. Wer weiß das noch?

Wer kennt hier ihre Geburtsorte — Crimmitschau, Pößneck, Meerane und Schmalkalden? Und die mit fremden Namen wie Wroslaw, Brno, Karl-Marx-Stadt, Gdansk, Cheb, Kaliningrad und Szczecin, die einst Breslau, Brünn, Chemnitz, Danzig, Königsberg und Stettin hießen?

Sie waren Bergsteiger — und Wohltäter.

Dieses Buch erzählt von Pionieren, Abenteurern und Mäzenen, die von drüben kamen, denn sie sollen nicht vergessen werden ...

Den historischen Hintergrund für jene Kapitel, die Parallelen zwischen den Eroberern der Alpen und denen des Wilden Westens in den USA ziehen, verdanken wir unter anderem dem Buch „Western-Geschichte" von Joe Hembus (Jahrgang 1933). Er galt sechs Wochen lang als vermißt und wurde schließlich am 2. Juni 1985 von einem Polizei-Hubschrauber gefunden. Der Münchner Film-Journalist lag tot auf einem Schneefeld in den Bergen westlich von Lengries. Vermutlich rutschte er — so der Polizeibericht — beim Fotografieren aus und stürzte etwa 300 Meter in die Tiefe.

Ein gesellschaftliches Ereignis

In diesem Kapitel begegnen wir Johann Jakob Weber, Verleger der „Illustrirte Zeitung" in der sächsischen Metropole des Buchhandels, und Leipziger Honoratioren, die gerade anfangen, sich für die geheimnisvolle Bergnatur zu begeistern.

Wenn Johann Jakob Weber in sein Verlagshaus einlud, gab es kaum jemanden von Rang in der Sachsenmetropole, der dieses gesellschaftliche Ereignis ausließ, denn jedesmal war mit Überraschungen zu rechnen. Ein Mann mit Meriten, dieser Weber, mit „Nase", der sich jetzt, auf dem Scheitelpunkt seines Wirkens, der unverfälschten Naturdarstellung in Wort und Bild mit beispiellosem Engagement zuwandte.

Gewöhnlich stand der Schaffhausener, der als junger Zugereister 1834 sein Unternehmen in Leipzig gründete, tadellos im Gehrock vor dem Salon und hatte für jeden ankommenden Gast ein paar aufmerksame Worte. Nach seiner Heirat verstand Madame Weber, diesem Defilee besonderen Glanz zu verleihen, in späteren Jahren flankiert von den Söhnen Johann, Werner und Felix, den Junioren der Verlagsbuchhandlung J.J. Weber.

Der Senior war durch seine Vorliebe für Illustrationen zu Ansehen und geschäftlichem Erfolg gekommen. Den Durchbruch brachte ihm eines seiner ersten Verlagswerke, nämlich die Geschichte Friedrichs des Großen mit mehr als 400 in Holzschnitten wiedergegebenen Original-Illustrationen des jungen Adolf Menzel. Das Glück blieb ihm treu, als er die naturkundliche Arbeit seines Landsmannes Friedrich von Tschudi, „Das Tierleben der Alpen", herausbrachte. Ein Pfarrer, dieser Tschudi, und wie viele seiner Amtskollegen versessen darauf, sich im Gebirge auf abenteuerlichsten Wegen herumzutreiben — selbst auf die Gefahr hin, dort irgendwie auf scheußliche Weise zu Tode zu kommen. Aber sein Buch wurde ein Sensationserfolg, mit elf Auflagen in schneller Folge.

J.J. Weber zog daraus den Schluß, daß die Zeit für „nature pure" reif sei. Tschudi war ja nicht der erste. Nach Baedekers Treffer mit seinem

Schweizer Reisehandbuch, das noch unter Vater Karls Ägide 1842 herausgekommen war, lag doch auf der Hand, wo es lang ging! Diesem Drang in die Alpen, an dessen Entstehen Altmeister Goethe mit seinen Reisen in die Schweiz anno 1775, 1779 und 1797 nicht ganz unbeteiligt war, gehörte die verlegerische Zukunft!

Johann Jakob Weber räusperte sich. Er machte eine gute Figur, wie er da vor seinen Gästen stand, ein Mann in den besten Jahren, der mit Genugtuung registrierte, daß niemand von der Creme Leipzigs ferngeblieben war, mit Ausnahme von Professor Dr. Osterloh. Aber der Hofrat hatte sich, mit juristischen Verpflichtungen an der Universität München, entschuldigt. Das war auch so einer, der sich zu den gewagtesten Ausflügen in die lebensfeindlichen Hochregionen der Gebirge hinreißen ließ.

Der Verleger hatte sich sorgfältig zurechtgelegt, wie er seine neueste Entdeckung, einen Mann aus seinem Zeichner-Büro, in diese kritische Gesellschaft würde einführen können. Dieser Wilhelm Georgy, der nicht unwesentlich zum Erfolg des Tschudi-Buches beitrug, war in der Tat eine Ausnahmeerscheinung. Weber griff in die Innentasche seines Rocks und zog ein Papier heraus. Dann versuchte er, sich Gehör zu verschaffen: „Meine Damen, meine Herren", sagte er mit erhobener Stimme. Die livrierten Lohndiener zogen sich lautlos zurück, langsam lösten sich die plaudernden Gruppen auf.

„Liebe Gäste, ich weiß, daß Sie etwas besonderes von diesem Abend erwarten, und ich hege die Hoffnung, daß ich Sie nicht enttäusche. Jedoch bevor ich Ihnen einige Gemälde und Illustrationen vorführe — als Premiere gewissermaßen — möchte ich einen Brief verlesen. Er wurde im Oktober vergangenen Jahres, also 1856, geschrieben und wenige Tage danach mit dem Poststempel von Pontresina an mich abgesandt. Da heißt es also: ‚Sehr geehrter Prinzipal, da Sie mich für die Holzschnitte zum Tschudi-Buch hierher in die wilden Bernina-Berge schickten, will ich Ihnen nun erzählen, wie es zu den Illustrationen und Gemälden gekommen ist. Ich hauste die ganze Zeit, nur wenige Tage ausgenommen, vom vergangenen Winter an und jetzt noch immerfort in den verstecktesten Winkeln der Alpen. Am äußersten Ende des Val Rosegg am Tschieva-und Rosegg-Gletscher hauste ich mit vier Bergamasker Hirten bis Anfang September, von da an aber ganz allein in einer elenden Hütte, die nicht einmal den nöthigen Schutz gegen Regen, Schnee, Wind und Kälte gewährte. In den Hundstagen habe ich hundsmäßig gefroren, bin in 1 und 2 Fuß hohen frischgefallenen Schnee einhergewatet, habe Eis und Schnee im Kessel geschmolzen, um Wasser zum Kaffee-, Grog-, Glühwein- und Polenta-Kochen zu haben. Das Sprichwort ‚Noth lehrt beten' ist nicht richtig; es muß heißen: ‚Noth lehrt Kochen' ...‘"

Die Damen lächelten, Weber legte eine Kunstpause ein. „Aber lieber Weber", schaltete sich da Friedrich Graf von Meerheimb ein und sagte

9

vorwurfsvoll: „Können Sie denn eine solche Mission für einen Angestellten verantworten?"

„Lassen Sie man, lieber Graf", antwortete ihm der Verleger, „des Menschen Wille ist sein Himmelreich, und dieser Wilhelm Georgy, ein Leipziger, ist auf dem besten Wege, ein berühmter Mann zu werden. Er wird mir diese Chance, trotz aller Qualen, nie vergessen!"

„Darf ich weiter vortragen?", Weber blickte fragend in die Runde und fuhr, als er begeisterte Zustimmung gewahrte, mit sorgfältiger Betonung fort:

„Über meine auf Alp Ota und unmittelbar am Piz Languard — mit dem Blick aufs Ganze — eingerichtete Lager kann ich nicht viel Erquickliches berichten. Ich schlief unangekleidet auf Heu und Decken; in nächtlicher Weile erwachte ich oft mit von Nässe triefendem Gesicht und über die Decke eine Schicht feinen Schneestaubes, und öfter trieben mich entsetzlich kalte Füße aus dem Lager ans knackende, prasselnde Feuer. Manchen schönen Arvenstamm machte ich zu Asche. Blöcke, wie ich im Leibe stark und über Mannslänge, schleppte, schob und wälzte ich in die Hütte und verbrannte sie allmälig, wie sie waren, unverstückt. Die Kälte hat mir beim Malen und Zeichnen dergestalt unter den Nägeln gesessen, daß ich die Arme mir habe energisch um den Leib schlagen müssen. Was die Studien anbetrifft, so kann ich wohl mit gutem Gewissen und ohne alles Eigenlob sagen, daß es gute und brauchbare, aber nicht viele sind; denn grundsätzlich verschmähe ich alle in Hast hingeworfenen Skizzen, sie nützen später beim Verbrauche gar nichts und dergleichen kann ich zu Hause aus der Erinnerung genug zusammenhauen. Da brauch ich nicht vor einer so schönen Natur zu sitzen, mit der es ein Künstler doch ehrlich meinen muß..."

Der Verleger, ein Schweizer, der aus Neigung und beruflichen Gründen zum überzeugten Leipziger wurde, faltete Georgys Brief sorgfältig zusammen und verneigte sich leicht, weil sein Vortrag mit langanhaltendem Beifall bedacht wurde.

„Fabelhaft, Weber — und wo ist der Mann jetzt?", ließ sich Oswald Schmidt von der Konkurrenz „Schmidt und Günther" vernehmen, der für seine Prachtbände vorwiegend in der von der Verlagsbuchhandlung Weber 1843 gegründeten „Illustrirte Zeitung" annoncierte, weil sie fast überall in der Welt gelesen wurde. Tschudis Tierleben — wieder so ein glücklicher Wurf dieses Mannes, dachte Schmidt nicht ohne Neid.

„Nun, Georgy hat um Urlaub gebeten, um noch in der Gegend von Pontresina bleiben zu können, für weitere Arbeiten. Ich kann Ihnen diesen Mann nicht in Person vorstellen, aber immerhin einige seiner Werke. Bitte sehr, meine Herrschaften!"

Die Flügeltüren des Salons öffneten sich und gaben den Blick auf ein hell erleuchtetes, sehr intimes Kunstkabinett frei. An den Wänden Holz-

10

So sah der Leipziger Maler Wilhelm Georgy die Berninaberge in seiner Klause am Piz Languard anno 1856

schnitte, Aquarell- und Bleistiftskizzen. Beherrscht wurde der Raum jedoch von einem Gemälde, das mit realistischem Vordergrund — ein verspieltes Gamsrudel auf steiler Felsterrasse — und dem beherrschenden Morteratschgletscher in der Mitte die eis- und firnbedeckten, hohen Bernina-Spitzen Palu, Morteratsch und Tschierva zeigte. Die kleine Gesellschaft war beeindruckt.

11

„Ohne die geschilderten Strapazen wäre dies wohl nicht möglich", erklärte Felix Liebeskind und gab damit der vorherrschenden Meinung Ausdruck. Man gab viel auf das Urteil dieses Mannes. Im Leipziger Buchgewerbe war hinlänglich bekannt, daß er mit Vorliebe seine Sommeraufenthalte ins Gebirge verlegte, und daß er sein Herz vor allem in den Tiroler Dolomiten verloren hatte, wo er schon wagemutige Felstouren unternommen haben soll.

*

Wir werden dem Grafen Meerheimb, Professor Osterloh und Herrn Liebeskind gelegentlich wieder begegnen. Vorerst aber verlassen wir das Haus der Verlegerfamilie Weber, wo man sich, weiter in geselliger Runde, mit einem gewissen Schauern daran erinnerte, daß die Sächsische Majestät, König Friedrich August II., auch einen Hang zu Abenteuern im Gebirge hatte. Vor nicht allzulanger Zeit soll er in der Hohen Tatra einen Berg namens Krivan, und in den Julischen Alpen, anläßlich einer botanischen Reise, mehrere Gipfel bestiegen haben. Vor zwei Jahren — am 9. August 1854 — ereilte ihn der Tod — in Tirol! Man nickte sich bedeutungsschwer zu. Warum mußte er sich auch mit seinem Wagen auf gefährlichen Bergstrecken bewegen: in Brennbichl schlug seine Pferdekalosche um, der Hufschlag eines nachfolgenden Pferdes setzte dem königlichen Leben ein Ende...

*

Noch war man nicht dazu übergegangen, für dieses ganz spezielle Interesse an den Bergen Clubs zu gründen. Aber in gewissen Zirkeln — nicht nur in Leipzig, sondern auch in Heidelberg und Berlin, in Prag und Frankfurt am Main, in Dresden, Augsburg und Breslau, in London und in der Schweiz — drehten sich an Herrenabenden und bei Tabakkollegien die Gespräche um eine recht extravagante Sache, die man mit Alpinismus bezeichnete. Mitunter befremdete, daß erstaunlich viel Gelehrte dieser neuen Bewegung Aufmerksamkeit schenkten.

Die Damen jener für das Bergabenteuer Entflammten, auch in Leipzig, zeigten sich nicht entzückt. Anstatt auf die Inseln wie bisher nach Usedom oder nach Zoppot zu reisen, verbrachten die Familien die Sommerfrische nun in einsamen Bergnestern, wo es an Luxus fehlte und die Männer tagelang verschwanden. Abgekämpft und verschmutzt, aber übermäßig von Glück erfüllt kamen sie wieder — ausgehungert! „Diese Gletscher!", schwärmten sie, und ihre Augen glänzten. „Welch ein Rätsel, welch eine Verführung, in ihren Labyrinthen herumzuirren, immer in Gefahr, den Tod zu erleiden, und die Genugtuung, dem Geheimnis ihrer Bewegungen immer mehr auf die Spur zu kommen!"

Lag es an der Internationalität Leipzigs, daß sich hier schon früh Leute zusammentaten, deren Neugierde dieser unerschlossenen, geheimnisvollen und aufregenden Natur galt?

Nicht von ungefähr verlegte Fritz Baedeker, geschäftsführender Sohn des verstorbenen Firmengründers, den Sitz des Verlages von Koblenz nach Leipzig. Sein Bruder Carl hatte sich, im Verein mit einem Freund und drei Grindelwalder Bergführern, als Besteiger des noch jungfräulichen Silberhorns — eines Nachbargipfels der berühmten, seinerzeit nicht mehr unberührten, 4158 Meter hohen Jungfrau im Berner Oberland — hervorgetan und berichtete in der zehnten Auflage des Schweizer „Baedekers" von 1865 über diese Tour. Ein Jahr zuvor war ihm, in Begleitung eines Wiener Alpinisten und zweier Bergführer, die Erstbesteigung der Ruderhofspitze in den Stubaier Alpen gelungen.

Auch ein anderer Sohn und Erbe, Hermann Julius Meyer, verlegte die väterliche Firma — das Bibliographische Institut mit Duden und Meyers Lexikon — in die berühmte sächsische Messestadt. Mit seiner Serie „Der Hochtourist" landete er einen Volltreffer bei jener wagemutigen Klientel, die es als Abenteurer oder Wissenschaftler in die weit entlegenen Alpen zog.

Ja — Leipzig war zu Webers, zu Baedekers und Meyers Zeit der Mittelpunkt des deutschen Buchhandels, Weltstadt im Königreich Sachsen mit seinem vielbestaunten Völkerschlachtdenkmal, das man erst 100 Jahre später in memoriam jener zwei Oktobertage 1813 aufstellte, nach denen der geschlagene „Franzmann" mit seinen Truppen heimwärts zog. Nur München und Berlin entfalteten ähnlichen Glanz als Zentren des geistigen Lebens, der Lebensfreude und der Wirtschaft.

Sicher, da brachte der Verlag Frommann in Jena das vieldiskutierte Werk „Die deutschen Alpen" von Adolph Schaubach heraus, ließ Dr. Eduard Amthor in Gera seine beliebten Monatshefte „Der Alpenfreund — für Verbreitung von Alpenkunde unter jung und alt" drucken — in Thüringen! Auch sie Natur-Literaten, über die noch zu berichten sein wird.

*

Das „Bonorand" zählte um die Mitte des vorigen Jahrhunderts zum feinsten, was die Leipziger Hotellerie und Gastronomie zu bieten hatte. Hier trafen sich im Frühling 1867 ein paar Männer, die endlich versuchen wollten, ihre Interessen unter einen Hut zu bringen. Wortführer war Felix Liebeskind, jener Buchhändler, der bei der Präsentation der Georgy-Bilder im Hause Weber so kundig von den Dolomiten zu berichten wußte. An seiner Seite Dr. Osterloh, Hofrat und Professor an der Juristischen Fakultät der Universität.

13

Der Alpenfreund.

Monatshefte für Verbreitung von Alpenkunde unter Jung und Alt

in

populären und unterhaltenden Schilderungen

aus dem

Gesammtgebiet der Alpenwelt

und mit

praktischen Winken zur genußvöllen Bereisung derselben.

In Verbindung mit hervorragenden Alpenkennern

herausgegeben

von

Dr. Ed. Amthor,

Direktor der Handelsschule und Kaufmännischen Hochschule zu Gera, Verfasser des „Tirolerführer".

Erster Band.

Mit zwölf Kunstbeilagen

(3 Porträts in Ton- und Schwarzdruck, 1 Panorama in Schwarzdruck, 3 Landschaften in Tondruck,
3 Landschaften in Buntdruck, 2 Karten in Lithochromie).

Gera

Eduard Amthor.

1870.

Titelblatt „Der Alpenfreund" von 1870

Elf Herren hatten sich eingefunden und am Schluß ihrer Zusammenkunft die Gründung eines „Alpenverein Leipzig" beschlossen. Spezialist Liebeskind, seit seiner Gründung eng mit dem vornehmen Österreichischen Alpenverein Wien von 1862 liiert, wurde beauftragt, unverzüglich freundschaftliche Kontakte sowohl zu den Wienern als auch zu ähnlichen Interessenverbänden herzustellen, die anderswo — in London zum Beispiel schon ab 1857 — sogenannte „alpine" Tätigkeiten entfalteten.

Endlich, nach Initiativen in München — wobei ein Pfarrer aus dem Ötztal namens Senn und ein Kaufmann aus Prag keine unwesentliche Rolle spielten — entstand ein „Deutscher Alpenverein", dem sich die Leipziger Herren sofort, als selbständig bleibender Club, anschlossen, am 25. Juni 1869.

Gleich im Jahr danach fiel ihnen, als sich die Beauftragten der bis dahin entstandenen Sektionen — unter ihnen aus Berlin und Prag — in der königlich-bayerischen Hauptstadt trafen, die Rolle zu, jene „Ableger" zu vertreten, die wegen großer Entfernung von den Alpen und der daraus resultierenden umständlichen Anreise benachteiligt waren. Sie setzten im eigenen und im Interesse ihrer bergfernen Freunde durch, daß die satzungsmäßig jährlich einzuberufende Generalversammlung in die Sommerferien verlegt und das „Kopfstimmrecht" der Anwesenden durch ein nach der Mitgliederzahl bemessenes Sektionsstimmrecht ersetzt wurde.

Nun begann eine unglaubliche Aktivität, zunächst mehr nach Lust und Laune, seit der Verschmelzung des Deutschen und des Österreichischen Alpenvereins zum DuOeAV, einige Jahre später, jedoch nach präzisen Regeln. So wurden der schmale deutsche Alpengürtel und alle österreich-ungarischen Gebirgsgruppen im Habsburgerland in „Planquadrate" aufgeteilt, die man, sehr sachlich, als Arbeitsgebiete bezeichnete. Dort sollten sich die Sektionen erschließerisch betätigen können.

Während sich einige Gruppierungen um namhafte Wissenschaftler vornehmlich der Grundlagenforschung als Geologen, Geodäten und Geographen, als Glaziologen und Botaniker widmeten, sich andere draufgängerisch beim „Gipfelsturm" und der Suche nach Wegen durch trennende Gebirgskämme hervortaten, begannen andere, Gebirgstäler, von deren Existenz man kaum wußte, durch Weganlagen und Schutzhütten wohnlich zu machen.

*

Unser besonderes Interesse gilt den engagierten Förderern und Finanziers aus Mitteldeutschland und den ehemals preußischen Ost- und österreichischen Süd-Ostgebieten, die einen nicht zu unterschätzenden Beitrag dazu leisteten. Weil sie nach zwei verlorenen Kriegen am härtesten getroffen wurden und ihre Verdienste in Vergessenheit zu geraten drohen, ist ihnen dieses Buch gewidmet. Daß man ihnen jetzt vorwirft, auch von den „Grünen" in den eigenen Reihen, zuviel des Guten an „Erschließung" getan zu haben, ist ungerecht und undankbar — und steht überdies auf einem anderen Blatt...

*

Zurück zu den Leipzigern. Ihnen blieb die Suche nach einem Arbeitsgebiet erspart. Für Freund Liebeskind, der sogleich für die Bildung eines Investitionsfonds gesorgt hatte, war keine Frage, daß seine Sektion ihre Tätigkeit in die Dolomiten verlegen würde. Und so geschah es denn auch.

Ihren Fuß setzten sie zunächst „in einen der erhabensten Teile der Gletscherwelt", nämlich oberhalb des Val Genova auf die Mandron-Alpe in der Adamellogruppe. Zwar hatten ein Schweizer, einige Engländer und Julius Payer aus Teplitz in Nordböhmen hier schon als Erste auf den umliegenden Gipfeln Kundschafterdienste geleistet, aber darüber hinaus wußte man wenig über diesen Teil der Dolomiten mit Adamello (3548 m), Presanella (3564 m) und Caré Alto (3465 m). Dort bauten die Männer von der Flußaue an Parthe, Pleiße und Weißer Elster ihre erste „Leipziger Hütte", ganze 2424 Meter über dem Meeresspiegel!

Mandron-Hütte (2442 m) nach der Einweihung 1879

Zehn Jahre nach der Clubgründung besaß man nun ein eigenes Heim in den Bergen, und in der Leipziger Zeitung — auch in Webers „Illustrirte Zeitung" — konnte man lesen, „sie sei auf weiten Strecken die einzige wirtliche Hütte, keine Hütte eigentlich, sondern ein Haus, massiv vom Sockel bis zu den Dachplatten, die das Tonnengewölbe schützen". Besondere Beachtung fand, daß „nach einstimmig gefaßtem Beschluß keine Benutzungsgebühr, kein Vorzugsrecht verbunden sei, weil die Leipziger mit diesem Spätling erwidern wollen, was andere Vereine mit ihren Bauten lange zuvor gewährt haben...".

Wirklich war sie schon die 26ste Unterkunft; Bauherren aus dem Allgäu und Vorarlberg, aus Frankfurt am Main, Imst, Dresden und insbesondere aus Prag waren ihnen zuvorgekommen.

Nicht lange, da konnte erneut eine Hütteneröffnung gemeldet werden. Diesmal trat der königlich-sächsische Oberst a. D. Graf Friedrich von Meerheimb als Stifter der „Sachsendank-Hütte" in Erscheinung; sie wurde ausschließlich von ihm finanziert.

Der Oberst ist ein alter Bekannter. Wir trafen ihn im Salon des Verlegers Weber — noch nicht mit einem hohen Rang bekleidet, sondern als jungen Offizier der sächsischen Majestät König Johann, der seinem bergbegeisterten und tödlich verunglückten Bruder Friedrich August II. nachfolgte.

Im August 1883 wurde das kleine Haus — auf dem mittleren Gipfel des Nuvolau (2573 m) in den Ampezzaner Dolomiten — eröffnet. Immerhin gab es da neben einem Herd, zwei Betten und Heulagern auch ein Sofa und deponierten Proviant. Erstaunlich, daß sich innerhalb von zehn Jahren knapp 2000 Personen dort einfanden, auch zu Pferde, denn die Bergführer von Cortina hatten einen Reitweg bis vor die Hüttentür gebaut. Den großzügigen Ausbau seines „Sachsendank" konnte der Graf nicht mehr in Augenschein nehmen. Er starb 1896, kurz vor der Einweihung.

*

Zu Lebzeiten dieses großherzigen Förderers trafen sich die Leipziger „Alpinen" im seriösen „Eldorado". Dort informierten die Wissenschaftler — etwa Professor Friedrich Ratzel mit einer Betrachtung über den „Einfluß des Firnes auf Schuttlagerung und Humusbildung" — über ihre Forschungsergebnisse. Dr. Magnus Fritzsch resümierte nach Glazialstudien am Großvenediger, „wie viel rein physische Leistung doch bei wissenschaftlichen Arbeiten in der noch unbezwungenen Natur den Unterbau bilden muß für eine auch noch so bescheidene Tätigkeit des Geistes". Im Eldorado feierte man hochbefriedigt den Entschluß des Stadtrates, Calamé's Gemälde „Der Alpensturm" aus dem Städtischen Museum für eine alpine Ausstellung nach Wien zu schicken. Man stritt dort aber auch

Das Leipziger Alpenstübl für die Sonnabendkneipe der sächsischen Herrenrunde

erbittert um die Standorte der nächsten Bauvorhaben, die meist in feuchtfröhlicher Geselligkeit ausklangen. Und immer ohne Damen. Denen gestattete man erst ab 1919 — als Kriegerwitwen — die Mitgliedschaft, aus Respekt vor den Gefallenen...

Anfang der 90er Jahre zog man in den Leipziger Kristallpalast um. Da gab es nicht nur eine hervorragend sortierte Fachbibliothek mit anschließendem Sitzungszimmer, sondern auch ein „Alpenstübl" nach Tiroler Art, dessen Clou ein originaler, von Andreas Hofer handgeschriebener Gestellungsbefehl war.

Daß es um die nächsten Hütten zu Auseinandersetzungen kommen könnte, die den Zusammenhalt der Sektion gefährden, hätte keiner der Gründer für möglich gehalten; sie sind Beweis genug für den missionarischen Ernst, mit dem diese Urgroßväter-Generation ihrem Hobby nachging. Man geriet sich also wegen der künftigen Arbeitsgebiete in die Haare. Ein Teil bestand darauf, nun endlich den Pragern am Venediger, die dort schon drei Häuser besaßen, Konkurrenz zu machen. Der andere wollte — allen voran Felix Liebeskind — unter allen Umständen den Dolomiten treu bleiben. Schließlich fand man einen Kompromiß — sie wurden an beiden Stellen aktiv! Im westlichsten Zipfel der Venedigergruppe, in einem Seitental am Ende des Tiroler Ahrntales, entstand die

18

Lenkjöchl-Hütte (2603 m). Ein paar Tage nach dieser weihten sie im September 1887 die bezaubernde Grasleiten-Hütte (2165 m) im Herzen von König Laurins Reich, im Rosengarten der Dolomiten ein.

Die Leipziger hatten nun eine gewisse Grenze der Belastbarkeit erreicht, obwohl inzwischen über 400 Mitglieder Beiträge zahlten und Spenden zeichneten. Erst zum Silberjubiläum der Sektion, jetzt schon eine knappe Tausendschaft, war die nächste, die kühnste fertig. Die Schwarzenstein-Hütte (2922 m) auf dem Trippachsattel im Zillertaler Hauptkamm übertraf alle bisherigen an Exponiertheit. Für den Zugang aus dem Ahrntal bei Luttach mußte in sehr steilen Fels eigens ein Klettersteig mit Drahtseilen zum Festhalten gelegt werden. Der Blick vom Sattel auf die von Schwarzenstein, von Floiten- und Trippach-Spitze herabfließenden Gletscher versetzte die Leipziger in Begeisterung. Die Sektion hatte ungewöhnlichen Zulauf, und ihre Heimatstadt nahm noch lebhafteres Interesse an diesem interessanten Club als bisher.

Einmal in Schwung, bauten sie gleich weiter. Im Rosengarten entstand die Vajolet-Hütte (2243 m), und in der Leipziger Zeitung stand unter den kleinen Meldungen: „Gäste sind sowohl zur Eröffnung am 20. 8. 1898 wie auch zu dem sich jeder Feier anschließenden Festschoppen herzlich willkommen, ebenso zu der Nachfeier und Festtafel am nächsten Tag (trockenes Couvert 2 Kronen und 40 Heller)..." Auf der gleichen Seite annoncierte die Firma Anton Oehler einen „universalen Kleidraffer RINGSUM für Bergsteigerinnen; unter der Innenseite des Rockes getragen, ist er nicht sichtbar, erzielt jedoch eine graziöse Raffung durch Ringe mit Zugschnupfen, 90 Pfennige pro Stück".

Beim letzten Haus beschränkten sich die tüchtigen Sachsen auf einen Ankauf. Das waren, nach dem Grundstückskataster von Vigo di Fassa, die Parzellen Nr. 1983/1, 1983, 456, 1981/4 von Frau Marie Rizzi, geborene Cassan in Perra, für 24 600 Kronen mit Gebäude und Einrichtung. So rundeten die Leipziger (hier mit zusätzlichen Investitionen von über 80 000 Kronen) ihren Besitz in der Rosengartengruppe ab. Die Ciampedie-Hütte (2000 m) erleichterte von Süden den Zugang zu den Vajolet-Hütten und den Übergang zur Grasleiten-Hütte.

*

Das ist jedoch weit vorgegriffen. Noch ist von zwei Persönlichkeiten zu erzählen, die der Sektion Leipzig des Deutschen und Oesterreichischen Alpenvereins die Ehre ihrer Mitgliedschaft erwiesen. Einer von ihnen war Dr. Hans Meyer, Enkel des alten Joseph Meyer vom Duden- und Lexikonverlag, der seinen Sitz von Hildburghausen nach Leipzig verlegt hatte. Der Doktor war Teilhaber des Unternehmens, darüber hinaus aber noch Geograph und Professor an der Universität, Forschungsreisender in die fernsten Länder und Alpinist dazu: Meyer bestieg als erster den Kilimandscharo (1898).

Der andere war König Friedrich August III., der offiziell, seit er 1904 seinem Vater König Georg im hohen Amt folgte, mit dem vom Hof vorgeschriebenen kleinen Gefolge in die Alpen reiste. Wo er auftauchte, berichteten die Zeitungen ausführlich, und natürlich auch zu Hause. Man liebte diesen Monarchen, obwohl er sich kurz vor der Thronbesteigung von Erzherzogin Luise von Österreich, seiner Frau, hatte scheiden lassen. Dieser zu jener Zeit recht ungewöhnliche Schritt vertiefte eher seine Volkstümlichkeit.

Es verstand sich für diesen Mann von selbst, während seiner Reisen in Unterkünften des Alpenvereins zu übernachten, mit besonderer Vorliebe natürlich in sächsischen. Ein Jahr nach seiner Inthronisierung durchwanderte er den Rosengarten, besuchte die Grasleiten- und Vajolet-Hütten, schlief im Franz Schlüter-Haus seiner Dresdner und wurde ehrerbietig in den anderen Berghäusern, die auf seiner Route lagen, empfangen: von Bozener Abordnungen auf dem Schlern, von Regensburgern auf der Cislesalpe, und von Kölnern am Tschagerjoch.

Daheim war man hingerissen: ein Monarch, der mit zweien seiner Söhne wie irgendeiner tagelang im Gebirge umherwanderte, sogar bis auf die extrem gelegene Schwarzenstein-Hütte, wo man heute noch ein Erinnerungsfoto von dieser Tour, mit Sohn Ernst, betrachten kann. Da mußte man gut zu Fuß sein; noch gab es keine Güter- und Forstwege, und Seilbahnen schon gar nicht. Von der Grasleiten schrieb der König eine Postkarte an seine Sektion: „Welch schöne Hütte, welch schöne Gegend!"

Bleibende Erinnerung an diese Fußreise: der König Friedrich-August-Höhenweg, von der Tierser Alpe zum Sellajoch, haargenau auf den Spuren seiner Majestät.

Aus den Innsbrucker Nachrichten erfuhr die interessierte Öffentlichkeit am 25. August 1910, daß k. u. k. Pioniere diese Trasse anlegten, und daß es in zwei Fällen zu Zwangsenteignungsverfahren kam, weil einige Bergbauern keinen Grund für den Steig hergeben wollten. „Die Entschädigung schwankte per Meter zwischen 15 und 25 Heller, bei knapp über 500 Metern Länge. Diese Entscheidung hat für den Alpinismus eine große Tragweite, denn zum ersten Male wurde das Zwangsenteignungsverfahren für solche Zwecke angewendet..."

Es ging, wie diese Notiz beweist, nicht immer friedlich zu bei der „Kolonialisierung" der Alpen, selbst wenn ein Fürst im Spiele war. Die Bauern hatten erfahren, daß sich aus Schotter- oder Wiesenstreifen bares Geld machen ließe, und viele nutzten es aus.

An anderer Stelle dieser Alpensaga werden wir erfahren, daß — entgegen der hier für den Alpinismus positiven Auslegung des Verfahrens — für

20

Friedrich August III. von Sachsen (zweiter von rechts) 1910 auf dem Großglockner, neben ihm sein Adjutant Major von Schmalz. Zwischen der Majestät und dem Begleiter mit Pickel die Bergführer „Gemserich" Hias Schnell aus Kals und Trost aus Matrei.

die Zwecke des Tourismus fast zynisch Gelände zwangsenteignet wurde, das man dem Alpenverein „für ewig" zum Schutze der Natur übereignet hatte.

Ein Jahr später bestieg der so drastisch geehrte, königliche Sachse den Triglav in den Julischen Alpen als Gast österreichischer Bergsteiger aus Krain; 1910 tat er sich am Glockner um und erreichte von Kals aus den höchsten Gipfel, und wenige Tage vor Kriegsausbruch, am 13. Juli 1914, stand er auf der Firnkappe des Großvenedigers.

Die Leipziger Zeitung berichtete, daß der König „von der Prager Hütte der Alpenvereins-Sektion Prag die prachtvolle Höhenwanderung zur Badener Hütte der Sektion Baden bei Wien unternahm. Bei diesem Übergang wurde eine kleine Felsspitze nördlich des Frosnitztörls bestiegen, die bisher unbenannt war. Führer Josef Amoser erbat die Erlaubnis, diese Spitze ‚Friedrich August' nennen zu dürfen, was in einer Urkunde festgelegt wurde, aber auf besonderen Wunsch des Königs unter dem Namen ‚Friedrich-August-Wand'...".

Nun ja, etwas antiquiert muten diese respektvollen Hofberichte aus den Alpen schon an. Andere Zeiten, andere Sitten. In Wiener Kreisen hatte man ein halbes Jahrhundert zuvor Erzherzog Johann von Österreich, der 1848 durch die Frankfurter Nationalversammlung zum Reichsverweser gewählt wurde und es bis Ende 1849 blieb, ähnliche untertänigste Verehrung entgegengebracht. Dieser beliebte Namenspatron von Gipfeln und Hütten bestieg nicht nur die schönsten Berge des Habsburgerreiches, sondern förderte auch generös die Forschertätigkeit in den Alpen.

Die Weihen des sächsischen Monarchen empfing der Alpenverein anläßlich eines Staatsbesuches am Bayerischen Hof bei den Wittelsbachern in der Isarmetropole, November 1912. Friedrich August hatte um die Besichtigung des Alpinen Museums, auf der Münchener Praterinsel mitten in der Isar, gebeten. Diese Schau war erst kürzlich in einer ehemaligen Vergnügungsvilla, der „Isarlust", eröffnet worden. Fotografen durften mit gnädigster Erlaubnis dabei sein.

Eingerahmt von den Alpenvereins-Honoratioren Kommerzienrat Otto von Pfister (rechts vorn) und Karl Müller besuchte der Sachsenkönig 1912 das Alpine Museum auf der Praterinsel in München.

Der Erste Weltkrieg machte all dem ein brutales Ende. Die Männer rückten ein, die Leipziger Damen, nun offiziell geduldet, erledigten für sie die Geschäfte. Keine einfache Sache, denn der Besitz von Berghütten war — und ist — schon in guten Zeiten nicht nur Lust, sondern auch Last. Da müssen Wirtschafter, Aufpasser und Transporteure gesucht und zu Sparsamkeit und Ordnung angehalten, die Häuser sicher über den harten Winter gebracht und im Frühjahr wieder instandgesetzt werden. Auch sollte den notleidenden Bergbauern in ihren eingeschneiten Bergdörfern Unterstützung zukommen.

Dieser Krieg veränderte die Welt. Ebenso heftig wie im Westen kämpften Kaiserjäger und Gebirgssoldaten an der Felsenfront vom Isonzo bis zur Franzensfeste. Die idealistisch verklärte Bergkameradschaft entpuppte sich als Farce; wenn sie den italienischen Alpinisoldaten gegenüberstanden, waren sie allesamt zum Töten verpflichtete Feinde. Noch nicht lange, da kletterten, sangen und zechten sie miteinander: Deutsche, Österreicher und Italiener. Die requirierten Hütten dienten als Befehlsstände, Quartiere oder Notlazarette.

In Leipzig kam ein Brief von einem Bergfreund an, der die Meldung von der Zerstörung der ersten Leipziger Hütte, ausgegeben am 5. September 1915 vom österreichisch-ungarischen Generalstab, bestätigte. Josef Walcher, Unterjäger in einem k. u. k. Landesschützenregiment auf der Mandronalpe, war dabei. Er hatte sich nach dem Wachdienst gerade hingelegt, als es passierte:

„Da auf einmal — uii-pum-pum. Wie elektrisiert springe ich auf und stürze über die Holzstiege hinab ins Freie, und schon kommt die nächste Granate geflogen, und wieder surrt so ein welscher Vogel heran und fährt mit betäubendem Krach gegen die Steinwand. Die nächste traf die Küche, dann kam das Dach dran. Erst der abendliche Nebel machte der Beschießung ein Ende. Nun krochen wir wie Murmeltiere hervor und hinüber zum Schauplatz der Verwüstung. Alles lag durcheinander, und Eure Hütte glich einem großen Schutthaufen!"

Als der Krieg zu Ende ging, als die Verträge für die Besiegten zur Debatte standen, gab es ein schreckliches Erwachen: Der Friedensvertrag von St. Germain, den die Österreicher im September 1919 — ihr „Versailles" — unterschreiben mußten, verordnete ihnen die Trennung von Ungarn und die Anerkennung aller Gebietsansprüche Italiens, Polens und des neuen Tschechoslowakischen Staates. Alle Alpenvereinshütten, die es dort gab, Anschaffungswert über drei Millionen Kronen, mußten endgültig verloren gegeben werden.

Auch den Leipzigern blieb kein einziges Haus! Alle Mühe umsonst. Das auf Mandron zerstört, Vajolet, Schwarzenstein und die Lenkjöchl-Hütte böse ausgeraubt — nur noch Erinnerungen.

Sie waren arm wie Kirchenmäuse.

Von diesem Schlag haben sie sich lange nicht erholt.

Der nette Sachsenkönig beendete die Sache auf seine Weise. Er quittierte den königlichen Dienst mit den Worten: „Macht euern Dreck alleene." Mit diesem herzhaften Satz katapultierte er sich in die Geschichtsschreibung. Sein Sohn, Prinz Ernst Heinrich allerdings glaubt, daß er vom späteren sozialdemokratischen Innenminister des Freistaates Sachsen, von Sindermann stammt. Der soll, nach der Abdankung Friedrich Augusts im November 1918 prophezeit haben: „Nun wird er wohl sagen: Macht euern Dreck alleene..."

*

Erst 1925 begann die Suche nach einem neuen Bauplatz. Das war gar nicht so einfach. Die „Planquadrate" reichten nicht aus. Bei mächtig zusammengeschrumpften Alpen und den vielen kriegsgeschädigten, enteigneten Sektionen kam es zu Querelen. Schließlich mußte die Zentrale schlichtend eingreifen. Die Leipziger hatten Glück; sie durften auf der Sulzenau-Alpe ihr neues Haus bauen.

Die Lage der Sulzenau-Hütte (2191 m) versöhnte sie: Umflossen von Gletschern, wird sie beherrscht von zwei berühmten Stubai-Gipfeln, dem Zuckerhütl und dem Wilden Freiger.

Die 1927 eingeweihte Sulzenau-Hütte der Leipziger...

...bis im April 1975 die Lawine kam

Vier Jahre später wurde die neue Sulzenau-Hütte fertig — Kostenpunkt 1,3 Millionen Deutsche Mark

25

Dann kam der nächste Krieg. Wieder gab es, nach dem bösen Ende, Verträge. Sie teilten Deutschland in zwei Teile, und die Siegermächte beschlagnahmten alles deutsche Vermögen im Ausland, auch die Hütte auf der Sulzenau in Österreich.

Viele Leipziger verließen ihre sächsische Heimatstadt.

Im Westen gründeten sie eine neue Sektion im Deutschen Alpenverein. Noch bevor sie wieder Herr im eigenen Haus sein durften, zerstörte eine Lawine — 1975 — die Gebäude im Stubai. Zwei Jahre nach dem Unglück wurden ihnen die Trümmer als Eigentum überschrieben, und wieder zwei Jahre später weihten sie die neue Sulzenau-Hütte ein, wobei sich die Lübecker Alpenfreunde mit einer großzügigen Geldspende als wahre Mäzene erwiesen: Kostenpunkt insgesamt 1,3 Millionen Deutsche Mark.

Das Zusammenbringen dieser gewaltigen Summe gestaltete sich ähnlich variantenreich wie die Chronik des Sachsen-Clubs, der als gesellschaftliches Ereignis im Salon des Verlegers Weber seinen Lebenslauf durch die Jahrzehnte und zwei Jahrhunderte begann.

Brüder im Geiste

*In diesem Kapitel wird von
„Mountain Men" im Wilden
Westen der USA und in den
Alpen erzählt, von Malern und
Camera-Männern, die hier wie
da ein neues Sujet entdeckten.
Parallelen — oder Zufälligkeiten?*

Sommer anno 1818, ein Tag, der in die Geschichte von St. Louis im Staate Missouri eingehen wird. Man erwartet die „Pike" aus Pittsburgh, Pennsylvanien, das erste planmäßige Dampfschiff. Es soll die „Stadt der rauchenden Schlote" im Osten Amerikas mit dem quirligen St. Louis im Herzen der Neuen Welt verbinden.

Thomas Hart Benton war erst dieses Jahr als Leitartikler in die Redaktion des „Enquirer" eingetreten. Auch er wartete auf die „Pike", die nach tagelanger Fahrt über die Flüsse Ohio und Mississippi am Hafendamm anlegen würde. Dem Publizisten — später berühmt als Politiker und Propagandist der „Expansion nach Westen" — war klar, daß St. Louis — durch den Mississippi schon nach Süden mit der „weiblichsten Stadt der Welt", mit New Orleans in Louisiana verbunden — eine wichtige Rolle für die Vereinigten Staaten und seine unermeßlichen, unerschlossenen Weiten spielen würde. So stand es anderntags auch in seinem Blatt: Ohio und Mississippi, diese gewaltigen Wasserwege mit dem Kreuzungspunkt St. Louis, würden künftig nicht nur zur Hauptstraße des Handels, sondern auch der Westwanderung werden...

Go West! Diese Parole begleitete Siedler, Trapper, Goldsucher und Abenteurer beiderlei Geschlechts viele Jahrzehnte lang auf dem Weg westwärts, nach Missouri, Kansas, Nebraska, Utah und Kalifornien. Horace Greely, Chef der New York Herald Tribune prägte sie, lange nach Bentons vorausschauenden Artikeln im „Enquirer". Go West, young man, and grow up with the country!, frei übersetzt: Geh nach Westen, junger Mann, und werde zugleich mit dem Land erwachsen!

Auch Greely hatte eine Vision: „Gott hat diese Erde denen gegeben, die sie sich untertan machen und kultivieren, und es wäre eitle Mühe, sich gegen seinen weisen Ratschluß aufzulehnen". Ein Todesurteil für die Indianer. „Diese Menschen sind zum Aussterben bestimmt", so endete der Zeitungsmann. Das war 1850...

Vier Jahre nach dem Anlegen der „Pike" im Hafen von St. Louis, im Februar 1822, stand im „Enquirer" eine Anzeige. „An alle unternehmungslustigen jungen Männer", hieß es da: „Der Unterzeichnete wünscht 100 Männer zu engagieren, die den Missouri-River aufwärts reisen und dort für ein, zwei oder drei Jahre beschäftigt sein werden. Nähere Auskünfte in St. Louis bei Wm. H. Ashly." Dieser Ashly arbeitete für einen Pelzhändler und hatte keine Mühe, seine Expedition zusammenzubringen. Schon im April ging es den Missouri zunächst westwärts, ein Haufen zusammengewürfelter „Mountain Men" — Bergmänner — die „nicht in zivilisatorischer Absicht in die Wildnis gingen, sondern um im eigenen Verwildern ihre Wiedergeburt zu erleben. Ihr Mut, ihr Geschick und ihre Meisterschaft in der Bewältigung der Konditionen ihrer frei gewählten Lebensumstände waren absolut. Sie hätten sich dieses Leben auch nicht ausgesucht, hätten sie nicht ein Empfinden für die Schönheit des Landes gehabt und in ihrer Lebensweise etwas Wertvolles gefunden, das über Sicherheit, Gewinn, Komfort und Familienleben hinausging". Viele von ihnen heirateten Indianerinnen und kehrten nicht mehr in die Zivilisation zurück...

Den Lesern der Bestseller des zur Zeit berühmtesten Mountain Man, des Bergsteigers Reinhold Messner, müßte dieses Zitat in den Ohren klingen. Der Südtiroler suchte bei seinen extremen Abenteuern auf allen vierzehn Achttausendern am anderen Ende der Welt Selbstfindung, so seine Worte, und wurde zum Idol einer nach Bewährung gierenden Jugend. Ebenso galten die Überlebens-Künstler und Entdecker unerforschter Landstriche im Wilden Westen ihren Zeitgenossen als „Berggötter und Fabelwesen"...

Und hier ein anderer Aufruf zu einer Expedition. Am 22. August 1841 veröffentlichte das Amts- und Intelligenz-Blatt der kaiserl. königl. privilegierten Salzburger Zeitung eine „Einladung an alle Naturfreunde und Verehrer der wunderschönen Alpenwelt mit entzückenden Fernsichten, an der Besteigung des 11 622 Wiener Fuß hohen und von ewigen Gletschern weithin umgebenen Nebenbuhlers seines riesigen Nachbars, des Großglockners, teilzunehmen, nachdem 1818 ein Versuch schon nahe am eisigen Ziele der unendlichen Aussicht scheiterte. Das Comité für die Besteigung des großen Venedigers". Die Initiatoren versprachen, für Führer, Träger und Stricke „gegen Abstürzen in die Eisklüfte" zu sorgen...

Damals erstreckte sich k. u. k. Österreich noch weit nach Osten. Die Mountain Men zogen hier mit Leitern und Alpstangen, einfachen Holzäxten und mit schwarzen Schleiern vorm Gesicht, um die Augen vor der

28

Nr. 2763. **Kundmachung.** (1)

Das Vikariat Gerlos, Dekanats Zell am Ziller, wird zur Wiederbesetzung ausgeschrieben.

Die Kompetenten haben ihre gehörig instruirten Gesuche binnen vier Wochen vorzulegen.

Vom fürsterzbischöflichen Konsistorium Salzburg, den 18. August 1841.

B. Intelligenzblatt.

Amts- und Intelligenz-Blatt der kaiserl. königl. privilegirten Salzburger-Zeitung für das Jahr 1841.

Salzburg,

Druck und Verlag der Dammrith'schen Buchhandlung, Bergstrasse Nr. 468.

Einladung.

Eine große Gesellschaft von Naturfreunden und Bergsteigern wird in den nächsten Tagen, nach Maßgabe der Witterung, zwischen dem 29. August und 8 September, als der für Besteigung hoher Bergfirsten im Hochgebirge günstigsten Zeit, die Besteigung des im Bezirke befindlichen nahen Bergriesen, nämlich des großen Benedigers, versuchen. Dieser 11622 Wiener Fuß hohe, und von ewigen Gletschern weithin umgebene Nebenbuhler seines riesigen Nachbars des Großglockners (11991 Wiener Fuß), glänzt noch jungfräulich in seinem eisigen Schneegewande; es ist noch keine menschliche Seele ihn erstiegen zu, und ein von einer größeren Gesellschaft im August 1828 gemachter Versuch, schon nahe am eisigen Ziele der unendlichen Aussicht, leider fehlschlug.

Den Aelplern der dortigen Gegend ist es gelungen, einen anderen, minder gefährlichen Weg aufzufinden, und hierdurch die Möglichkeit herbeizuführen, zur unbegränzten Aussicht zu gelangen, um das längst behauptete Problem zu lösen: ob von dieser Spitze die alte Venetia und das adriatische Meer gesehen werden können; eine Frage, deren Lösung diese Ersteigung doppelt lohnen würde.

Es wird von Mittersill aufgebrochen, von Neukirchen noch am nämlichen Tage durch das obere Sulzbachthal vorgerungen, und in der Hofer-Alpe auf Alzheu übernachtet, des anderen Tages um 1 Uhr Morgens mit Fackeln aufgebrochen, um innerhalb 7 — 10 Stunden zur Spitze des Bergriesen zu der unbeschränkten entzückenden Aussicht zu gelangen, und dann am selben Tage auf der Hofer-Alpe im Rückwege wieder zu übernachten; am dritten Tage kann demnach bey guter Zeit die Rückkunft in Mittersill erfolgen.

Da der Weg durch viele Stunden über Eisflächen und Klüfte geht, so wird jedem Theilnehmer das Mitnehmen von scharfgespitzten Fußeisen und guten eisenbeschlagenen Bergstöcken, dann schwarzen Flören oder grünen Augengläsern empfohlen.

Für Führer, Träger und Stricke (gegen Abstürzen in die Eisklüfte) wird gesorgt.

Naturfreunde und Verehrer der wunderschönen Alpenwelt mit entzückenden Fernsichten, die hieran Antheil nehmen wollen, werden hiezu freundlichst eingeladen.

Mittersill, den 22. August 1841.

Das Comité für Besteigung des großen Benedigers.

v. Kürsinger, Comité-Vorstand.

Strnadt,
Kaltenbruner, Comité-Mitglieder.

2

Amts- und Intelligenz-Blatt 1841

grellen, schmerzenden Gletschersonne zu schützen, in die unerforschte Bergwelt ihrer Heimat. Und weiter zogen sie aus unersättlicher Neugier in die Westalpen, wo seit der Ersteigung des Montblanc um den Viertausender-Eisriesen die atemberaubendsten Geschichten kursierten. Gewagte Parallelen?

Erinnern wir an den Leipziger Maler-Abenteurer Wilhelm Georgy und seine jahrelangen, ungewöhnlichen Kunst-Exkursionen in Graubünden, einer der sogenannten „Pleinairisten“: Georgy war ein Freilichtmaler. Schon zehn Jahre vor ihm zog ein amerikanischer Pleinairist, George Catlin, in USA gen Westen. Seine Lebens- und Arbeitsbedingungen unterschieden sich kaum von denen Georgy's. Man sagte von diesem Catlin, daß er nie seine Rousseauschen Vorstellungen vom Wilden und seiner Umgebung aufgegeben habe, und daß die amerikanische Ethnologie mit ihm beginnt. Während der eine die Tierwelt und das Phänomen der Alpen zum Gegenstand seines Interesses machte, war der andere von den wilden Indianern fasziniert.

Erst viel später als für Catlin die Indianer, in einer bestürzend fremden Welt, wurde für die Alpenmaler der Mensch in den Bergen wichtig. Sie zeigten ihn, fast exotisch — als unbeugsamen Kämpfer, als harten Kerl, der den Widrigkeiten einer unberechenbaren Natur trotzt. Sieger, meist am Gipfel, waren sie allesamt, Alpinisten mit den Isignien ihrer elitären Gruppe: mit Pickel und Seil. Daran hat sich, bis auf die raffinierteren Werkzeuge und ihre Gewandung nicht viel verändert. Immer noch beschreiben Bücher und Filme sie als Übermenschen, die nach Atem ringend an der Leistungsgrenze in tödlich schönen Naturkulissen ihrer Körpermaschine das Letzte abverlangen.

Nur die sechste und siebte Generation seit der Überwindung des „Monarchen“, der ersten Besteigung des Montblanc 1786, machen da eine Ausnahme, jene Akrobaten, die wie bunte Fliegen an den steilsten Felswänden kleben, hier und in Amerika am Yosemite. Diese durchtrainierten Sportler umgeben sich mit dem Flair von Heiterkeit und Lässigkeit. Vielleicht gelingt es ihnen, das Bild des entrückten alpinen Idealisten, der in der Nachbarschaft des Todes agiert, vielleicht schaffen sie, dieses kühle und Distanz gebietende Image zu korrigieren.

Der Leipziger Georgy hätte vermutlich die Unterstellung, er sei „Alpinist“, entrüstet von sich gewiesen. Er fühlte sich als Künstler, der von einem neuen Sujet nicht mehr loskam. Trotzdem hinterließ er als „Trapper“ in Sachen Kunst, Mitte des vorigen Jahrhunderts, auf seinen Ost-West-Expeditionen in der Berninagruppe Graubündens deutliche Spuren.

Einheimische Senner und Hirten, die sich damals schon als Führer für Fremde, als „Guides“ anboten, suchten seine Freundschaft. Sie bewun-

Noch auf alten Engadin-Karten zu finden: Georgy's Hütte, und auf der Dufour-Karte von 1854 sogar zu Ehren des Leipziger Piz Georgy und Georgy-Gletscher

derten die bärenstarke Kondition des rotbärtigen Malers aus Sachsen, wie er freiwillig Strapazen auf sich nahm, die sie nur notgedrungen für die Existenzsicherung ihrer Familien erduldeten. Und sie bestaunten die Skizzen von einem, der unter ihnen als Bauer unter Bauern lebte, für etwas, das er Kunst nannte. Als Zeichen ihrer Verehrung gaben sie den Vadret da l' Alp Ota, der vom Piz Corvatsch ostwärts ins Rosegtal fließt, und ebenso dem Vorgipfel des Piz Murtel seinen Namen: Georgy-Gletscher und Piz Georgy. Diese Namen von Piz und Gletscher am Corvatsch, nun Skidorado für Sommer- und Wintergäste von St. Moritz und Pontresina, sind von den gängigen topographischen Karten längst verschwunden. Trotzdem bleiben sie historisch, denn der Kartograph Wilhelm Heinrich Dufour hat sie auf der klassischen „Schweizer Karte" (Dufour-Karte, 1854) nach Georgy bezeichnet; ebenso das Hüttchen am Gipfelfuß des Piz Languard (3261 m) oberhalb von Pontresina, in dem der Sachse für seine Studien hauste. Wie es dort aussah, beschrieb Gottlieb Studer, Geologe und Panoramenmaler, der Georgy während einer seiner Alpenwanderungen 1856 dort traf:

„... Plötzlich bemerkten wir wenige Schritte vor uns einen leichten Rauch aus einer Felsritze emporsteigen, und als wir näher traten, standen wir vor Georgys Sommerpalast.

Zwischen mächtigen Felsblöcken, deren schmale obere Öffnung mit Steinplatten und Gesträuch dicht zugedeckt war, befand sich ein enger Raum, in welchem eine Lagerstelle und einige wenige Toilette- und Kochgerätschaften bemerkbar waren. Das ganze war kümmerlich von einem schwachen Schimmer beleuchtet..."

31

Diese Georgy-Hütte am Piz Languard fanden wir noch auf einer alten Engadin-Skitourenkarte im Archiv des Alpenvereins. Heute heißt sie Languard-Hütte und ist ein Bergrestaurant. Georgy's Prachtgemälde „Bernina-Gruppe mit Gemsen, vom Piz Languard aus" hängt an bevorzugter Stelle im Hotel Atlas zu Pontresina.

Maler wie Catlin und dieser Mann aus Sachsen waren die Bildreporter ihrer Zeit. Der eine macht die Plains-Indianer populär, der andere Steinbock, Gams, Murmeltier und Gebirge, die auch im Sommer eisgepanzert blieben — im ewigen Schnee. Später als die Wilden des Amerikaners zeigte man in Ausstellungen Bergmotive, nach der wilden Natur gemalt. Erst 1869 kam es zu einer ersten Ausstellung „alpiner" Gemälde — gerade, als sich die Leipziger dem Alpenverein anschlossen. Da jedoch machte der führende Buchverleger ihrer Stadt, Johann Jakob Weber, schon seit 25 Jahren gute Geschäfte als Herausgeber der „Illustrirte Zeitung" — mit Exoten-Stories von diesseits und jenseits des großen Teiches.

Während sich Weber, Catlin und Georgy, jeder auf seine Weise, mit Fels- und Eisbergen und unerforschter Wildnis befaßten, grübelte der Offizier und Bastler Josephe Nicéphore Niepse in Chalon-sur-Saône über eine Methode nach, Bilder künstlich zu erzeugen. Er konstruierte die Camera obscura — einen einfachen Holzkasten mit einem Loch zum Lichteinlassen — und steckte eine mit Joddämpfen behandelte, versilberte Kupferplatte hinein. Dann rückte er das Gerät vor das offene Fenster seines Arbeitszimmers im Burgunderland und belichtete diese Mini-Dunkelkammer acht Stunden lang. Nach unzähligen Versuchen (mit Chlorsilberpapier, Bitumenschichten, Glas, Stein und geätzten Metallen) gelang ihm endlich eine „latente Camera-Aufnahme", die er mit Quecksilberdämpfen entwickelte. Das erste Foto der Welt zeigte den Blick in den Hof von Niepses Landhaus; dieses und alle anderen blieben Unikate. Mit seinem Partner Louis Jaques Daguerre gelang es Niepse, Bilder auf Jodsilberplatten beständig zu machen. Aber erst 1840 entwickelte ein Engländer das Negativ-Positiv-Verfahren. Nun genügten kurze Belichtungszeiten; mit der Talbotypie ließ sich das Motiv fast unbegrenzt kopieren.

Die Lichtbildnerei trat ihren Siegeslauf um die Welt an. Im Wilden Westen tauchte 1851 der erste „Daguerreotypist" auf, um Indianer, Siedler und Landschaften so echt zu fotografieren, wie sie wirklich sind — anscheinend traute Cameramann Oliver Jennings den phantastischen Bildern seines Malerkollegen George Catlin nicht. Aber der Fotograf hatte Pech; sein großes Gepäck mit komplizierten Apparaten und Chemikalien wurde gestohlen. Seine Reise endete mit einer totalen Pleite. Ein anderer erntete den Lorbeer, als erster „echte" Bilder vom wirklichen Leben in Urwald und Steppe aufzunehmen.

Jennings Abenteuer erinnert an die erste fotografische Expedition der Brüder Bisson auf den Montblanc (4810 m) in den Westalpen, auf den höchsten Punkt Europas. Sie brauchten unzählige Träger für ihre schwerfälligen Kameras — mit Kolodiumplatten im Format 32 mal 40 cm — und für die Laborgerätschaften. Der Aufstieg von Chamonix und das Arbeiten auf der Gipfel-Firnkappe waren mit unsäglichen Leiden verbunden, aber die stückweise Panorama-Aufnahme gelang. Trotzdem endete das Unternehmen, im Jahre 1856, in tiefer Niedergeschlagenheit: Beim Abstieg rutschte ein Träger mit dem wichtigsten Gepäckstück in eine Gletscherspalte. Wohl der Unglückliche, aber keine einzige Platte überstand diesen Sturz!

Gewagte Parallelen?

Über den zweiten Versuch Auguste Bissons — mit Platten im Format 44 mal 54 cm, ohne den älteren Bruder — berichtete das „Photographische Archiv — Monatliche Berichte über den Fortschritt der Photographie", herausgegeben von Theobald Grieben in Berlin, im dritten Band des Jahrgangs 1862: „... Nach vielen Mühen, Gefahren und Kämpfen gegen die Elemente, Stufen in das Eis hauend, über Abgründe springend, hat der kühne Photograph im Vorjahr in Begleitung einiger seiner muthigen Genossen sein Zelt auf dem Gipfel des Riesen der Alpen aufpflanzen können. Unglücklicher Weise fand man das Silberbad auf den Glet-

Ein Bisson-Foto von 1861: Chamonix mit Bosson-Gletscher — damals nur ein Dorf!

schern gefroren, da die Temperatur sich plötzlich um 10 Grad gesenkt hatte. Wenn es aber Herrn Bisson nicht geglückt ist, das Panorama, welches man vom Gipfel des Mont Blanc entdeckt aufzunehmen, so hat er doch sechs Ansichten von ergreifendem Interesse vorgeführt..."

Was nicht in diesem Fachblatt stand: Auguste Bisson ließ sich — als Beschwörung? — von Auguste Balmat begleiten, einem Nachkommen des ersten Montblanc-Besteigers. Als sich der Troß — mit 25 Trägern — in Bewegung setzte, schoß man in Chamonix Salut. Erst nach zwei Tagen hatte die Kolonne den Gipfel erreicht. Während die Lastenträger erschöpft in Schlaf fielen, machten sich Bisson und Balmat fieberhaft an die Arbeit. Mit einer Lampe tauten sie Schnee auf — für die Arbeiten im „Labor"...

Diese da, Fanatiker einer Idee, hatten sich unter Strapazen über Schnee- und Eiswülste auf den höchsten Berg Europas gewühlt. Die anderen, nicht minder Fanatiker, kämpften gegen Indianer, wilde Tiere, Dürre und die Tücken des Urwalds. Und gegen ihresgleichen: In diesem Jahr 1861 begann in den USA der Sezessionskrieg zwischen den Nord- und Südstaaten. In Preußen bestieg König Wilhelm I. den Thron, womit der Krieg 1870/71 gegen Frankreich vorprogrammiert war; als er zu Ende ging, wurde der Preuße Deutscher Kaiser. Ein Philipp Reis erfand den Fernsprecher, in Amerika feierte man die erste transkontinentale Telegraphenlinie und im Königreich Bayern die Eröffnung der Bahnlinie von München nach Miesbach.

Horace Greely vom New York Herald Tribune sagte 1850 das Aussterben der Indianer voraus. Er sollte rechtbehalten.

Die Indianer der Alpen durften in ihrer angestammten Heimat bleiben. Nicht wenige gingen freiwillig fort, in die Stadt als billige Arbeitskräfte, ins Ausland als Zuckerbäcker wie die Oberengadiner Bergbauern, als Holzfäller und Lohnknechte, wo immer die Hungerleider aus dem Gebirge ein paar Schillinge, Lire oder Mark verdienen konnten.

Erst die Touristen aus der Stadt befreiten sie von ihrer Armut. Bergsteiger und Sommerfrischler entdeckten das einfache Leben. Das ging gut, bis Manager die Sache in die Hand nahmen und die Alpen für das Geschäft mit der Freizeit aufmöbelten. Der Wintersport schließlich machte viele Bergbauern zu Unternehmern und wohlhabend. Ihre anfangs rührende Dankbarkeit schwand. Nun werfen sie den ökologisch engagierten Alpinisten vor, ihnen die Lebensgrundlagen zu schmälern, weil sie sich gegen immer mehr Seilbahnen und Pisten, Güterwege und Hotels stellen. Neue Hütten dürfen laut Grundsatzprogramm des Alpenvereins seit 1976 nicht mehr gebaut werden.

Mord am Planferner

Von Zwickau und den „Töch-
tern" Plauen und Chemnitz, vom
Land wo die Zitronen blüh'n und
von Passeier-Leuten, die in einer
sächsischen Hütte am Gurgler-
kamm italienische Zöllner er-
schlugen, handelt dieses dritte
Kapitel.

Das Passeier hatte es ihnen angetan — und je weiter sie ostwärts lebten, um so größer war die Verzauberung.

Wer kann es ihnen verdenken? Schon das Wort ist, selbst heute noch, wie Musik. Und dann die Heldenerinnerungen: Andreas Hofer vom Sandhof, dazu Speckbacher aus dem Gnadenwald über Innsbruck. Der eine von den Franzosen zu Tode gebracht, der andere von seiner Frau im Kuhstall versteckt. Legendäre Geschichten vom Tiroler Freiheitskampf, die unser Jahrtausend überdauern...

Namen wie Meran, die Träume wecken von einem Land, wo die Zitronen blüh'n. Von da flußaufwärts durch das Tal der Passeier zu den ganz hohen Bergen, den Ötztalern am Timmelsjoch. Und am Gurgler Kamm die Hohe Wilde (3461 m), blütenweiß und verführerisch im ewigen Schnee.

Nicht lange nach Mantua, wo der Sandwirt auf Befehl des großen Napoleon anno 1810 füsiliert wurde, stapften todmüde zwei Studiosi von Norden über die Ferner auf der Gurgler Seite empor, um ins gelobte Passeier zu gelangen. Als Nebel kam, fanden die Führer den Übergang nicht. Sie mußten „campieren". Den jungen Leuten wurde befohlen, wegen der bösen Stellen im Gletscher stille niederzusitzen und die nassen Stiefel auszuziehen, weil sie ihnen sonst an den Füßen festfrören. Das hätten sie nicht tun sollen, denn als der Himmel nach einer fürchterlichen Nacht blaute, waren sie steinhart wie Eis. Sie kamen nicht hinein. „Da zerschnitten die Führer ihre Stöcke, machten Feuer und erweichten daran die Stiefel. Endlich gelangte man wohlbehalten nach Pfelders". Originalton 1826.

Ja, jene Männer aus Zwickau, Plauen, Werdau, Reichenbach, Crimmitschau und Chemnitz, die sich anno 1874 im Zwickauer Hotel Badegarten zusammensetzten, um in der Stadt an der Mulde mit allen nötigen Formalitäten einen Club Erzgebirge-Voigtland im Alpenverein zu bilden, haben geträumt. Noch gewährten die reichsdeutschen und k. u. k. Bahnen keine Rabatte. Erst nach ein paar Jahren annoncierte die Direktion der Kaiserin-Elisabeth-Bahn Fahrpreisermäßigungen bei Reisen, „welche die Erforschung und Zugänglichmachung der österreichischen Alpenwelt bezwecken", für die Strecken Salzburg-Wörgl und Bischofshofen-Selztal. Viel mehr war da noch nicht.

Es dauerte einige Zeit, bis auch die Sächsischen, Bayerischen und Preußischen Staatseisenbahnen mit „Alpenfahrten" nachzogen und beschleunigte Sonderzüge mit Ermäßigung nach München, Salzburg, Kufstein und Lindau einsetzten, zwei bis dreimal je Saison. Nun erst wurde es interessant, denn je weiter sie nach Osten zu lebten, um so langwieriger und kostspieliger war es, die Träume von den ganz hohen Bergen Wirklichkeit werden zu lassen.

Zu den ersten Wortführern der prächtig gedeihenden Erzgebirgssektion gehörte Staatsanwalt Taube; er begeisterte alle für's Passeier. Wer jedoch geografisch anders als ihr erster Pfadfinder träumte, suchte und fand Bundesgenossen. So kam es zur Etablierung sogenannter „Töchter"; die ersten waren die Chemnitzer. Sie machten sich als e. V. selbständig und setzten ihr Bergheim in die Zillertaler Alpen. Auch die Plauener setzten sich ab und kauften sich im Kuchelmooskar der Reichenspitzgruppe an, Talort Mayrhofen. Die befreundeten Greizer endlich etablierten sich auf dem Griesfeld im Floitengrund, auch im Zillertal.

So blieb den Zwickauern das Passeier. Doch vergingen zwei Jahrzehnte seit der ersten Zusammenkunft im Badegarten, bis im Juli 1899 die Zwickauer Hütte (2989 m) kirchlich durch den Curaten von Pfelders, und weltlich von Professor Schnorr, Nachfolger von Taube, ihre Weihen erhielt.

„Hochwürden, Herr Bürgermeister und liebe Gäste von nah und fern", begann er seine Ansprache, „sicher werden nur unsere Bergkameraden, die von weit her anreisten, unsere Rührung verstehen. Wir sind im Erzgebirge zu Hause, auch wir haben eine schöne Heimat — und Berge! Aber unsere höchsten, Keilberg und Fichtelberg, sind nicht annähernd so hoch wie hier unser Talort Pfelders im schönen Passeier". Lächelnd wendete er sich an die Einheimischen. „So kam es, daß einige von uns Bergnarren wurden, mit einer Sehnsucht im Herzen, die Ihnen fremd ist, denn Sie sind hier zu Hause. Wir lieben Ihr Tal, Ihr Tirol und wünschen uns von Herzen, daß Ihr Land zu unserer zweiten Heimat wird!" An die 100 Leute waren es, die ihm stürmisch applaudierten, und nach einem Hoch auf die Kaiser Österreichs und Deutschlands zog Bergführer

Zwickauer Hütte (2989 m), eingeweiht 1899

Georg Raich, erster Betreuer der sächsischen Hütte am Gurglerkamm, die Zwickauer Stadtfahne auf. Darauf folgte eine „municente Bewirtung, freigebig mit tiroler Gerichten und rothem tiroler Wein"...

In den folgenden Jahren arbeitete der Professor beharrlich an der Verwirklichung eines ehrgeizigen Plans. Er wollte mit seinen Leuten eine Brücke zu den Pommern am Eisjöchl schlagen. Schon zwei Jahre vor ihnen hatten sie sich dort, am Tor zum paradiesischen Pfossental, häuslich niedergelassen. Man müßte eine Verbindung zu ihnen schaffen, durch die steilen Schrofen hinüber zur Stettiner Hütte (2875 m), predigte Schnorr an den geselligen Abenden, und auch in der entgegengesetzten Richtung zum Timmelsjoch, schwärmte er, bis endlich auch die Alpenvereinsfreunde von der Ostsee für seine kühne Idee eingenommen waren. Sie machten gemeinsame Kasse: 2000 Goldmark brachten sie für den Steig zwischen beiden Hütten auf. Mit den am Wege liegenden Unterkünften, meldeten die am Alpenverein seinerzeit mehr als heute interessierten Zeitungen, „bietet sich dem Alpenwanderer eine mehrtägige einzigartige Höhenwanderung mit großartiger Ausschau in die Nähe und Ferne. Man wandert zuletzt über die Zwickauer (2989 m) und Stettiner (2878 m) zur Lodner Hütte (2572 m), um von da in drei Stunden nach Meran ins weingesegnete Burggrafenamt hinabzusteigen...".

Professor Schnorr hatte die Passeier Passion seines Vorgängers, Staatsanwalt Taube, weit übertroffen. Aber dann kam der Krieg und das Ende des österreichischen Vielvölkerstaates. Nur die erste Station des Höhenwegs, die Nürnberger Hütte unweit Ranalt bei Neustift, jenseits der neuen Staatsgrenze an der Wasserscheide der Gebirgskämme, kam davon. Was südlich davon lag, wurde italienisch. Die Sachsen traf es wie die Pommern, auch die Meraner vom Deutschen und Österreichischen Alpenverein, die einst das Haus unter die Lodner Spitze setzten.

Das Zwickauer Haus wurde nun „Rifugio Plan" und das Stettiner „Rifugio Petrarca all' Altissima", die Lodner Hütte „Rifugio Cima Fiammante".

Der mit großem Aufwand und vielen pommerschen und sächsischen Arbeitseinsätzen der Natur abgetrotzte Höhenweg verfiel.

Erst als 1976 mit Dekret Nr. 15 des Landesausschusses Bozen insgesamt 33 000 Hektar Grund der Gemeinden Schnals, Naturns, Partschins, Algund, Dorf Tirol, Riffian, St. Martin und Moos zum Naturpark Texelgruppe erklärt wurden, erinnerte man an „einen berühmten, heute leider in Teilen zerfallenen Weg zwischen Eisjöchl und Schönau an der Timmelsjochstraße". Er wurde als „auszubauender Wanderweg" in das Programm der Park-Initiatoren aufgenommen und gehört heute — neben dem Meraner Höhenweg — zum touristischen Sonderangebot der Passeier-Region.

*

Fünf Jahre nach St. Germain, dem Vertrag, der die Habsburger Monarchie besiegelte, feierten die Erzgebirgler nicht nur ihr Goldjubiläum mit einem auf 1000 Köpfe angewachsenen Mitgliederstamm, sondern auch ein neues Haus. Diesmal jedoch in ihrer angestammten Heimat am Waldrand von Sosa bei Auersberg. Alle versuchten, das Passeier zu vergessen. Endlich, 1933, erwarben sie eine bescheidene Herberge mit Grund am Lehnerjoch auf dem Ötztaler Geigenkamm über dem Piztal, die Lehnerjoch-Hütte (1959 m), in die sie erheblich investierten.

Aber plötzlich war die alte Zwickauer Hütte am Rotmoosjoch in aller Munde. Denn dort am Planferner, im Schutzhaus, war ein schreckliches Verbrechen geschehen.

In den „Dolomiten", dem in Bozen erscheinenden Hausblatt der Südtiroler, las man tagelang davon. Zuerst die Entdeckung der Tat: „Im Schutzhaus Plan (ehem. Zwickauer Hütte) kam eine Finanzieri-Patrouille, bestehend aus dem Vizebrigadier Domenico Mandarone und den Finanzsoldaten Gaetano Nasca und Antonio Mereu auf tragische Weise ums

Die Bluttat auf der Planhütte

Nach dem Geständnis Guflers.

Der 25jährige Johann G u f l e r aus Plata i. Pass., der auf der Innsbrucker Klinik liegt, ist beinahe von seinem Lungendurchschuß wieder geheilt. Er dürfte in den allernächsten Tagen nach Italien ausgeliefert werden. Gufler ist der Sohn eines Bauern mit einem Viehstand von etwa 15 Kühen. Außer ihm sind noch 14 Kinder in der Familie.

Ueber den Hergang des Dramas auf der Plan= (ehem. Zwickauer=)Hütte gab Gufler einem Kriminalbeamten des Innsbrucker Stadtpolizeiamtes — es sind stets zwei Be= amte zu seiner Bewachung beordert — fol= gendes an: Er und Paul H o f e r aus R i f i a n o hatten den Sommer über in G u r g l bei der Bergmahd gearbeitet wie alljährlich und dabei sehr gut verdient. Als die Arbeit fertig war, verwendeten sie einen Teil ihrer Ersparnisse, nämlich 250 Schilling, dazu, um T a b a k zu kaufen, mit dem sie dann ihrer Heimat zuwanderten.

Sie kamen nachts zur Zwickauer Hütte. Jeder von ihnen hatte ein G e w e h r bei sich. Als sie zur Zwickauer Hütte kamen und sahen, daß es in der Hütte dunkel und vollends ruhig war, überlegten und berat= schlagten sie vor der Türe, ob sie hineingehen sollten. Plötzlich öffnete sich die Türe und drei Finanzieri standen vor ihnen. Die Finanzieri nahmen die beiden Burschen in die Hütte hinein und entwaffneten sie. Auch

die Messer, die sie bei sich trugen, wurden ihnen abgenommen. Sodann fesselte man die Gefangenen mit Schließketten zusammen.

Zwei der Finanzieri legten sich daraufhin schlafen, während der dritte am Tische sitzend wach blieb. Der Hüttenraum war ganz dunkel. Nur das Feuer des Ofens warf einen Widerschein durch die Stube. In der Nacht machten sie sich gegenseitig von der Handschelle los. Als ihr Wächter am Tische das gewahrte, sprang er auf und schlug Lärm. Gufler packte nun einen E i = p i c k e l und schlug auf den Finanzier los. Hofer gelang es, ein G e w e h r der Finanzieri an= sich zu reißen. In dem Kampf, der sich nun zwischen den beiden Schmugglern und den Finanzieri abspielte, wurde Gufler durch einen S c h u ß i n d i e L u n g e verletzt. Es wurde ihm daraufhin übel. Hofer soll dann noch auf die Finanzieri geschossen haben, als sie bereits am Boden lagen.

Er ist dann fort, kam aber nicht mehr selbst zur Hütte zurück. Gegen 7 Uhr früh kam vielmehr der Bruder Hofers und ein Bekannter, die dann Gufler halfen. Vor ihrem Weggehen haben sie die Hütte i n B r a n d g e s t e c k t. Sie brachten dann Gufler über das Joch nach Gurgl.

Gufler gestand auch, daß er einem der er= schossenen Finanzieri vor seiner Flucht die g o l d e n e U h r k e t t e w e g n a h m. Er übergab die Kette im Spital einem Kriminal= beamten, damit sie an den Eigentümer aus= gehändigt wird.

27. Oktober 1933, aus der Zeitung „DOLOMITEN"-Bozen

Leben . . ." Durch das Ausbleiben der Männer beunruhigt, war eine zwei-te Patrouille aufgestiegen und hatte die Leichen entdeckt. Sie wiesen Ver-letzungen durch Schüsse und Schläge mit Eispickeln auf.

Nach wenigen Tagen lichteten sich die Umstände dieser Morde. Ein vom Gendarmerie-Posten Sölden nach Innsbruck transportierter Mann mit

Schußverletzungen, legte, nach strengen Verhören, vor Beamten des Bundespolizei-Kommissariats ein Geständnis ab. Der 25jährige Johann Gufler aus Passeier schilderte am 22. Oktober 1933 den Hergang der Tat so:

Er und Paul Hofer aus Rifiano hätten den Sommer über wie immer in Gurgl drüben in Österreich bei der Bergmahd gearbeitet und ein schönes Stück Geld verdient. Für einen Teil kauften sie Tabak, mit dem sie über das Rotmoosjoch nach Hause wandern wollten. Nachts langten sie an der dunklen Zwickauer Hütte an, und gerade als sie überlegten, ob sie dort ausruhen sollten, öffnete sich die Tür, und drei Finanzieri fielen über sie her. Sie wurden mit Schließketten gefesselt und ins Haus gestoßen. Zwei Italiener legten sich schlafen. „Der Hüttenraum war ganz dunkel, nur das Feuer des Ofens warf einen Widerschein durch die Stube", berichtete der Korrespondent des Blattes nach Bozen. Da machten sich Gufler und Hofer verstohlen von den Handschellen los. „Als ihr Wärter das gewahrte, schlug er Lärm. Gufler packte nun einen Eispickel und schlug auf den Mann ein, während Hofer ein Gewehr an sich riß. In dem Kampf, der sich nun zwischen den beiden Schmugglern und den Soldaten abspielte, wurde Gufler durch einen Lungenschuß verletzt."

Es muß ein fürchterlicher Kampf gewesen sein, in dem sich angestaute Wut explosiv entlud. Als die Tiroler sahen, daß alle drei Italiener tot waren, überkam sie große Verzweiflung. Sie beschlossen, daß Hofer sofort nach Pfelders hinuntergehen und Alarm schlagen solle. Ein Bruder und ein Freund Guflers setzten sich sogleich bergwärts in Bewegung und schafften den Verletzten über das Joch nach Gurgl. „Vor ihrem Weggehen haben sie die Hütte in Brand gesetzt", schloß der Bericht.

Die italienische Polizei setzte bald Paul Hofer und Rudolf Gufler, der den verletzten Bruder nach Österreich brachte, sowie die Freunde, die ihm dabei halfen, fest. Auch Hofer war verletzt. Eines der Opfer hatte im Todeskampf seine Hand gepackt; ein Finger mußte ihm amputiert werden. Ihre Helfer wurden zu acht Jahren Kerker verurteilt, der Spruch für die Täter — Gufler war für den Prozeß nach Bozen überstellt worden — lautete „lebenslänglich". Ihr Schicksal schien besiegelt, wie das der Zwickauer Hütte.

Nicht lange, da verbrüderten sich die italienischen Faschisten auf der „Achse Berlin-Rom" mit den Nationalsozialisten in Deutschland. Der Zweite Weltkrieg begann. Je härter er wurde, um so häufiger griff man auf potentielle Kampfreserven zurück. So geschah, daß man die Lebenslänglichen Hofer und Gufler für das Strafbataillon 999 nach Rußland begnadigte.

*

Wenn du heute die Leute im Tal zwischen Moos und Pfelders nach den Ereignissen jener Oktobertage fragst, verfinstern sich ihre Gesichter, selbst wenn du ihnen kein ganz Fremder bist. „Wissen wir nicht — nichts wissen wir", murmeln sie und wenden sich brüsk ab. Fast werden sie grob, wenn du trotzdem weiter Fragen stellst. Falls einer, den du besonders gut kennst, etwas erzählen will, nimmt er dich zur Seite und schaut sich mißtrauisch um, als fürchte er den Zorn seiner Leute. Nach über einem halben Jahrhundert liegt dieser Mord am Planferner wie ein Schatten über ihnen. Und weil sie dem Schicksal nie verzeihen werden, daß sie nun Italiener sind, und weil ihnen die ihrigen näher sind als die Finanzer, erzählen sie die Geschichte von den Mördern Gufler und Hofer vulgo Brunner anders als die Gerichtsakten es aussagen und die Zeitung schrieb.

Sie wissen auch genau, wie es mit den beiden Straf-Soldaten weiterging.

*Rudl Gufler büßte acht
Jahre im Kerker, weil er
seinem Bruder beistand*

Rudolf Gufler, der Rudl, ist nun schon 83 Jahre alt. Er brachte am Morgen nach der Tat den Bruder nach Zwieselstein. Zuerst konnte er noch laufen, dann mußten sie ihn tragen. In Zwieselstein fanden sie Nachtquartier. Aber als die Wirtin sah, daß der „Kranke" entsetzlich zu bluten anfing, lief sie schreiend aus dem Haus. Da wußten sie, daß die Tat nicht zu verheimlichen und Josef verloren war.

Für Rudl ist die Sache abgetan. Die acht Jahre schweren Kerkers haben ihn hart gemacht. „Unser Josef", erzählt er, „der ist in Rußland geblieben. 1944 hat er das letzte Mal nach Hause geschrieben, seitdem haben wir nie wieder etwas gehört". Und Paul? „Ja, der ist durchgekommen.

Kam sogar nach Hause, hoffte auf eine Amnestie und Freiheit für Südtirol nach dem Krieg. Aber nichts. Nach Deutschland ist er", murmelte Rudl, „habe gehört, Oberammergau...".

Dort, im Passionsdorf gibt es einen Holzbildhauer, einen Freund. Dem erzählst du die Mordgeschichte von der Zwickauer Hütte, und von dem Hofer Paul, der nach dem Krieg hierher gemacht haben soll, wie der Rudl sagte. Da hält der Sepp Erhart ein bei seinem Schnitzen am König Balthasar für den Trierer Dom, schaut dich aus großen Augen an und sagt: „Den kenn' ich. Das ist der Tiroler Pauli! So haben wir ihn genannt, weil er nie seinen richtigen Namen sagen wollte, hat aber weiter weg im Werdenfelser Land als Knecht gehaust. Gleich nach der Heimkehr trafen wir uns, viele Heimkehrer, sonntags nach der Messe im Pürschling-Haus. Mein Gott, waren wir froh, daß wir noch lebten!" Sepp stemmt aus seiner großen Statue mächtige Brocken Holz heraus. „Jeder mußte an diesen Sonntagen auf der Hütte eine Geschichte aus dem Krieg erzählen", erinnert er sich, „nur der Tiroler Pauli hat nie den Mund aufgemacht. Merkwürdig fanden wir das. Aber wer weiß, dachten wir, wo es ihn in Rußland erwischt hat — vielleicht an der Seele?" Plötzlich ist er nicht mehr gekommen, sagt Sepp, läßt sein Schneidmesser los und kramt in einer Truhe herum. „Da schau", sagt er, „das ist ein Foto von damals. Rechts, das ist er. Ja, da waren wir noch ganz schön jung!"

Du fährst also wieder ins Passeier und zeigst Rudl das Bild. Der aber dreht es nur hin und her und zuckt mit den Schultern, sagt nichts. Dann gehst du zu einer Schwester vom toten Gufler. Liese heißt sie, war früher Wirtin vom Gasthof Edelweiß in Pfelders. Ist mit ihren 75 Jahren noch jung im Vergleich zu dem Alten. Frau Liese hält das Foto lange in der Hand und schaut es an. „Ja mei", seufzt sie, „ich hab' ihn zwar sehr gern gehabt, den Paul, vor 50 Jahren. Aber ob er das ist? Wenn nur seine Hand deutlich wär', denn da fehlt ihm — links oder rechts, weiß ich schon gar nicht mehr — der kleine Finger, den ihm der Finanzer abgebissen hat.

Er ist oft heimlich über's Gebirge vor lauter Heimweh nach hier gekommen. Einmal, als einer tief mit dem Hut im Gesicht in meiner Gaststube saß, erkannte ich ihn am fehlenden Finger." Da war Liese schon verheiratet. Paul soll sich in Deutschland eine Frau genommen haben.

Ob er noch lebt? Die Frau zupft an der Schürze. „Weiß nicht. Habe gehört, daß er schwer krank war letztes Jahr. Vielleicht ist er schon tot."

Bildhauer Sepp Erhart aus Unterammergau kannte den Tiroler Pauli (rechts). Er ließ sich mit dem „Teufel auf Ski" fotografieren.

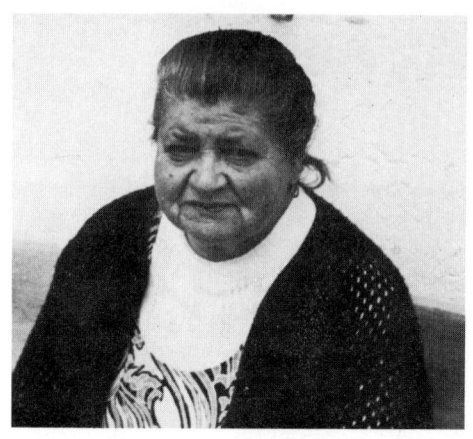

Liese Kofler war mit Paul Brunner befreundet. Sie erkannte ihn am fehlenden Finger.

1960 baute der Club Alpino Italiano aus Meran auf Zwickauer Grund das Haus am Planferner wieder auf und nahm, als Bombenleger in Südtirol durch Attentate die politischen Verhältnisse zu ändern hofften, Grenzsoldaten auf. Und wieder hatten die „Dolomiten" Grund, vom Rotmoosjoch zu berichten: „Das Militär sprengte die Zwickauer Hütte in die Luft, nachdem Terroristen das Gebäude vermint hatten. Die Feuerwerker brachten 2 Kilogramm Sprengstoff zur Explosion. Die Detonation war äußerst heftig, da gleichzeitig der Terroristen-Sprengstoff explodierte. Das Gebäude wurde vollständig zerstört. Wie die Behörden bekanntgaben, handelte es sich um eine Säuberungsaktion..."
Seither soll sich dort nichts gerührt haben.
Bei einer Tatort-Besichtigung dann die große Überraschung: Da steht ein großes, prächtiges Haus, ein Rohbau mit Richtkrone. Die Handwerker lassen ihr Werkzeug ruhen und stellen den Dieselmotor ab. Und Leo Fontana, der künftige Wirt, bittet in der Baubaracke zu Tisch, zum Knödelessen.
Nun hat das Pfelderer Tal wieder ein Ziel am Gurglerkamm für seine Sommergäste. Für die Leute dort ist es immer noch die Zwickauer Hütte, obwohl sie vom italienischen Club zweimal von Grund auf neu gebaut wurde. Nicht nur hier, überall in Südtirol wird aus Gewohnheit — oder trotzig — an den alten deutschen Namen festgehalten.

Viele Zwickauer zogen, als der Krieg vorbei war, nach Westen. Eine Handvoll von ihnen gründete die Sektion neu. Aber sie waren zu wenige, um ihre Ersatzhütte, die Lehnerjoch-Hütte auf dem Geigenkamm in Österreich am Leben erhalten zu können. Da sprangen als „Paten" Bergsteiger aus Ludwigsburg ein.

44

1983 wurde die neue Zwickauer Hütte eingeweiht, rechts Leo Fontana, der Wirt

Als kaum einer mehr da war, ließen sie sich aus dem Vereinsregister beim Amtsgericht streichen. 104 Jahre lang haben Zwickauer dazu beigetragen, die österreichischen Alpen „zugänglich" zu machen.

*

Die Sowjetische Militär-Administration verfügte, nach einem Alliierten Kontrollratsgesetz, mit den Befehlen Nr. 124 und 126 vom 30. und 31. Oktober 1945 die Auflösung aller NS-Organisationen in der sowjetisch besetzten Zone. Dazu gehörten auch die Gliederungen des Deutschen Alpenvereins, der nach der „Machtübernahme" durch Adolf Hitler dem NS-Reichsbund für Leibesübungen einverleibt wurde. Vermögen und Immobilien — nämlich alle Sektions-Heime in den Mittelgebirgen — auch die Bibliotheken wurden unwiderruflich konfisziert.

Das war auch für die Sektion Plauen, die älteste Zwickauer „Tochter", das Ende. Einige Getreue gingen nach Westen und ließen in Stuttgart ihren Club wieder aufleben.

Vor einiger Zeit kam ein Brief aus der DDR, aus Plauen an. Einer von drüben schrieb...

45

„... Wie gerne würden wir, liebe Freunde, mit Euch zur Hütte aufsteigen, um von da die Gipfel der Reichenspitzgruppe zu erreichen. Dort oben weht sicher noch etwas von den ehrwürdigen Empfindungen. Da ist noch etwas spürbar von den Begriffen, die heute viel von ihrem Wert eingebüßt haben, die fast nur noch als Nachfragen für ‚Alte Zeiten' auftauchen, wie: Freiheit und Würde, Schöpfung und Demut, Forderung, Pflicht, Dankbarkeit. Diese Werte, eingebunden in eine selbstgewählte Seilschaft, was wäre das für eine beglückende Gemeinschaft! Wir haben — hier und dort — viel mehr Gemeinsames, als mancher das ahnt, z. B. unsere wichtigsten Geburtstagsjubiläen: 500 Jahre Martin Luther, 100 Jahre Alpenvereins-Sektion Plauen-Vogtland und 85 Jahre Plauener Hütte. Ja, sie haben etwas miteinander zu tun; denn der große Martinus hat von den Vogtländern behauptet, sie könnten sein wie die Ochsen. Vermutlich würde er heute seine urwüchsige Liebeserklärung wiederholen. Schauen wir doch auf unseren Zusammenhalt, den man uns schwer genug gemacht hat, oder darauf, daß wir unsere Hütte nach der Beschlagnahme wieder in eigenen Händen haben. Erhaltet alles! Die Liebesbeziehung zwischen dem Vogtland und dem Zillertal, vor 100 Jahren jungfräulich begonnen — tastend, solide, absichtsvoll auf's Seßhaftwerden, hat die Erwartung unserer Ziehväter weit übertroffen. Sie hat das Fundament zu einer Beziehung gelegt, welche selbst Donner, Feuer und vernichtenden Schmerz ausgehalten hat. Daß es größeres gibt als alle Gewalt zusammen, das ist wohl der eindringlichste Gewinn aus dieser vergangenen Zeit. Wißt Ihr eigentlich, was uns das alles in den letzten 30 Jahren in Plauen, im Vogtland oder wo der Krieg uns hinwehte, bedeutet hat? Woher auch, aber vielleicht spürt Ihr's: Zu wissen, da draußen, im freien Teil unseres Landes, da gibt es noch welche, die tun was für uns und unsere Kinder. Gestern, heute und morgen lassen sich nicht auseinanderreißen. Zusammen sind sie ein Stück Ewigkeit wie unsere Berge. In diesem Sinne gilt Euch allen unser Gruß ...“

Als Hans-Joachim Müller-Uibrig diesen Brief schrieb, ahnte er nicht, daß seine Tage in der DDR gezählt sind. Die Erlaubnis zur Ausreise, als Ausgebürgerter, traf ihn aus heiterem Himmel wie ein Schlag — ebenso die Zusicherung, daß er nicht nur alle Möbel, sondern auch seine Bücher und Arbeitsunterlagen mit hinüberschaffen dürfe. Er war dankbar und glücklich — und landete im Chiemgau mitten in den Bergen. Daß es so kam, verdankte er einer Kirchenpatenschaft zwischen der Mecklenburger und der Bayerischen Landeskirche. Die bayerischen Paten fingen ihn auf, denn der Plauener war Kirchenältester seiner Gemeinde.

In seiner behaglichen Aschauer Wohnung, über der noch ein Hauch frischer Farbe lag, erinnerte sich Müller-Uibrig, wie es zu dieser abrupten Wende am Abend seines Lebens kam. Da berichtete einer, der ohne Haß zurückblickt, der bewußt das „Drüben“ gewählt hatte, nicht nur wegen der Familie, „auch wegen der Wurzeln, die einen in der angestammten

Hansjoachim Müller-Uibrig blieb sein Leben lang der Plauener Hütte treu

Heimat halten", sagte er und erzählte, wie er als Zeitungs-Volontär noch vor dem Krieg der Plauener Sektion beitrat und hingerissen die phantastische Kulisse der Plauener Hütte erlebte. Wie ausgelassen der Bergurlaub war, und wie er ein Jahr später, nach Ausbruch des Krieges, mit dem Einberufungsbefehl in der Tasche, noch einmal ins Zillertal fuhr.

In Plauen konnte er nach dem Krieg nicht bleiben, weil der Familienbesitz enteignet wurde. Als Geflügelzüchter schuf er sich in Mecklenburg eine neue Existenz. Nach Jahren erfolgreicher Arbeit wurde sein Betrieb zur LPG (Landwirtschaftliche Produktionsgenossenschaft) umfunktioniert. „Warum"? „Sicher wegen meiner Kirchenarbeit, in der ich mich durch nichts beirren ließ. Wir waren damals voller Hoffnung, durften sogar nach Österreich reisen — das war, als sich die DDR überall um diplomatische Anerkennung bemühte. Unbeschreiblich die Freude, nach zwei Jahrzehnten wieder durch den Zillergrund zu wandern..."

Der hagere Mann erhob sich, steckte die Hände tief in die Taschen seiner Cordhose und stellte sich vor das Panoramafenster seines Wohnzimmers. Ein Bilderbuchblick, wahrlich, auf blühende Wiesen und auf Fichtengrün, das sich immer höher bis zum hellgrauen Fels der Kampenwand hinaufzog.

47

Freunde, die bald in den Krieg zogen. Rechts Müller-Uibrig 1939 auf der Hütte

Wegmarkierungen unterm Hakenkreuz 1938 an der Plauener Hütte

„Damals sagte man zu mir, wenn alle Stricke reißen, kannst Du bei uns den Hüttenwirt machen! Daran mußte ich denken, als man mir meine Existenz nahm."

An Ausreise, auch im Rentenalter, war nicht zu denken, weil der Plauener nun da anknüpfte, wo ihn der Krieg aus der beruflichen Laufbahn warf: Mit einem Honorarvertrag der Kirche arbeitete er als Bibliothekar und Pressereferent; zuletzt gehörte er dem Vorbereitungsausschuß für den zentralen Kirchentag im Luther-Jahr an.

„Und dann das hier!" Müller-Uibrig atmete tief durch. „Als wir das erste Mal, als Bürger auf dieser Seite der deutsch-deutschen Grenze, im Zillertal wanderten, war das wie ein Schreiten auf einer glücklichen Insel. Ich weiß, wer die andere Seite nicht kennt, findet unsere Gefühle sicher überspannt..."

Die Plauen-Vogtländer, einst Ableger der Zwickauer, entwickelten sich so zügig, daß sie bei der Gründung der „Töchter" Oelsnitz, Lengenfeld, Markneukirchen, Reichenbach, Auerbach, Falkenstein, Adorf und Klingenthal Pate standen. In der „Arbeitsgemeinschaft Voigtländischer Sektionen" brachten sie erstaunliche Summen für den Ausbau ihres Stützpunktes und für unzählige Weganlagen auf, über die jetzt von den Feriendörfern im Tal, von Reiseunternehmen und Alpinschulen Touristenströme gelenkt werden, etwa zum Heiliggeistjoch und zur Zillerplattenscharte mit Anschluß an die Richter-Hütte der Sektion Warnsdorf in den Krimmler Tauern. Da gibt es noch Oelsnitzer-, Lengenfelder- und Reichenbacher-Wege — und keiner weiß mehr, wie es zu diesen Namen kam, oder macht sich Gedanken, wem diese schönen Urlaubswege zu verdanken sind.

„Das Wiedersehen mit unserer Hütte war allerdings kein reines Vergnügen", gestand der Kirchenmann aus Mecklenburg, als sich unser Gespräch dem Ende zuneigte. „Jetzt sieht es dort aus, als hätte ein Riese sich herumgewälzt. Seit Ende der 70er Jahre wird an einem Kraftwerk gebaut." Wohl hätten die Salzburger Tauernkraftwerke AG als Bauherr versprochen, daß „Wunden, wie sie jeder bauliche Eingriff in der Natur hinterläßt, durch auch im Detail vorgeschriebene landschaftspflegerische Maßnahmen in kürzester Zeit wieder geheilt werden". Aber ob die Natur dabei mitspielt?

1987 ging das „Zillerkraftwerk" mit dem Krafthaus „Häusling" in der Mitte des Grundes ans Netz. Die Plauener (-West) waren nicht müßig. Sie brachten 1 Million Deutsche Mark auf und sanierten ihre Hütte von Grund auf. Nun schaut man von dort direkt auf den Stausee Zillergründl und eine 186 Meter hohe Gewölbemauer, deren Nutzinhalt, nämlich 88,8 Millionen Kubikmeter Wasser, durch zwei Maschinensätze in zweimal

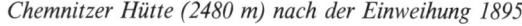

Plauener Hütte (2300 m) nach der Einweihung 1899

Chemnitzer Hütte (2480 m) nach der Einweihung 1895

180 000 Kilowattstunden Leistung zum Segen der Menschen, zu ihrem
Nutzen und Frommen umgewandelt wird. Ein Wunderwerk der Technik.
Aber die Natur heilt auch dort langsam die Wunden, die man ihr schlug.

*

Rifugio Giovanni Porro alla Forcella di Neves — so heißt nun die alte
Chemnitzer Hütte. Das vergeht wie Butter auf der Zunge, aber alle
Wortmusik ist für die paar alten Sachsen, die noch leben und Bescheid
wissen, kein Trost. Anno 1895 untermalte ein städtisches Doppelquartett
mit fröhlichen Weisen die Einweihung ihres Berghauses auf dem Nevesjoch in den Zillertaler Alpen. Und wie stolz waren sie, als während der
zweiten Saison am Berg, 1897, zwei Gäste aus London und je einer aus
Paris, Neapel und Rom zu ihnen hinaufstiegen. Nur knapp 20 fröhliche
Jahre, dann war alles vorbei. Grund und Gebäude ohne Entschädigung
enteignet, neue italienische Besitzer und Sitten, ein neuer Name, im heimatlichen Idiom immer noch Nevesjoch-Hütte, um keine Mißverständ-
nisse aufkommen zu lassen. Das hat die „Tochter" der Zwickauer bis ins
Mark getroffen.
Ja, die alten Chemnitzer vom Fluß Chemnitz mit der berühmten Chemnitzer Textil-Industrie haben diesen Platz zu Füßen vom Hohen Weißzint
und Großen Möseler geliebt! Und sich mit einem 7840 Meter langen,
kühnen Steig über Ringelstein, Zinnstock und Stoßkofl bis zur Sonklar-
Hütte am Speikboden ein Denkmal gesetzt. Dem Bergführer und Hüttenwirt Alois Niederberger brachte er, kurz nach der Jahrhundertwende,
ganze 3052 Kronen ein, eine stolze Summe. Er legte die Trasse und baute
den Weg, den Kellerbauer-Weg; so heißt er auch heute noch.
Wer war Kellerbauer? Selten genug: Einer, den es von Berufs wegen in die
umgekehrte Richtung, von Westen nach Osten brachte.
Theodor Norbert Kellerbauer kam aus Bayern als Professor der Technischen Lehranstalten nach Chemnitz, ein Studiker von der Münchner
Technischen Hochschule. Und wie ihm nun die Alpen fehlten! Flugs
gründete er eine Tochter, die Sektion Chemnitz, die ihn als mutigsten
Bergsteiger und kühnsten Erforscher der Hochalpen verehrte. Das trau-
rige Ende seiner Hütte am Nevesjoch erlebte er nicht mehr, er starb im
Januar 1918.
Helmut Strantz weiß noch, wer Kellerbauer war. Er ist einer der alten

51

Bergsteiger aus Chemnitz. Unter dem wenigen, was er von drüben mitbrachte, als er nach dem letzten Krieg von Ost nach West hinüberwechselte, befindet sich eine Kostenaufstellung „Hüttenbau 1925 und 1926", aus der hervorgeht, daß die „Neue Chemnitzer Hütte" (2323 m) in den Ötztaler Alpen, im Weißmaurachkar über Plangeroß, summa summarum 49 500 Reichsmark gekostet hat — ohne den Grund. Sie hatten sich also nicht unterkriegen lassen und neu angefangen.

Damals reichte die Postbusverbindung von Imst nur bis ins vordere Piztal; von da wanderte man sieben Stunden nach Plangeroß und brauchte noch zwei für den Aufstieg bis zur Hütte. Strantz erinnert sich an den ersten Hüttenwirt, der für sie den Hindenburg-Weg zum Weißmaurachjoch und Piztaler Jöchl anlegte, wo es dann nur noch ein Katzensprung war zu den Gletschern am Mittelbergferner.

Heute ist da ein supermoderner Skizirkus, für den man am Schluß des Piztales einen U-Bahn-Tunnel für die wettersichere Auffahrt der internationalen Ski-Touristen bis zu den Pisten in den Fels bohrte.

Den Heinrich Dobler, ihren Wirt und Wegebauer, haben sie jedes Jahr nach Chemnitz eingeladen. Sein spektakulärer, durchwegs an die 3000 Meter hoch gelegener Steig, verwitterte mit den Jahren. Eine andere Sektion richtete ihn mit Beginn der Trimmwelle wieder her. Nun heißt er Mainzer Höhenweg — eine Attraktion mit Biwakschachtel für Wetterstürze mittendrin. Hindenburg ist out.

Auch eine Verzehrkarte von 1938 hat Helmut Strantz mitgebracht. Zu seiner Zeit bezahlte man für die Übernachtung im Bett 2,50 Reichsmark, auf der Matratze 60 Pfennige — Mitglieder die Hälfte. Ein Teller Suppe kostete 30 Pfennige, das Tellergericht 50 und ein Tagesgericht 80, die Flasche Bier 85 Pfennige. Das war 1938; damals verdiente ein Arbeiter in der Metallindustrie 94,5 Pfennige in der Stunde und brachte es bei 48 Wochenstunden auf etwa 197 Reichsmark monatlich.

Helmut Strantz versteht nicht, daß ihre zweite Hütte immer noch als „Neue Chemnitzer Hütte" geführt wird, schließlich sei sie nun schon 60 Jahre alt, findet er. Der alte Herr hat bei der Alpenvereins-Zentrale mehrmals, aber vergebens gebeten, das zu ändern. Da sieht man wieder, sie machen sich über dies und das ihre Gedanken, diese alten Bergsteiger von drüben, vor allem jene, denen es nicht gelang, nach dem Verlassen der Heimat mit ihrem Club wieder Fuß zu fassen. Alle Versuche, das Ötztaler Haus in eigener Regie weiterzuführen, schlugen fehl. 1955 sprang die DAV-Sektion Rüsselsheim als Pate ein; kurz danach lösten sich 43 übrig gebliebene Chemnitzer „wegen Auszehrung" auf. Seit Anfang der 70er Jahre führen es die Rüsselsheimer in eigener Regie, begleitet von beträchtlichen Investitionen. Derzeitiger Schätzwert: über eine halbe Million. „Unsere Chemnitzer Hütte", sagen die Leute aus der Opel-Stadt...

„Es ist schmerzlich", schrieb aus Lindau, wo er nun wohnt, Herr Strantz, „daß es den ehemals mittel- und ostdeutschen Vereinsmitgliedern mit ihren Kindern und Enkeln, soweit sie noch in der alten Heimat leben, auch nach 40 Jahren immer noch verwehrt ist, die mit ihrem Geld gebauten Schutzhütten aufzusuchen und vielleicht auch alte Freunde wiederzusehen. Nicht einmal zu Hause dürfen sie im Sinne ihrer bergsteigerischen Ideen wirken."

„Diesmal ist es anders als nach dem Zusammenbruch 1918. Zwar mußten wir die unter finanziellen Opfern gebaute zweite Hütte wieder hergeben, aber es geschah mit unserem Einverständnis, weil wir einsehen müssen, daß wir sie als heimatlos gewordene und an Mitgliedern dezimierte Alpenvereins-Sektion nicht weiterführen können."

„Es ist sicher zweckmäßig und auch einmal notwendig, wenn den beiden heutigen Abarten des konventionellen Alpinismus — Massen-Tourismus und Extrem-Bergsteigen — einmal nachgewiesen und vorgeführt wird, daß sie nichts wären ohne die gewaltige Leistung idealler und materieller Arbeit, die wir und unsere Väter in den letzten 100 Jahren bei der Erschließung geleistet haben . . ."

Helmut Strantz lebt nun am Bodensee, ein alter Mann aus Chemnitz. Er und seine paar Getreuen hatten den Rat des Sprechers der Flüchtlings- und Vertriebenen-Sektionen im Präsidium des Deutschen Alpenvereins, Hans Koehler aus Leipzig, nicht — wie andere — beherzigt, keine rein landsmannschaftlichen Gruppierungen im Westen neu zu gründen. Bestand und Tradition (auch der Besitz in den Bergen) seien nur zu erhalten, predigte er, wenn es gelänge, sich in der neuen Heimat zu integrieren. Wie wahr. Die Chemnitzer wurden im Vereinsregister gelöscht . . .

Ihre Heimatstadt heißt seit 1953 Karl-Marx-Stadt. Um diesem Namenswechsel der „ehemaligen Proletarierin unter den deutschen Städten" — in der schon zu Kaisers Zeiten und in der ersten Republik die Arbeiterparteien dominierten — mehr Gewicht zu geben, bekam der Namenspatron ein Denkmal auf hohem Sockel: Seinen Kopf aus Bronze, 42 Tonnen schwer, mit Blick auf die Karl-Marx-Allee.

Er erinnert an das riesige Bonner Adenauer-Portrait — ohne Sockel. Ein Denkmal zum Anfassen . . .

Die Stadt verlor ihren Namen. Nur ein Hotel, ein Flüßchen und das Freibad dürfen daran erinnern, daß die ehemalige Hauptstadt der sächsischen Kreishauptmannschaft Chemnitz hieß. Sie gehört nun zur Deutschen Demokratischen Republik.

Das Ski- und Wanderheim, vom Chemnitzer Club 1932 an den Keilberg im Erzgebirge gebaut, fiel 1945 an die Tschechoslowakei . . .

Besuch aus Dresden

Wie Sachsen aus der Residenzstadt Dresden zu „Mitgestaltern des allseits so begehrten Aktivurlaubs" wurden, erzählt Kapitel vier. Außerdem stellt es die „Tochter" Meissen vor.

Dresden, nach einem Dichterwort das „Florenz an der Elbe", war einst berühmt. Hier residierten die Könige aus dem Hause Wettin. Ihre Prachtstadt ging vom 13. auf den 14. Februar 1945 in einem Feuersturm zugrunde. Um das 1000jährige nationalsozialistische Großdeutsche Reich in die Knie zu zwingen, warfen 1300 britische Bomber 4000 Brand- und 1500 Tonnen Sprengbomben über der schönen Sachsen-Residenz ab. Mit ihr starben 35 000 oder mehr Menschen. Drei Monate später war der Krieg aus.

Japan hatte noch nicht kapituliert. Deshalb ließ ein amerikanisches Flugzeug Anfang August die allererste Atombombe über Hiroshima fallen, und nach drei Tagen die zweite auf Nagasaki. Da gaben auch die Japaner auf.

Vier Jahrzehnte später. Deutschland ist geteilt, Dresden die Hauptstadt eines Bezirkes in der Deutschen Demokratischen Republik. Doch schon Anfang der 60er Jahre stand der Zwinger, die einst am meisten bewunderte Barockanlage der Stadt, originalgetreu rekonstruiert am alten Platz. Mit gleicher Liebe zum Detail wurde die Semper-Oper wieder aufgebaut. Der Festakt zu ihrer Einweihung am 13. Februar 1985, mit Live-Übertragung im Fernsehen hüben und drüben, geriet zum gesamtdeutschen Ereignis. Eine Spur emotioneller Gemeinsamkeit teilte sich plötzlich auch den ahnungslosen, nachwachsenden Generationen mit.

Ewald Kühne hat die Aufführung des „Freischütz" in der neuen Semper-Oper — mit DDR-Staatsrat Erich Honecker in der penibel nachgebauten Königsloge und dem ehemaligen BRD-Kanzler Helmut Schmidt im Parkett — vor dem Bildschirm in seiner Heimatstadt Dresden miterlebt. Im Sommer machte der Handwerksmeister, Jahrgang 1902, dank einer kleinen West-Erbschaft im bayerischen Voralpenland Urlaub. Dort trafen wir ihn und seine Frau in einer bescheidenen Pension vor der Kette des Wettersteingebirges. Neben dem Sofa lehnten Krücken. Der alte, gebrechliche Mann atmete schwer. Seine Augen wirkten durch extrem starke Brillengläser übernatürlich vergrößert.

„Sie dürfen auf keinen Fall meinen richtigen Namen schreiben", sagte er beschwörend, „sonst erzähle ich Ihnen nichts, und kein Foto — nein!" Er war erregt. „Die kennen mich drüben genau, und ich möchte mir und den Kameraden, die es noch von früher gibt, Ärger und Aufregungen ersparen!"

Der Rentner (mit verändertem Namen) hatte Angst. Unbegreiflich — nach 40 Jahren immer noch Angst, obwohl über die Dinge, die ihm am Herzen liegen, schon lange die Zeit — bestimmt auch in Dresden — hinweggegangen ist. Er ist einer der letzten von der alten Garde, die im Elbsandsteingebirge an der Elbe die erstaunlichsten Kunststücke an senkrechten Felswänden vollbrachten. Die Anfänge dieser ersten Sportkletterei-Etappe reichen weit ins vorige Jahrhundert hinein, als sich Schandauer Turner (1864) mit Leitern, Holzsprossen, Eisenstiften und gemeißelten Stufen auf die Spitzen bizarrer Felstürme in der sächsischen und böhmischen Schweiz hinaufhangelten. „Papst" der modernen Richtung, die keine künstlichen Hilfsmittel duldete außer Seil und Kletterschuhen, war Rudolf Fehrmann, ein Jurist mit Doktortitel, der heute als Vater des modernen, akrobatischen „Boulderns" bei Insidern unvergessen ist. Der Schandauer Vorturner verpflichtete die sächsischen Akrobaten auf strenge Regeln, wonach grundsätzlich verboten war 1.) das Einhauen von Tritten und Griffen, und 2.) jedes Schlagen von Ringen für Sicherungs- und Abseilzwecke.

Vor sieben Jahrzehnten stand in den „Dresdner Nachrichten", daß die Fürstlich Clarysche Forstverwaltung auf Betreiben des Alpenvereins die Wegsperrungen für Felskletterei aufgehoben hat, und daß nun die gleichen Grundsätze gelten würden wie in den anstoßenden Kgl. Sächs. Forstrevieren, wo der König von Sachsen bekanntlich den touristischen Bestrebungen sehr zugetan ist und den Naturfreunden, die sich gesittet benehmen, die weitgehendste Freiheit gestattet . . .

1985 wurde für das zum Naturschutzgebiet erklärte DDR-Elbsandsteingebirge Kletterverbot erteilt, weil „von Wanderern und Bergsteigern die vorgeschriebenen Zugangswege zu den Gipfeln nicht eingehalten und Zerstörungen größeren Ausmaßes angerichtet" würden. Kletterverbote gab es im gleichen Jahr auch in der BRD-Fränkischen Schweiz . . .

Ewald Kühne, der nun in den bayerischen Bergen Urlaub machte, hat Rudolf Fehrmann noch gekannt. Es ging ihm schlecht nach dem Krieg, weil er — anders als Rentner Kühne — in der Partei war. „Zu unserer Zeit hatten wir in allen Alpen-, Gebirgs- und Wandervereinen über 30 000 Mitglieder; das war noch vor der Nazizeit. Da wurden es dann noch viel mehr — nur in Dresden!" Der Alte lehnte sich zurück und blickte lange schweigend aus dem Fenster. „Aber die Russen haben uns verboten", sagte er schließlich verbittert. „Alles, was unsere Sektion retten konnte — wir hatten noch Bücher aus der kostbaren Bibliothek — ging weg. Auch die Kirnitschtal-Hütte bei Schandau und im Erzgebirge die Schlott-Hütte, und noch vier andere — alles gehört nun den neuen Betriebssportgruppen (BSG), in denen als Sektion Touristik die Bergsteiger organisiert sind. Unsere alten Wege und Häuser werden vernachlässigt, weil die BSG kein Geld hergeben und sich niemand mehr verantwortlich fühlt, wie das früher war."

In etwa 55 BSG-Touristik-Abteilungen gibt es jetzt nur noch 6000 Wanderer, Kletterer und Skiläufer. „Ich kenne ungefähr 200 jüngere, ehemalige Sektions-Freunde, die nach Westen gemacht haben. Aber nicht wegen der Politik, die sind alle wegen der Alpen rüber..."

Ob wohl auch Fritz Uhlig und 14 andere Mitglieder der BSG Empor Dresden-Löbau, die vom 8. bis 19. Juli 1961 in der Venedigergruppe bei Krimml zum Bergsteigen waren und der Warnsdorfer Hütte in dankbarer Erinnerung an diese Tage das „Jahrbuch der Touristik 1955/56" mit Widmung schenkten, aus Sehnsucht nach den Bergen von drüben „weggemacht" haben? Denn am 13. August 1961, zwei Wochen nach ihrer Westreise, wurde die Mauer gebaut, der „Eiserne Vorhang" hermetisch dichtgemacht...

Wir blätterten nachdenklich in diesem DDR-Bergsteigerbuch und fanden, unter wehmütigen Erinnerungen an frühere Touren in den Alpen, auch einen Beitrag des damals jungen Dietrich Hasse, der sich nach seinem Wechsel in die Bundesrepublik als Repräsentant und Chronist der Elbsandstein-Artisten einen Namen machte.

Ewald Kühne blieb nur zwei Wochen. Dann fuhr er wieder mit der Frau nach Hause.

Dietrich Hasse und die anderen, die „weggemacht" hatten, verschlug es in alle Himmelsrichtungen der Republik und sogar ins Ausland. Aber nicht lange, da war der Kontakt unter den Ehemaligen wieder hergestellt. Sie machten Böblingen zum Sitz ihres amtlich besiegelten, neugegründeten Vereins. Mit Kind und Kindeskindern, und mit württembergischen Neuzugängen ist es ihnen — anders als den Zwickauern und Chemnitzern — gelungen, die Tradition ihrer Gründung von 1873 fortzuführen.

Die Dresdner Sektion des Alpenvereins gehörte damals zum Feinsten. Ihre Feste feierte sie in den von Hofmalern ausgeschmückten Sälen des königlichen Belvedere, in „Alpen- oder Touristencostüm, Gesellschaftsanzug bleibt ausgeschlossen". Den Damen wurden Alpenveilchen-Buketts überreicht, und Hof-Opernsängerin Bolte sang Lieder von Schubert. Einmal im Jahr traf man sich zum Gemsenessen, und jeden Mittwoch auf den Brühl'schen Terrassen zum geselligen Abend. Ihr König

schrieb sich — wie bei den Leipzigern — als Mitglied ein und beehrte
anno 1907 die ersten Skimeisterschaften von Sachsen mit seiner Anwe-
senheit. Kunsthändler Emil Richter hinterließ seinem Club als Ver-
mächtnis 5000 Goldmark — das war vor der Jahrhundertwende ein
Vermögen! Er war nicht der einzige Mäzen.

In schneller Folge investierten die Dresden in den Alpen. Wo immer sie
auftauchten und Häuser mit Zugängen aus dem Tal und weiterführende
Pfade bauten, feierte sie die einheimische Bevölkerung als Wohltäter. So
auch im Stubaital, als im August 1875 „auf der obersten Terrasse, der sogenannten Fernau ca. 2400 m u. M." die Dresdner Hütte vollendet war.
„Unaufhörliche Böllerschüsse bildeten den Gruß der Thalbewohner, und
in jeder Gemeinde, die der Triumphzug passierte, waren die Ortsangehö-
rigen herbeigeströmt, um den Gästen ihre Freude über das sie so nahe
berührende Ereignis auszudrücken, voran 30 Mann kunstgeübte Älpler-
Musiker" — bis auf die Fernau.

Ähnlich ging es 1882 im Martelltal bei der Eröffnung der Zufall-Hütte in
der Ortler-Gruppe zu. Innerhalb von zehn Jahren wagten sich 3320 Touristen in die Eiswildnis mit der vielgerühmten Gletscher-Route zum Cevedale. Das Martelltal — ein neues Ziel für Sommerfrischler in Südtirol . . .

*Pravitele-Hütte in der Pala-
Gruppe, erbaut 1897 von
Dresdner Alpinisten, heute
Rifugio Pradidali im modernen,
italienischen Gewand*

1897 feierten die Dresdner in den Dolomiten die Vollendung dreier Unterkünfte auf einen Schlag: Canali-Hütte und Pravitele-Hütte in der Palagruppe, und das Franz-Schlüter-Haus auf dem Kreuzkofeljoch in der Geißlergruppe, hoch über dem Villnößtal. Zwei davon stifteten Gönner. Die Pravitele-Hütte — jetzt Rifugio Pradidali — war ein Geschenk des Fabrikanten Meurer. Der andere, Commerzienrath Schlüter, kaufte den Grund von Bauer Runggatscher in St. Magdalena und ließ den Bau in eigener Regie hochziehen. Bei den Einweihungsfeierlichkeiten erfuhr er besondere Ehrungen: Der Oberbürgermeister von Dresden, Geheimer Finanzrath Beutler, überbrachte die Grüße der Stadt, und Franz Defregger, zu dieser Zeit schon geadelt und Kunstprofessor, beglückwünschte ihn und zeigte sich entzückt von Einrichtung und Lage des Hauses.

Im Sommer drauf baute die Sektion den Gipfelanstieg von der Hütte zum Peitlerkofel, und nach Süden den Übergang zur Regensburger Hütte. Das erweiterte Schlüter-Haus und die Weganlagen sind heute in den Dolomiten-Höhenweg Nr. 2 eingebunden. Sie erweisen sich jedes Jahr aufs neue als wichtiges Glied im touristischen Sommer-Geschäft.

Diese aktive, sächsische Sektion mobilisierte zu ihren besten Zeiten über 4000 Mitglieder. Trotzdem bildeten sich daneben noch andere Gruppen unter dem Dach des Deutschen und Österreichischen Alpenvereins: eine Akademische, die Klettergruppe Meißner Hochland mit eigenem Berghaus — der Tappenkarsee-Hütte in den Niederen Tauern — den Allgemeinen Turnverein Dresden, die Wettiner und den Sächsischen Bergsteigerbund.

Lediglich ein paar Außenseiter schlossen sich dem Österreichischen Touristenklub (ÖTK) an, der es an Seriosität und Bedeutung getrost mit dem Konkurrenzverein aufnehmen konnte. Dieser sächsische Ableger erwies sich als so zug- und finanzkräftig, daß in den Ampezzaner Dolomiten ein eigenes Schutzhaus gebaut werden konnte, im Travenanzestal, knapp sechs Stunden Fußmarsch von Cortina entfernt. Es wurde Professor Dr. Wolf von Glanvell gewidmet, der viel zur Erschließung der Dolomiten beitrug und in den Bergen umkam. Das Haus überstand den Gebirgskrieg nicht.

Nach Weltkrieg I blieb den Sachsen nur ihr erstes Berghaus, die Dresdner Hütte in den Stubaier Alpen. Sie band einst das Stubaital an die große Welt. Jetzt ist sie ein nicht mehr fortzudenkendes Standbein des österreichischen Fremdenverkehrs — anders als die Hochstubai-Hütte, die nach dem Verlust in den Dolomiten 1935 eröffnet wurde.

Die exzellente Lage auf der Fernau machte es möglich. Schon Ende der 60er Jahre arbeitete man an Plänen, die Stubaier Gletscher für den Wintersport, besonders aber für Sommer-Skilauf zu erschließen. Das setzte ab Neustift-Ranalt umfängliche Straßenbauten mit Lawinenschutz-Galerien zur Mutterbergalm voraus. Von da (1721 m) sah der Bauträger eine Kabinenbahn in zwei Etappen vor: Zwischenstation (2308 m) an der Dresdner Hütte, Bergstation (2870 m) auf einer Felsnase direkt am Schaufelferner mit Gletscher-Schleppliften zum Bildstöckl- (3128 m) und Fernaujoch (3055 m).

Den leitenden Herren der neugegründeten Dresdner Sektion — damals noch vollauf damit beschäftigt, ihre als deutsches Vermögen im Ausland beschlagnahmte Hütte zurückzubekommen — waren die Hände gebunden, auch weil im Bereich der „Arbeitsgebiete" des Alpenvereins zu jener Zeit nur in Ausnahmen Vorhalte zum Schutz der Natur Wirkung zeigten. So klang die Beurteilung der Lage entsprechend resigniert:

Die Gefahr der Überbenutzung der Landschaft des Hochstubaigebietes könnte dann heraufbeschworen werden, wenn ohne Berücksichtigung der natürlichen Gegebenheiten der Tourismus quantitativ nur nach dem Prinzip der hohen Rendite aktiviert wird. Damit droht die Gefahr einer irreparablen Landschaftsschädigung. Sie würde dazu führen, daß die Zeichensprache, die wir in dieser Landschaft besonders liebten, erstummt. Dann würde sie uns nichts mehr sagen und deshalb keinen Wert mehr für uns besitzen. Sie wäre verbraucht und hätte ihren Sinn als Erholungsgebiet für unsere Freizeit verloren.

Die gen Westen gezogenen Bergnarren mußten das Verstummen der Zeichensprache hinnehmen. Die Stubaier Gletscherbahn wurde in Stufen, genau nach Plan und dem Prinzip der Rendite, realisiert: 1971, Straße bis zur Mutterbergalm; 1973, Seilbahnstation und Skilift auf der Fernau; 1974, Bergstation am „Eisgrat" mit Restaurant; 1976, Einweihung der gesamten Anlage, mit Gletscherliften. Ihr ist Erfolg beschieden, weil sie rechtzeitig ein Stammpublikum fand. Denn, anders als im Kauner- und Pitztal, entstand der Stubaier Gletscherzirkus vor der Ölkrise mit stagnierendem Wirtschaftswachstum, und vor den Veränderungen auf dem Arbeitsmarkt durch computergesteuerte Arbeitsprozesse, als deren Folgen die Urlaubsbudgets schrumpften.

Die Dresdner Hütte ist nun ein Wirtschaftsfaktor. Und so fing es an:

1875 = Wohnraum mit Herd und 12 Lager, unter dem Dach 20 Heulager.
      Kosten: 3275 Mark
1887 = Neubau: 9000 Mark. Wege: 1330 Mark
1894 = Erster Anbau: 2400 Mark
1895 = Rekordsommer mit 1103 Besuchern
1897 = Erweiterungsbau: 22 200 Mark

Die Aufwendungen zum Erhalt des Hauses (mit „Dresdner Bank-Zimmer"!) seit 1900 und seine Anpassung an die jetzt geltenden sanitären, Entsorgungs- und Naturschutzbestimmungen würden Seiten füllen. Überspringen wir deshalb ein knappes Jahrhundert bis zu den letzten Zahlen. Die sehen so aus:

Österreichische Touristen-Zeitung.

Offizielles Organ des Österreichischen Touristen-Klubs.

Protektor: Seine k. u. k. Hoheit der durchlauchtigste Herr Erzherzog Carl Franz Joseph.

Die Mitglieder des Österreichischen Touristen-Klubs erhalten die Zeitung unentgeltlich.

Der Abonnementpreis beträgt ganzjährig 8 Kronen; für das Ausland 8 Mark; einzelne Nummern 50 Heller.

Erscheint am 1. und 16. eines jeden Monats.

═══ Für den Inhalt der Artikel sind die Verfasser verantwortlich. — Nachdruck nur mit Angabe der Quelle gestattet. ═══

| Nummer 13. | Wien, am 1. Juli 1908. | XXVIII. Band. |

Die Wolf Glanvell-Hütte im Val Travenanzes.

Von P. Hoffmann, Dresden. — Mit 3 Illustrationen.

üttenleben — Hüttenpoesie! Welche Fülle von Erinnerungen knüpft sich an diese Worte. Zurückdenkend an meine vorjährige Alpen-fahrt, an mein Verweilen im Wunderland

zaregostraße führen, nicht zu verfehlen. Besonders der erst-genannte ist in gutem Zustande und ausgiebig markiert, so daß nunmehr die altberühmte »Rundtour um die Tofana«

grund, welche ich im Travenanzestale erlebt habe. So er-scheint es als eine Pflicht der Dankbar-keit, mit dazu bei-zutragen, daß weitere alpine Kreise auf-merksam gemacht werden auf dieses von stolzen Zinnen und Türmen um-standene Tal. Durch die im vorigen Jahre von der Sektion »Dresden« des Ö. T. K. eröffnete Wolf Glanvell - Hütte ist ein geradezu ideal zu nennender Stütz-punkt für leichte und schwierige Touren in der Fannis-Tofana-gruppe geschaffen worden. Die Sektion hat es sich ferner zur Aufgabe gemacht, durch einen äußerst bequemen, gut markierten Weg den Zugang von Peutelstein-Ospitale an der Ampezzostraße zu erleichtern. Ebenso sind die Steige über den Col dei Bos und die Forcella di Travenanzes, welche zur Fal-

Nichts blieb nach dem Ersten Weltkrieg von der Wolf-Glanvell-Hütte in den Dolomiten übrig — erbaut 1907 von Dresden des Österreichischen Touristenklub

men Meister S e h r i g s in Innsbruck zu großem Danke verpflichtet ist, liegt einzig schön auf einem niedrigen, zu den Ausläufern der Cima Falzarego gehörenden Rücken und erweckt schon von weitem einen anheimelnden Eindruck, einmal durch ihr helleuchtendes rotes Dach und zum

Wanderung gewor-den ist, die kein Be-sucher Ampezzos ver-säumen sollte. — Als wir an einem heißen Augusttage just um die Mittagszeit über die vorgenannte Forcella wanderten, suchten unsere Augen sehnsüchtig in der Richtung, in welcher die Wolf Glanvell-Hütte lie-gen mußte. Und wie froh waren wir, als die gastliche Stätte vor uns lag. Die Hütte selbst, für deren geschickte Planung die Sektion dem liebenswürdi-gen, uneigennützi-gen Entgegenkom-

61

Hüttenfürsorgewert = 2 719 748 DM (1981; wird jährlich errechnet nach
   Baukostenindex unter Berücksichtigung von Bau-
   maßnahmen und Beschaffung von Einrichtung)
Übernachtungen = 5360 Sommer + 8113 Winter (= 13 473 Personen;
   1984)
Tagesgäste = ca. 400 bis 500 pro Tag (bei gutem Wetter)
Kapazität = 80 Betten, 120 Matratzenlager, 50 Lager
Seilbahn = Spitze 9500 beförderte Personen täglich (bei gutem Wetter)

Summa summarum wirkten die Sachsen segensreich für den österreichischen Fremdenverkehr, von dessen Erfolgen und Pleiten das Wohl der
Alpenrepublik inzwischen hochgradig abhängt. Daß sie diese Impulse
auch Leuten von „drüben" verdankt, wird nirgendwo erwähnt, auch
nicht in einer Studie der Österreichischen Geographischen Gesellschaft
über „Die Bedeutung der Schutzhütten und Bergweganlagen für den
österreichischen Fremdenverkehr". Im einzelnen heißt es da:

Der Begriff Alpinismus war in Deutschland und Österreich von jeher
mit der Erschließung und wissenschaftlichen Erforschung der Alpen aufs
engste verbunden. Die Erschließungsarbeiten gaben dabei dem Fremdenverkehr kräftige Impulse und stellten für den Gebirgsraum und die
dort lebende Bevölkerung einen bedeutenden Wirtschaftsfaktor dar. Der
Erholungsfremdenverkehr war im Ostalpenraum vielfach eine Folgeer-
scheinung der alpinistischen Eroberung der Alpen und der publizisti-
schen Tätigkeit der alpinen Vereine.

Die wirtschaftlichen Interessen des Fremdenverkehrs reichen nur ausnahmsweise in die Gipfelregion und bedienen sich heute spezieller Ver-
kehrsträger (Seilbahnen u. ä.), die nicht einem dauerhaften, allseitig be-
nutzten Verkehrsnetz dienen.

Um so wichtiger erscheint das Wege- und Gütertransportnetz der alpinen Vereine, das heute in Österreich eine Länge von über 50 000 km besitzt, die Schutzhütten untereinander und mit den Talstationen verbindet, die Gipfelregion erschließt, und über Scharten und Sättel gesicherte
und leicht begehbare, mitunter sogar befahrbare Übergänge schafft. Dieses mit sehr hohen Kosten erhaltene Bergwege- und Transportnetz stellt
eine eminent wichtige Ergänzung zum Wegenetz der Talschaften dar.

Heute spielen die alpinen Vereine die Rolle von Mitgestaltern des allseits so begehrten Aktivurlaubs, der das ehemals so beschauliche Som-
merfrischenleben der Urlaubsgäste abgelöst hat. Dazu kommt noch der
Skiurlaub in den Bergen, für welchen die alpinen Vereine die ideale
Grundlage und die Pionierarbeit geleistet haben.

Und noch einmal Zahlen: Der Versicherungswert aller d e u t s c h e n
Hütten in Österreich beträgt 200 397 005 DM (1982), der österreichischen
114 650 400 DM (1979). Als reine Baukosten ohne Grundpreis errechnete

Drei Generationen Hüttenwirte:
Theresia und Johann Hofer
von 1908 bis 1938,
Anna und Peter Hofer 1938 bis 1966,
Heidi und Erich Hofer seit 1968

man für die Vereinshäuser in den österreichischen Alpen die Summe von 713 Millionen in deutscher Währung.

Welchen Anteil die mittel- und ostdeutschen Alpinisten an dieser Bilanz haben, geht aus der Dokumentation im Anhang der vorliegenden Arbeit hervor. Er wird, seiner Bedeutung angemessen, nirgendwo gewürdigt.

*

Unter dem Symbol des Edelweiß versammelten sich einst hervorragende Persönlichkeiten. Von einigen aus Dresden und ihren außergewöhnlichen Lebenswegen soll hier zu guter Letzt berichtet werden. Zum Beispiel von Dr. Oskar Schuster, dem die Akademische Sektion ein Bergheim in Schmilka an der Elbe widmete. Er gehörte nicht nur zu den Pionieren der modernen Felskletterei in seiner Heimat und in den Dolomiten, Schuster bestieg auch als erster einen Viertausender mit Ski (1898) — den Monte Rosa in den Walliser Alpen. Als Expeditions-Bergsteiger bezwang er erstmals den höchsten Kaukasus-Berg, den Uschba. An diesem abenteuerlichen Unternehmen (1903) war auch eine Frau beteiligt, Cenzi von Ficker. Sie beeindruckte den Souverän von Swanetien, Fürst Dedeschkaliani, so sehr, daß er ihr — mit Schenkungsurkunde — den Uschba, das „Matterhorn des Kaukasus", zum Geschenk machte.

Der Kaukasus besiegelte Schusters Schicksal. Die „Dresdner Nachrichten" meldeten im Kriegsjahr 1915, daß Dr. Schuster und sein ständiger Expeditionsbegleiter Dr. Walther Fischer, die noch vor Kriegsausbruch in den Kaukasus reisten, gewaltsam in Rußland festgehalten und in das innere Reich verschickt wurden, der eine nach Taschla, der andere nach Selo Isjagubu im Gouvernement Orenburg. Über Schweden gelangte schließlich die Nachricht vom Tode des einen in die Heimat. Oskar Schuster starb im Juni 1917 im Baschkirendorf Allerberdino in Astrachan. Ein Brief des Internierten erreichte die Clubfreunde noch nach seinem Tod: „... es geht mir schlecht. Eine Schweizer Club-Hütte ist ein Palast gegen meine Unterkunft!" Die waren, in der Tat, im Vergleich zu denen des Alpenvereins, sprichwörtlich spartanisch.

Vergessen haben die BRD-Dresdner auch nicht Ernst Grunewald, der durch eine Schußverletzung die Sprache verlor und Taubstummenlehrer wurde. Er gründete die Klettervereinigung der Sektion und starb 92jährig daheim, in Dresden.

Dr. Herbert Richter endlich, Botschafter a. D., Jahrgang 1899, blieb seinen Vereinsfreunden während all seiner diplomatischen Missionen treu. Er vertrat Deutschland in Rom, Kalkutta, Bombay, Colombo und in Tetuan, und für die Bundesrepublik in Dehli, im Irak, in Tunesien und Algerien. Schon im Ruhestand, versuchte er den Fünftausender Nevado del

*Immer dabei, auch die
Kunst zu fördern, stifteten
die Dresdner der
„Internationalen
Photographie-Ausstellung
Dresden 1909" für die
besten Lichtbilder aus dem
Hochgebirge 1000 deutsche
Kaisermark als Preisgeld
(Anzeige von 1908)*

Dresdner Hütte zur 100-Jahr-Feier 1987

Ruiz zu besteigen. Neun Jahre nach seiner Kolumbien-Reise brach der Vulkan aus und begrub 25 000 Menschen unter Schlamm, der sich todbringend von der Gipfelregion talwärts wälzte.

Selten so deutlich wie anläßlich der Feier zum 100. Geburtstag der Dresdner Hütte, an einem sonnigen Julitag 1987, spürte man den Duft der großen, weiten Welt. Hatten sich doch die Hütteneigner — alte und hier nachgeborene Generationen — einfallen lassen, die Festgesellschaft durch ihr superfeines biologisches Klärwerk zu führen, das als wissenschaftlich kontrolliertes Pilotprojekt einen besonderen Rang einnimmt.

Seit der alte Sektionsstützpunkt trotz heftigen Widerstandes 1973 vom Stubaier Gletscher-Skizirkus und entsprechenden Seilbahnbauten überrollt wurde, stimmt nichts mehr. Als Folge des schnell zunehmenden, bald internationalen Wedel-Publikums reichte nicht mehr aus, was in den Jahren zuvor unter finanziellen Opfern für Luftheizung, Klärgruben Quellfassungen, Aggregaten und ein E-Werk investiert wurde. Mußten doch die Dresdner nun auch das Schmutz- und Abwasser des „Eisgrat"-Restaurants an der Bergstation (287om) verdauen, was zunächst zur Abschaffung der hütteneigenen Schweine führte. Dafür häuften sich als Abfälle der Zivilisation Tausende von Zigarettenfiltern, Büchsen, Flaschen und Sonnencremetuben. Kurz — die Hütte wurde von einer Schmutzlawine überrollt.

Was dann in einem Betonsilo unterhalb des Hauses entstand, ist wegweisend für die Zukunft: Eine Abwasseraufbereitungsanlage mit drei riesigen rotierenden Filtern, die, nach dem natürlichen Reinigungsprozeß durch Bakterien, Wasser mit Trinkqualität in den Ruetzbach entläßt. Die Bau- und Entwicklungskosten, vier Millionen österreichische Schillinge, teilten sich die Stubaier Bergbahn- und Wintersport AG sowie die Sektion und der Verein; die Alpinisten mußten zwei Drittel der Summe aufbringen...

Die Dresdner Hütte ist nun ein modernes, elegantes Haus, fast ein Hotel. Die Eigner feierten ihren 100. Geburtstag so nobel, wie die Erbauer einst, als Wohltäter, im armen Stubaital antraten.

Unter den Jubiläumsgästen war auch einer von „drüben" angereist, ein Rentner, dem man gerührt das „Goldene Edelweiß" für 50jährige Vereinszugehörigkeit anstecken konnte.

Helmut Rieger aus Dresden wußte sofort, wer sich hinter dem Pseudonym Ewald Kühne, jenes alten Mannes verbarg, den wir in Bad Tölz auf Westurlaub getroffen hatten. „Jetzt können Sie ruhig seinen Namen schreiben", sagte er, „Fritz Petzold ist im Februar 1986 gestorben, einer der ganz Alten. Fast bis zuletzt war er Leiter der BSG Empor Dresden-Löbau; sie ist die größte Gruppe bei uns, nicht zuletzt, weil sie die ehemaligen Clubs und Seilschaften des einstigen Sächsischen Bergsteigerbundes aufgenommen hat. Mehr als jeweils 20 bis 60 Mitglieder bringen diese Rottenspitzer, Kanzeltürmer, Berglust, Wintersteiner oder Arnsteiner — wie immer sie sich auch nach alter Tradition nennen — jetzt nicht mehr zusammen." Er seufzte. „Wir haben ja auch schöne Berge zu Hause, ziemlich kleine Berge. Klar, daß man glücklich ist, wenn man wieder mal im Eis der Stubaier herumspazieren kann..."

*

Zu den benachbarten Sektionen der Dresdner gehörten Döbeln, Bautzen, Freiberg und Meissen. Die Bautzener legten ihren stattlichen Hüttenbaufonds — über 15 000 Mark — als gute Deutsche in Kriegsanleihen an. Nach dem Schock mit den enteigneten Hütten in Südtirol verließ sie der Mut. Nur die Meissner schufen sich unter dem Patscherkofel bei Innsbruck eine „Bergheimat". 1926 machten sie den Kaufvertrag „zwischen Gutsbesitzer Hans Hörtnagl und der Sektion Meissen in Sachsen für den Baugrund am Abhang unter dem Boscheben" perfekt. Regierungsrat Doenges, ein in unzähligen Ämtern agierender Bergsteiger und Skiläufer (z. B. als Vorsitzender des Kreises Osterzgebirge im Skiverband Sachsen) fand flammende Worte, um die Meissner zum Kauf von auslosbaren Anteilscheinen, sogenannten „Bausteinen", zu animieren:

Da stehen sie in schweigender Größe, die Berge des Vikars, an deren Fuß sich das Meissner Haus erheben soll, waldumdunkelt das Tal, leuchtend die Gipfel in azurnem Blau des Äthers. Nur ein Weilchen noch und neben der Hörtnagl-Alm erhebt sich traulich das Haus, von dem wir zu Euch aufsteigen, Ihr stolzen Freunde, zur Sommerzeit, wenn es im Tal grünt und blüht und duftet, im Winter, wenn Eure weißen Schneehänge uns grüßend zu Euch hinauflocken. Aus unerschöpflichen Quellen rauscht Euer Zauber auf uns hernieder, Jungborn seid Ihr für uns, der unsern Körper strafft, der unsere Seelen erquickt — alles Kraftvolle, Wagemutige, Entschlossene, aber auch alles Edle, Hohe, Erhabene wird uns durch Euch!

Das war eine Begeisterung, die Berge versetzte und den Fremdenverkehr auf Trab brachte.

Kein Grund sich über die Gefühlsseligkeit der Hütten- und Wegebauer von damals lustig zu machen. Sie kannten eine Tugend, die selten geworden ist: Das Engagement mit hohem Einsatz, ohne nach dem Lohn zu fragen.

Das Meissner Haus wurde 1927 eingeweiht, die Sektion 1945 verboten und im gleichen Jahr Grund und Immobilie am Ende des Vikartales nach alliiertem Gesetz beschlagnahmt. 1969, nach dem Rückkauf durch den Deutschen Alpenverein, übernahm die bayerische Sektion Ebersberg-Grafing die Betreuung und mit Kaufvertrag 1973 den Nachlaß der Meissner als Eigentum.

Und noch einmal original Regierungsrat Doenges:

Ihr Freunde im weiten Vaterland, helft das Haus uns bauen, das äußerlich und innerlich, als Unterkunft wie als geistiger Mittelpunkt das Band sein will zwischen uns und der Heimat...

Pioniere und Poeten

Hier nun lesen wir, wie ein
Großmystiker aus dem Erz-
gebirge durch Indianer-
Geschichten berühmt wurde. Und
hören von Dichterwerken —
diesseits und jenseits des großen
Wassers.

Jede Zeit hat ihre Helden und Abenteurer, Dichter und Schurken, Genies und Pechvögel — und ihre Träumer.

Lord Byron bereiste — bevor er sich in Italien niederließ, die Berner Alpen, fand von der Kleinen Scheidegg aus die Jungfrau „beautiful as a dream" und verlegte Szenen seines poetischen Dramas „Manfred" auf ihren Gipfel — 1816! Acht Jahre später war er tot, gestorben an Sumpffieber im griechischen Freiheitskampf gegen die Türken. Ein Held, ein Träumer? Oder ein Pechvogel?

Arthur Schopenhauer, gebürtiger Danziger und Philosoph, bereiste 1823 die französischen Alpen und machte Station in Chamonix. Die Konfrontation mit der Firnhaube des Montblanc und dem zerborstenen Bosson-Gletscher über dem Dorf bewegte ihn anscheinend nicht sonderlich — er blieb Pessimist.

Eduard Amthor wurde 1820 verkrüppelt an Händen und Füßen in Themar, einem thüringischen Landstädtchen an der Werra geboren. Elterliche Opfer und ärztliche Kunst, auch die spartanische Erziehung nach der Maxime des Vaters „Wer sein Kind lieb hat, der hält es unter der Ruthe", machten ihn brauchbar für's Leben. Er studierte orientalische Sprachen und beherrschte arabisch, persisch, türkisch, hebräisch, syrisch einschließlich chaldäisch (semitisch) und aramäisch (nordsemitisch), lateinisch, griechisch, französisch und englisch. Sein Lebenstraum war nicht der Wilde Westen, sondern als Attaché, vielleicht sogar als Consul in Syrien oder irgendwo im Fernen Osten zu Ansehen zu kommen. Tatsächlich landete er über Hildburghausen in Gera, als Lehrer, Übersetzer und Verleger. Seinen Orient fand er in den Alpen, besonders in Tirol. Er schrieb

Eduard Amthor (1820—1884)

Reiseführer, brachte unzählige Bücher zum Thema heraus und elf Jahre lang die Monatsschrift „Der Alpenfreund". Seine vielen wissenschaftlichen Arbeiten existieren vielleicht noch in morgenländischen und Universitätsarchiven, und die Namen der von ihm geförderten Autoren — Hofmann, Stüdl, von Hörmann, Hermann von Barth, Trautwein, Zingerle, um nur einige zu nennen — blieben lebendig, aber vom Alpenfreund selbst weiß man wenig. Der Berg, den ihm das Brenner-Örtchen Gossensaß widmete, heißt wieder „Hühnerspiel", trotz eines wortreichen Diploms vom 30. Januar 1880:

In Erwägung, daß sich der Director der kaufmännischen Hochschule zu Gera, Inhaber der k. k. österreichischen goldenen Medaille für Kunst und Wissenschaft, Ritter der I. Classe des herzogl. Sachsen-Ernestinischen Hausordens, Inhaber des fürstl. Reussischen Ehrenkreuzes II. Classe, Herr Dr. Eduard Amthor durch seine langjährigen Forschungen allgemein anerkannte... Verdienste um die Landeskunde von Tirol erworben hat; in fernerer Erwägung, dass der Genannte in ebenso uneigennütziger Weise für Gossensass gewirkt hat, wofür sich die Gemeinde zu Dank verpflichtet erachtet, beschließt die Gemeindevertretung, die in ihrer Gemarkung gelegene Bergspitze Hühnerspiel, welche zuerst durch Dr. Amthor als vorzüglicher Aussichtspunkt weiteren Kreisen erschlossen wurde, den Namen Amthorspitze zu geben, worüber gegenwärtige Urkunde ausgestellt ist.

Amthor war Spielgefährte von Caspar Hauser in Coburg, plauderte in Paris mit Heinrich Heine, der ihm den Eindruck eines mit sich und der

Amthor-Hütte (1829 m) am Hühnerspiel bei Sterzing

ganzen Welt zerfallenen Menschen machte; in London traf er seinen Jugendfreund Prinz Albert Herzog zu Sachsen-Coburg als Gatten von Königin Victoria, von dem er eine britische Orient-Mission erhoffte — vergebens. Was wäre dieser Mann für ein Westernheld geworden!

Im Erzgebirge, genau in Hohenheim-Ernsthal wuchs unterdessen ein anderer Träumer heran — Karl May, als fünftes, blind geborenes Kind von vierzehn eines armen Webers, dem das Leben nur Last und Verzweiflung war. Erst nach einigen Jahren verlor sich seine Sehschwäche. Daß er unter diesen Voraussetzungen seine Seminarausbildung schaffte, grenzt an ein Wunder. Doch auch Lehrer gehörten zu den Hungerleidern. Aus sozialer Empörung und Not beging er Diebstähle und büßte dafür im Gefängnis. Erst in Dresden kam dieser gebeutelte Mann zur Ruhe.

Karl May wurde Zeitungsredakteur. Das „Deutsche Familienblatt" des Dresdner Verlegers Münchmeyer veröffentlichte seinen ersten Western, „Inn-nu-woh, der Indianerhäuptling". Seine Fantasie-Geschichte begeisterte die Leser, „Old Firehand", die zweite, erschien deshalb schon als Serie unter dem Sammeltitel „Aus der Mappe eines Vielgereisten" — anno 1875. Der Träumer aus Sachsen marschierte weiter auf der Straße des Erfolges, in Gedanken immer jenseits des Atlantiks gen Westen. Welche Ironie des Schicksals: erst nach über drei Jahrzehnten, anläßlich seiner ersten USA-Reise, bekam er ihn zu sehen...

Winnetou, Old Shatterhand und Kara ben Nemsi machten Karl May zu einem der erfolgreichsten Schriftsteller, obwohl ein anderer ein halbes Jahrhundert vor ihm mit seinen fünf Lederstrumpf-Epen Maßstäbe gesetzt hatte — James Fenimore Cooper.

Literaturwissenschaftler definierten Karl May's Lust auf Abenteuer mit exotischen Schauplätzen und verfremdeten autobiographischen Zügen als Flucht aus der grausamen Kindheit. Arno Schmidt, der durch seine merkwürdige Orthographie, durch Psycho-Analysen und skurile Autoren-Einfälle auf sich aufmerksam machte, schrieb zum Erstaunen seiner Freunde und Kollegen ein Buch, „Sitara oder der Weg dorthin", ein Buch über das verkannte Genie. Für ihn war Karl May ein „Großmystiker".

Ist es nur Zufall, daß Arno Schmidt auch James Fenimore Cooper, den Lederstrumpf-Mann, so interessant fand, daß er ihn neu ins Deutsche übertrug?

Coopers Helden hießen Wildtöter, Harry Heißsporn, Falkenauge oder Chingachgook und waren Menschen aus Fleisch und Blut, weißen und roten, nachempfunden — etwa Daniel Boone, John Brown, Wawatam und Alexander Henry, oder Buffalo Bill alias William F. Cody.

Cooper war kein Träumer, sondern ein Berichterstatter im Boulevard-Stil.

In der an Abenteuern reichen Erkundungsphase gab es auch in den Alpen Schurken und Helden, wenn auch keine Revolverhelden wie Kit Carson, Bill Hickock oder die Jesse-James-Bande, aber reichlich Schmuggler, Wilderer, Hüttenräuber und Mörder. Die anderen waren Bergführer, die sich für ihre Kundschaft aufopferten und Männer, die als Gipfel-Pfadfinder jämmerlich zugrunde gingen.

Nur einer von ihnen hat, als Stabeler Much, sein unnatürliches Ende am Schaflahnernock in unmittelbarer Nähe der Chemnitzer Hütte nachhaltig überdauert. Johann Niederwieser vulgo Stabeler (1853—1902) war ein beliebter Bergführer aus Sand in Taufers, ein armer Bauer. „Wenn die alpine Welt in dem verunglückten Führer Stabeler einen Pionier ersten Ranges betrauert, dessen Namen mit der Geschichte der Erschließung der Ostalpen, insbesondere der Dolomiten unaufhörlich verknüpft ist, so beklagen seine zahlreichen Touristen außerdem noch den herben Verlust eines wahren Freundes und Kameraden..."

Die Nachrufe füllten Seiten. Aber nicht deshalb blieb der Much der Nachwelt erhalten, sondern weil ein volkstümlicher Schriftsteller, Karl Springenschmid, ihm ein Denkmal setzte. Nicht als Pionier, sondern als liebenswerten Menschen.

Auch Ganghofer, Jakob Christoph Heer und Louis Trenker interessierte das Menschliche mehr als das Heldische, zumindest stellten sie — wie noch manche andere — das Heldische vorwiegend menschlich dar. Der

Ruhm von „Kletter-Koryphäen" reichte selten über das alpine Getto von Kampf, Schweiß, Kältetod und Absturz hinaus, abgesehen von Matterhorn-Whymper natürlich und der kurzlebigen Beachtung nach Sensationsberichten und Katastrophenmeldungen. Ist es auch nur purer Zufall, daß Louis Trenker als Filmschauspieler den Schweizer Einwanderer Johannes Augustus Sutter verkörperte, der als „Kaiser von Kalifornien" am Sacramento in großem Stil siedelte und dessen Reich, als man dort Gold fand, im Goldrausch zusammenbrach? Und daß nur Trenkers Bergfilme ähnlich populär wurden wie die Legion von „Western"?

Auch Poesie gab es, hier wie da. Walt Whitman verherrlichte den großen Zug nach Westen:

Das Vergangene lassen wir hinten,
Gehen los auf eine neue, weitere, wechselreichere Welt;
Frisch und stark ergreifen wir sie, Welt der Arbeit
und des Marsches,
Pioniere! Pioniere!
Werden tapfere Bataillone
In die Schluchten, durch die Pässe, bis zu steilen Bergeshäuptern;
Und erobern, halten, trotzen, wagen unbekannte Wege,
Pioniere! Pioniere!

Victor von Scheffel bejubelte in seinen „Bergpsalmen" eine Gletscherfahrt:

Drüber wie lichtester Mondenglanz
Firnschneeumfangen, silbern erblitzend,
Ragen des Hochgebirgs Hörner empor.
Nimmer hat wärmende Sonne Gewalt,
Sie zu befrein von der frierkalten Decke,
Rückgeschossen prallt Strahl um Strahl
ermattend dort ab,
Leise nur rührt er die Schutzumhüllung,
Leise erheben sich duftreine Wölklein,
Wallend und webend,
Gaukelnd und Schwebend,
Als des ewigen Schnees von der Sonne geweckte
Luftige Träume zum Äther empor.

Die gerührte alpine Gemeinde widmete dem Dichter aus Karlsruhe, dessen Hohelied der Berge die Literaturgeschichte gar nicht oder nur am Rande erwähnt, Weg und Gedenkstein in Fürberg bei St. Gilgen am Wolfgangsee.

Ein rauher Pfalm raufcht durch den Taun
Ihn fingt ein frommer deutfcher Mann,
Der jetzo vor neunhundert Jahr
Zu Regensburg ein Bifchof war.
Aus Kaiferfehde und Fürftenftreit
Floh er zur Alpeneinfamkeit.
Denn wo der Haß in Waffen toft
Ift Hochgebirg des Weifen Troft.
Am Aberfee fein Kirchlein ftand,
Noch heut dem Pilger wohlbekannt.
Und auch wer keinen Ablaß fucht,
Denkt fein im Horft der Falkenfchlucht.

v. Scheffels Bergpfalm

Zur bleibenden Erinnerung an
Josef Victor Scheffel
der D. u. Oe. Alpenver. m.
1888.

Gedenkstein am „Scheffel-Weg" bei St. Gilgen am Wolfgangsee

Zlatorog, die weiße Gams aus der berühmten Trenta-Sage

Baumbach-Hütte (600 m) im Trentatal nach der Einweihung 1881 — jetzt „Koča Zlatorog von Trenta"

Mehr noch als Scheffel bewegte die Alpenfreunde jedoch ein „Hochland-Dichter" aus Thüringen: Rudolf Baumbach. „Er verkündete das Evangelium der Wandersehnsucht und Wanderlust unverdrossen bis zu seinem Tod", — das war 1905 in Meiningen —, „ein poetischer Lobredner unserer Alpenwelt, der zeigt, wie sich die Herrlichkeit der Hochgebirgsnatur in ihrer Seele spiegelt".

Sein Förderer war Verlagsbuchhändler Liebeskind, der uns als Dolomitenfreund eingangs im Hause des Leipziger Verlegers Johann Jakob Weber begegnet ist. War sein „Enzian, ein Gaudeamus für Bergsteiger" noch dem Scheffelschen „Gaudeamus" nachempfunden, so war „Zlatorog" aus eigenem Guß, ein Epos nach einer Triglav-Sage. Zlatorog ist ein weißer Steinbock mit goldenen Hörnern in den Julischen Alpen, der in unbezähmbarer Jagdlust von einem Wilderer getötet wird. Der Jäger stürzt zu Tode. Jeder Blutstropfen des sterbenden Tieres verwandelt sich in eine Triglav-Rose.

Baumbachs Dichtung — heute kaum noch ansprechend oder gar bewegend — trugen reihum Hofschauspieler und Laiendeklamatoren in alpinen Zirkeln von Königsberg bis Triest, von Kattowitz bis Köln vor.

Dem Thüringer aus Kranichfeld, Doktor der Naturwissenschaften und Hauslehrer in Pisa und Triest, widmete die Sektion Triest/Küstenland (1881) eine Hütte im Trentatal der Julischen Alpen, die als „Koča Zlatorog v. Trenta" noch besteht.

Auch Eduard Amthor, der andere Thüringer, wurde Patron eines Hauses unter seiner „Amthorspitze". Anfang des Jahrhunderts verfiel das geräumige Blockhaus. Nun schwebt ein Sessellift hinauf, und der Gröbner-Wirt aus Gossensaß baute eine neue, die „Hühnerspiel-Hütte"...

Sie haben ihre Helden, Poeten oder Pioniere verehrt, die alten Herren, und wenn sie ihnen besonders teuer waren, schmückten sie Hütten und Wege mit ihren Namen. So auch die Schaubach-Hütte in der Ortlergruppe. Die erste traf, im Gebirgskrieg, eine Granate. Die zweite wurde von den neuen Grundbesitzern wieder aufgebaut, als „Rifugio Città di Milano". Aber wie überall in Südtirol blieb sie deutschmundig die Schaubach-Hütte.

Wer war Schaubach aus Meiningen in Thüringen?

Sein Biograph beschrieb ihn als kräftig gebauten, breitschultrigen und im Mannesalter wohlbeleibten Mann. Er malte talentiert, studierte in Jena Theologie — konnte jedoch mit seiner nicht besonders kräftigen Stimme kaum den Raum eines Gotteshauses ausfüllen. So entsagte Adolph Schaubach der Predigt und nutzte seine pädagogische Begabung, die ihm den Titel eines Professors einbrachte. 1824 sah er das erste Mal die Alpen, beim zweiten Mal bestieg er den Großglockner. Die folgenden Reisen machten ihn so bekannt, daß man in einigen Strichen Tirols von „unserem dicken Schaubach" reden hörte.

Adolf Schaubach (1800—1850)

*Schaubach-Hütte (2694 m) am
Suldenferner, nach der
Einweihung 1879 bald
vergrößert*

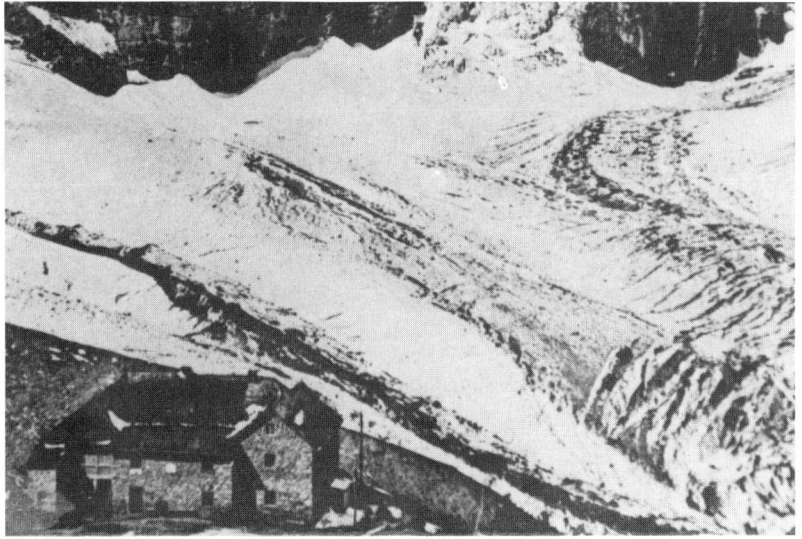

Das Schaubach-Denkmal von 1878 auf dem Friedhof Meiningen hat beide Weltkriege überdauert

In den Jahren 1845 bis 1847 erschien in zwei Bänden „Die deutschen Alpen", eine vielbeachtete, erste Monographie der Ostalpen, die ihn weit über die Grenzen seiner Heimat hinaus bekannt machte.

Adolph Schaubach starb 1850, nach ärztlichem Befund an Gehirnerweichung. Sein Denkmal auf dem Friedhof von Meiningen verdankt er Erfurter Bergsteigern, die vorschlugen, ein Monument aus einer Anzahl unbehauener Blöcke möglichst verschiedenartiger und charakteristischer Alpengesteine zu bauen. In Rosenheim lagerten bald Nagelfluh-Gletscherschliff von der Sektion München, Matreier Serpentin von Greiz, Schlerndolomit von Bozen, ein Gepatsch-Block von Frankfurt am Main, schwarzer Marmor von Arlberg und mehr. Die Pyramide wurde über drei Meter hoch und mit Alpenblumen bepflanzt.

Der Rat des DDR-Kreises Meiningen, befragt, ob Zlatorog-Baumbachs und Adolph Schaubachs Grabstätten auf dem Friedhof der Stadt noch erhalten sind, teilte mit:

„Das Schaubach-Denkmal und die Grabstätte Baumbachs sind noch vorhanden. Zum 80. Todestag wurde eine Gedenkfeier im Marmorsaal Schloß Elisabethenburg durchgeführt und die restaurierte Büste des Dichters neben dem Baumbach-Haus in der Burggasse aufgestellt."

Sie waren immer ganz bei der Sache, die Alpenfreunde aus Ost und West, auch an Ideen mangelte es ihnen nicht. Trotzdem blieben sie auf Distanz, hatten ihren elitären Stolz, anders als die Akteure des Wilden Westens.

Lag es an den ungeheuren Weiten des Landes, immer wieder für Überraschungen gut? Wurden sie populär, weil sie mit unverhohlener Freude an bombastischen Übertreibungen über sich selbst lachen konnten?

Dr. Eduard Amthor bemerkte, in Beantwortung eines Leserbriefes im Band 1870 seiner Monatshefte:

Der alpine Stoff in all seinen Beziehungen zum Menschenleben ist unerschöpflich...

Leider wurde er, menschlich, nicht ausgeschöpft.

3000 Mark für die Wissenschaft

*Im sechsten Kapitel wird
berichtet, wie Breslauer als
Forscher in den Alpen und im
Himalaya zu Ehren kamen.
Außerdem erfahren wir, daß die
„Töchter" der Schlesier unter
anderem Posen und Gleiwitz
hießen, und daß Gleiwitz mit
Kattowitz verschwistert war.*

Wie lange braucht man zum Sia Kangri?

Für Professor Dr. Günter Oskar Dyhrenfurth war es ein langer Weg. Er begann 1886 mit seiner Geburt auf Schloß Carlowitz bei Breslau, führte ihn über das Studium der Naturwissenschaften, Geologie, Paläontologie und Geographie zu Doktorgraden seiner Heimat-Hochschule, und nach dem Ersten Weltkrieg zur Berufung als Extraordinarius der Universität Breslau. So sah seine wissenschaftliche Karriere aus.

Die andere machte ihn zum „Himalaya-Papst", zum Erforscher und Chronisten der Berge am jenseitigen Ende der Welt. Heute noch Standard: sein Buch „Der dritte Pol". Es ist nur eines seiner Hauptwerke. Müßig, die Stationen der Karriere dieses „grand old man" des Alpinismus aufzuzählen. Beschränken wir uns auf die ,Internationale Himalaya-Expedition 1934' auf dem Baltoro-Gletscher unter seiner Leitung im Karakorum. Sie brachte nicht nur bedeutende wissenschaftliche und fotografische Ausbeute, sondern auch Erstbesteigungen einiger Siebentausender. An einer, auf den Westgipfel des Sia Kangri (7315 m), war seine Frau Hettie Dyhrenfurth beteiligt, die ihr den Höhenweltrekord für Damen einbrachte; sie hielt ihn bis 1954, als Madame Claude Kogan, Mitglied einer französisch-schweizerischen Gruppe am Cho Oyu, bis zur Höhe von 7600 Metern vorstieß, dann aber aufgeben mußte.

Das Internationale Olympische Komitee ehrte die Dyhrenfurths für die sportliche Leistung ihres Baltoro-Abenteuers mit je einer Goldmedaille, dem ,Prix d' Alpinisme 1936'.

Da aber war der Himalaya-Professor schon Bürger in seiner Schweizer Wahlheimat. Was davor in Breslau geschah, beschrieb er mit dürren

Oskar Dyhrenfurth
(1850—1932)

Worten in seinen Erinnerungen: „... im Frühjahr 1933 nach der berüchtigten Nationalsozialistischen Bücherverbrennung, hatte ich als Erster auf meinen Lehrstuhl an der Universität Breslau verzichtet, zum großen Erstaunen der Philologischen Fakultät, die meine Weigerung, in Hitlers ‚Drittem Reich‘ zu arbeiten, verurteilte." Professor Günter Oskar Dyhrenfurth starb hochbetagt 1975 in seinem schweizer Chalet am Brienzer See.

Die Neigungen des Himalaya-Papstes kamen nicht von ungefähr. Sein Vater, Dr. med. Oskar Dyhrenfurth, war 1878 Mitbegründer und über drei Jahrzehnte Chef der Alpenvereins-Sektion Breslau. Und er selbst gab sie an seinen Sohn Norman, den Enkel des Geheimen Sanitätsrates weiter: Der wurde ein gesuchter Expeditions-Bergsteiger und Kameramann — zum Lhotse etwa, und mit Kurt Diemberger (einem Konkurrenten von Reinhold Messner) zum Dhaulagiri, aber auch für eine Schweizer Wissenschaftsfahrt auf der Suche nach dem ‚Yeti‘, dem „Schneemenschen", der wie das Ungeheuer von Loch Ness die Fantasie selbst ernsthafter Forscher beflügelte. Daß Präsident John F. Kennedy den Leiter der ‚Amerikanischen Mount Everest-Expedition 1963‘, Norman Dyhrenfurth empfing und ihm die Hobbard-Medaille der National Geographic Society verlieh, war nur eine der Folgen seiner Weltreisen. Man machte ihn zum ordentlichen Professor der Fakultät Kinematographie an der Universität von Kalifornien; als gefragter Filmemacher und Regisseur agierte er auch unter Fred Zinnemann bei den Aufnahmen zu dem Bond-Film „Fünf Tage eines Sommers" im Engadin.

Drei Breslauer Bergsteiger-Generationen, diese Dyhrenfurths...

Der Einfluß des alten Dyhrenfurth, des Mediziners, führte dazu, daß sein Club zum Forum bergsteigender Forscher wurde, zunächst von Geographen, Geologen und Physikern.

Aber lange vor ihnen, schon an der Schwelle des 18. Jahrhunderts, begann die systematische Grundlagenforschung im Gebirge. Aus ihr entwickelte sich der Alpinismus. Das war: ‚Das Aufsuchen des Hochgebirges um seiner selbst willen, der faustische Drang nach wahrheitsgemäßer Erkenntnis der Grundpfeiler des menschlichen Interesses am Gebirge mit einer Fülle geistiger Werte die ihm Bedeutung und Lebensrecht geben' (Kuntscher).

Noch fehlten dem Doktor und seinen Freunden der Elan, nach einem Stützpunkt weit weg vom heimatlichen Erzgebirge, direkt bei den hohen Bergen zu suchen. Da wurde zunächst referiert über das Schwindelgefühl in großen Höhen, über die Alpwirtschaft und ihr Recht mit der Vorbemerkung, ‚daß die Alpen eine ganz eigentümliche Welt für sich bilden, welche den Bewohnern der Ebene ebenso fremd anmutet, wie die Flora und Fauna des Hochgebirges'.

Erst ein Zugereister aus Bayern mobilisierte die Breslauer, Professor Dr. Hermann Seuffert aus München, der 1881 als Jurist für Strafrecht an die Universität berufen wurde. Er kam mit der Idee zu einem Hütten-Bauplatz. Schon im gleichen Jahr beschloß die Sektion, sich am Fuß des

Breslauer Hütte (2848 m) am Tag der Einweihung 1882

höchsten Berges der Ötztaler Alpen, unter der Wildspitze einzukaufen, wo ihre Hütte heute noch steht, wenn auch mehr einem Hotelkomplex ähnelnd als dem winzigen ‚Denkmal der Liebe zu den Bergen‘, das sie 1882 eröffneten.

Hüttenschild Breslauer Hütte

War es auch dem kometenhaften Auftauchen Seufferts zu danken, daß — während die Vereinsfreunde im Böhmischen Brauhaus tagten und sich an ihren Plänen begeisterten — die Oberschlesischen Eisenbahnen den Vorschlag prüften, Saison-Reisetouren nach Tirol und in die Schweiz zu veranstalten?

Zu dem, was ihre Nachfolger 1945 von drüben in den Westen brachten, gehören komplett die Dokumente der Breslauer Hütte, angefangen mit der ‚Kaufsurkunde‘, die dem löblichen Silzer Bezirksgericht über den Verkauf von 18 Klafter Grund für 3 Florin von Realitätenbesitzer Ferdinand und Valentin Klotz zu Rofen an die Section Breslau zu Kenntnis ging. Weil das nicht reichte, kamen bald 50 und dann noch einmal 100 bei ständig steigenden Preisen dazu.

Was bedeutet ein Wiener Klafter? Da suchst du lange, bis du herausfindest, daß er zu k. u. k. Zeiten 3,6 qm maß. So besaßen sie also nach dem letzten Zukauf 604,8 qm Grund, erworben in Florin = Gulden.

Nun wuchsen den schlesischen Forschern, begünstigt durch Eisenbahn-Sonderfahrten und ihren Stützpunkt, Flügel. Seufferts Platzwahl hatte ihnen ein berühmtes Gletschergebiet beschert: Ein halbes Jahrhundert vor ihnen beobachteten vom Rofenberg aus die Forscher-Brüder und Weltreisenden Schlagintweit die Bewegungen der Hintereis- und Kesselwandferner.

Die Münchner Schlagintweits waren nicht die ersten auf dem neuen Wissenschaftsgebiet der Glaciologie. In der Schweiz arbeitete ein Team direkt auf dem Lauteraargletscher etwa um die gleiche Zeit. Mönche nahmen schon 1781 im bayerischen Voralpenland meteorologische Studien auf. Sie leiteten den Bau unzähliger Bergobservatorien ein, zum Beispiel auf dem Großen Sankt Bernhard. Das kühnste ließ sich Professor Janssen auf dem Gipfel des Montblanc (1893) errichten. Flora, Fauna, be-

83

sonders der nivalen Hochgebirgsstufe über der Schneegrenze wurden systematisch ergründet, und Bergseen, Erdwärme und die Entstehung der Gebirge. Sogar die „Älpler" waren Objekt von Messungen, etwa der Schädelform und des Körpers, wonach 'das Weib der Berge keine körperlichen Vorzüge aufweist; ihre Statur ist breit, stämmig und kurzhalsig. Ein wirklich hübsches Mädchen ist sehr selten...'.

Über die Rechtsverhältnisse auf Gletschern zerbrach sich, im Gründungsjahr der Sektion Breslau, der Jurist Fedele Lampertico den Kopf. Als Fazit seiner Überlegungen befand er, daß 'die Gletscher selbständige juristische Bedeutung besitzen, weil man sie weder als herrenloses Gut noch im Privateigentum des Staates ansehen kann...'.

Die Breslauer Herren erregten beträchtliches Aufsehen, als sie im Frühjahr 1887 per Aufruf 3000 Kaiser-Mark auslobten ‚zur Förderung eines großen wissenschaftlichen Unternehmens, der Ausschreibung einer Preisfrage auf dem Gebiet der Alpenforschung' so der Wortlaut. Die von der Sektion bestellten Bearbeiter der Einsendungen, Albrecht Penck aus Leipzig (Universität München und Wien) sowie Eduard Brückner aus Jena (Universität Bern) galten als Spitzenleute der Fächer Geologie und Glaciologie. Sie kürten drei Wissenschaftler von den Universitäten Wien und Bern, deren Arbeiten im Leipziger Verlag Tauchlitz 1909 dreibändig unter dem Titel „Die Alpen im Eiszeitalter, Von der Sektion Breslau des DuOeAV gekrönte Preisschrift" erschienen sind. Darauf dürfen die von Ost nach West ausgesiedelten Schlesier heute noch stolz sein.

So sahen überall in Europa die Gründer der Alpenclubs ihren Auftrag: Forschen und erschließen! Zwangsläufig versammelte sich in den Vereinen die Creme der Hochgebirgs-Wissenschaftler. Umfangreiche Dokumentationen und Publikationen mit dem Stempel DuOeAV (Deutschland/Österreich), SAC (Schweiz), CAI (Italien) und CAF (Frankreich) legen davon Zeugnis ab. Immer noch wird jährlich ein sogenannter ‚Gletscherbericht' über die Messungen des Österreichischen Alpenvereins veröffentlicht, die auf dem Vernagtferner in den Ötztaler-, oder am Waxeck- und Hornkees in den Zillertaler Alpen meist in Zusammenarbeit mit geologischen Universitäts-Instituten durchgeführt werden.

Auch Psychologen gingen an den Start. Sie entdeckten, analysierten und beschrieben die Psyche des Bergsteigers — als Doktoranden, und den meisten gelang es, ihren Doktorvater von dem etwas ungewöhnlichen Thema zu überzeugen. So lagern nun kaum überschaubar in den Universitäts-Bibliotheken Dissertationen zum Generalthema ‚Psychologische, geistesgeschichtliche und soziologische Hintergründe des Bergsteigens'. Ihr Papst war nicht Günter Oskar Dyhrenfurth, der Goldmedaillengewinner von Olympia 36, sondern Karl Greitbauer, der als erster mit dem Vorsatz antrat, die kausalen Fragen des Bergsteigens zu lösen. Zitate:

Statut
für das Preisausschreiben der Section Breslau
des D. u. Ö. Alpenvereins.

1. Die S. Breslau des D. u. Ö. A.-V. stellt aus Anlass der Feier ihres zehnjährigen Bestehens zur Preisbewerbung folgende Aufgabe:
   Die Vergletscherung der Oesterreichischen Alpenländer.
   Es wird erwartet eine genaue, durch Karten und Profile belegte Feststellung der Ausdehnung der diluvialen Eisströme und eine Untersuchung ihrer Wirkungen auf die Gestaltung der Erdoberfläche mit besonderer Rücksicht auf die allgemeinen Probleme, welche gegenwärtig die Glacialgeologie beschäftigen.
2. Der Preis beträgt *Dreitausend Mark* D. R.-W.
3. Die Preisbewerbung ist an keine Nationalität gebunden.
4. Die Bearbeitungen müssen in deutscher Sprache geschrieben und an Stelle des Namens des Verfassers mit einem Motto versehen sein. Ein mit dem gleichen Motto versehener und verschlossener Briefumschlag muss den Namen des Verfassers enthalten.
5. Der unerstreckliche Einlieferungstermin ist der 1. Mai 1890.
6. Die Einsendung muss an den persönlich zu bezeichnenden ersten Vorsitzenden der S. Breslau des D. u. Ö. A.-V. erfolgen.
7. Das Preisrichteramt haben übernommen die Herren: Prof. Dr. Carl v. Zittel in München, Prof. Dr. Julius Hann, Director der k. k. Centralanstalt für Meteorologie und Erdmagnetismus in Wien und Prof. Dr. Joseph Partsch in Breslau.
8. Das Ergebniss der Preisbewerbung wird bis zum 15. October 1890 in den »Mittheilungen des D. u. Ö. A.-V.« bekannt gegeben werden.
9. Die eine Hälfte des Preises gelangt sofort nach der Bekanntgabe des Urtheils, die andere Hälfte erst dann zur Auszahlung, wenn die Veröffentlichung der Preisschrift mit der Angabe auf dem Titelblatte »Von der Section Breslau des D. u. Ö. A.-V. gekrönte Preisschrift« durch den Druck erfolgt und dem Vorstande der S. Breslau vier Exemplare überreicht sind.
10. Sollte keine der eingegangenen Arbeiten den Forderungen der Aufgabe völlig entsprechen, so ist das Preisrichter-Collegium befugt, einen Theil des Preises zu verleihen oder den ganzen Preis unter mehrere Bewerber zu vertheilen. Die Preisrichter bestimmen in einem solchen Falle zugleich den Umfang, in welchem die Drucklegung erwartet wird.

Breslau, den 22. März 1887.

Hermann Seuffert,   **Josef Partsch,**   **Robert Landsberg,**
I. Vorsitzender.   II. Vorsitzender.   Kassenführer.

Statut für das Preisausschreiben „Die Vergletscherung der Oesterreichischen Alpenländer" — als Faksimile

‚Der junge Bergsteiger verarbeitet das im Bergsteigen existente Nichts, sich im Angesicht des Nichts als Sein zu erleben.‘

‚Wir haben die Eigenschaft bekommen, nicht die Gegenstände des Daseins anzuschauen, wie sie sich darstellen, sondern durch sie hindurchzuschauen bis auf ihren Grund.‘

Das ungefähr ist nun das gegenwärtige ‚Sein‘ des Alpinismus. So schafft es sendungsbewußt Distanz zum tausendfachen Fußvolk, das wie einst die Natur im Schöpfungszustand erleben möchte (wo es den noch gibt), oder auch nur stolz sein will auf bescheidene, körperliche Leistungen.

Wer weiß, vielleicht hätten der Geheime Sanitätsrat und seine gelehrten Freunde sogar Freude an ihren jungen Kollegen gehabt, die das Bergsteigen an sich zum Gegenstand ihrer Forschungen machten.

Vorerst aber wuchs ihnen ein Träumer ans Herz, ein schlesischer Dichter und Schriftsteller, der unvergänglich in die ‚alpine Literatur‘ eingegangen ist: Oskar Erich Meyer, der — wie konnte es in diesem Kreis illustrer Geister anders sein — Geographie an der Universität Breslau lehrte und mit Hingabe als Sektions-Beauftragter über die Hütte an der Ötztaler Wildspitze wachte.

Von ihm, dem brillanten Formulierer, stammt der selbst nach 80 Jahren häufig zitierte Satz: „Der Gipfel ist nah. Was soll mir der Gipfel! D e r W e g i s t d a s Z i e l, der Pfad, der aus dumpfer Gebundenheit führt, aus müder Stunden müder Lust...“.

Der Weg ist das Ziel, sagte OEM, Oskar Erich Meyer.

Seine empfindsamen Naturbeschreibungen stellten alles in den Schatten, und tun es dank ihrer dichterischen Kraft noch immer, was „alpines“ bis da geschrieben wurde. Nach einer Nachtwanderung:

‚... Die mageren Gräser stehen wie erstarrt und große Blöcke neigen drohend sich auf mich herab. Unfaßbar gleiten schwarze Schatten durch das Dunkel, und auf des Berges kahlen Schieferflanken steigt das Grauen in die sternenlose Nacht...‘.

Heimat war für Meyer das Bedürfnis der Seele, eine Stätte des Friedens inmitten feindlicher Gestalten zu haben. Heimat haben: die Breslauer Hütte in den Ötztalern oder das Skiheim Abrahams-Häuser in Petzer auf der böhmischen Seite des Riesengebirges, das sie zurücklassen mußten; die schlesische alte Heimat, oder die neue, jenseits von Oder und Neiße.

Wieviel Heimat braucht der Mensch? So überschrieb einst Jean Améry, der als österreichischer Antifaschist unter seinem Geburtsnamen Johannes Mayer drei deutsche Konzentrationslager überlebte (und 1978 seinem Leben selbst ein Ende setzte), einen Aufsatz. Er fand für sich die Antwort, daß man Heimat haben muß, um sie nicht nötig zu haben...

Wieviel Heimat braucht der Mensch? Unter diesem Motto lud das Turiner Goethe-Institut Mitte der 80er Jahre deutsche und italienische Journalisten und Politik-Wissenschaftler zu einer Gesprächsrunde ein. Aber ihre Diskussion stockte an der für Italiener nicht nachzuempfindenden „Deutschen Frage", an der Zerschneidung eines Landes: eines Vaterlandes — einer Nation...

Etwa um die gleiche Zeit kam es zu leidenschaftlichen und zermürbenden Auseinandersetzungen um das landsmannschaftliche Leitmotiv eines Vertriebenentreffens: Schlesien bleibt unser!...

Sind dies Signale von Wunden, die nicht heilen — nie heilen können oder wollen? Oder Signale des sich Abfindens, Resignation — Endpunkte?

Alles Glück aus den Bergen ist unser eigenes Glück, aller Trost der Berge ist unseres eigenen Geistes Trost, so sprach Oskar Erich Meyer, der die Odyssee seiner Landsleute nach dem Verlassen der Heimat nicht mehr erlebte; er starb 1939 nach einem Bergunfall.

Die wiedererstandene Sektion des Deutschen Alpenvereins besaß mit der Breslauer Hütte noch eine Heimat in diesen Bergen, ‚einen Schatz, den wir schon wegen seines Namens zu hüten haben. Wir lassen die Stadtfarben Breslaus rot und weiß im Wind der Ötztaler Alpen wehen‘, so endet die Festschrift zu ihrem 100sten Geburtstag.

Es dauerte jedoch viele Jahre, bis die beharrlichen Versuche, zerrissene Kontakte wieder herzustellen, zum Erfolg führten. Das Amtsgericht Ludwigsburg bestellte zunächst einen Notvorstand, nach offizieller Bestätigung der ‚Rechtspersönlichkeit der Sektion Breslau‘. Von ihren Pächtern aus dem Dorf Vent hörten sie, daß ihr Haus den Krieg überdauert und bis zu seinem Ende Soldaten beherbergt hatte. 1955 erklärten sich acht alte Breslauer auf der Hütte zur Mitgliederversammlung, der Sektions-Tradition folgend mit zwei Professoren an der Spitze.

Aber erst im August 1973 wurden sie gegen einen Kaufpreis von 12 300 DM — mit Beschluß des Bezirksgerichts Silz und erneuter Grundbucheintragung — wieder Eigentümer ihres Schatzes in den Ötztaler Alpen.

Warum sich das Selbstverständliche so schwierig gestaltete, ist nach den Worten des mecklenburgischen Schriftstellers Walter Kempowski aus Rostock ein Kapitel für sich...

*

Die Breslauer hatten fünf „Töchter". Das waren zunächst die niederschlesischen Sektionen Liegnitz und Waldenburg, von denen keine durch Originalität auffiel, bestenfalls die Liegnitzer dadurch, daß ihre Damen kurz nach Beginn des neuen Jahrhunderts Mitglieder werden durften. Sie blieben auch nach der Gründung des ‚Bundes zur Bekämpfung der Frauenemanzipation‘ geduldet, und das will was heißen! Verwehren doch an der Schwelle zum Jahr 2000 vereinzelte Gruppen noch immer dem anderen Geschlecht den Zutritt.

Posen war das abgelegendste Kind, einst mit dem Siegel des Amtsgerichts der königlich-preußischen Provinzhauptstadt gnädig unter das Dach des Deutschen und Österreichischen Alpenvereins entlassen. Die Alpenfreunde von der Warthe schlugen vor, mit Bromberg und Danzig eine „Ostmark-Hütte" zu bauen. Als ihre Partner zögerten, entschlossen sie sich zu einem eigenen Haus. Es sollte im k.u.k. Fersental unweit von Trient entstehen, aber der Krieg und Versailles machten ihnen einen Strich durch die Rechnung. Im Zweiten Weltkrieg erlebten die Posener als Vereins-„Zweig" der Hauptstadt des Reichsgaues Wartheland ein kurzes Comeback. Es dauerte nur drei Sommer...

Bleiben die oberschlesischen Töchter Kreuzburg und Gleiwitz. Von den Kreuzbergern finden sich kaum Spuren, lediglich, daß sie am Arlberger Flexensattel Wege bauten und markierten.

Aber Gleiwitz ist noch da, hatte sich einst vielbeachtet in den Tauern ein Domizil geschaffen und hält noch an ihm fest: zäh, trotzig, gelegentlich auch sentimental und heimwehkrank.

Gleiwitz — im alleräußersten Südosten Oberschlesiens, wo es nun Gliwice heißt und der Streit zwischen Historikern und Landsmannschaften andauert, ob sich die Bevölkerung dort zu Recht als reindeutsch gewesen zu sein bezeichnen darf, auf keinen Fall aber polnisch dominierend war...

Sein nord- und südliches Hinterland verlor die Stadt schon nach dem Ersten Weltkrieg an Polen — mit Kattowitz, der Gleiwitzer Schwester-Sektion.

Auch Kattowitz ist noch da, gebeutelt und verschüchtert, aber wie die Schwester verbissen an der von ihren Bergsteigern erbauten Hütte in der Kärntner Ankogel-Gruppe festhaltend. „Schwere Wunden schlug uns die Nachkriegszeit" meldeten sie als ‚Deutscher Alpenverein Kattowitz' aus Polen nach Weltkrieg I, „da gar viele die Heimat verließen, um nicht fremde Staatsbürger werden zu müssen. Gern wollen wir übrigens anerkennen, daß uns seitens der neuen Behörden noch nicht die geringsten Schwierigkeiten bereitet worden sind". Mit der Zeit sah man sie jedoch immer seltener in Gmünd und im Maltatal.

Drei Jahre vor Hitler war die Kattowitzer Hütte, deren Grund sie schon vor Jahrzehnten erworben hatten, fertig. Dann begann der „Führer" seinen großen Krieg, und aufatmend kehrten die Kattowitzer heim ins Reich.

Nach Weltkrieg II verloren sie ihre angestammte Heimat endgültig, sie mußten gehen. Nur die Hütte blieb ihnen. Wen kann da wundern, daß die alten Herren sensibel auf Annäherungsversuche von westdeutschen „Paten"-Sektionen reagieren, die helfen wollen, das Haus weiterzuführen? Sie sorgen sich, die alten Herren, daß es einen anderen Namen bekommt. „Ihre Berührungsängste sind recht groß", hörten wir von Patenwilligen aus Mainz, die redlich entschlossen waren, dort oben alles bei den alten Traditionen zu belassen.

Ein Häuflein wehmütiger Aufrechter waren sie zuletzt, wenn auch offiziell ‚sitzverlegt' nach Deutschland-West. Nur unter Opfern konnten sie ihre Hütte unter dem 3080 Meter hohen Großen Haffner, mit dem ‚Kattowitzer Kreuz' auf dem Gipfel, gegen Wind und Wetter und Verfall schützen.

Als auch dieses Häuflein immer mehr verzagte, schaltete sich — mit den besten Wünschen von Oberbürgermeister Rudolf Rückert zum 75. Vereinsjubiläum — als Nothelfer die Patenstadt von Kattowitz, die Erz- und Hüttenstadt Salzgitter ein. Dort entstand — fast wie früher — eine Tochter, nämlich die Bezirksgruppe Salzgitter der Sektion Kattowitz des Deutschen Alpenvereins. Schluß mit der Auszehrung! Seit 1986 hat das Haus im Maltatal wieder eine Zukunft, und zumindest in der Patenstadt weiß man vom Schicksal dieses hin- und hergewürfelten oberschlesischen Industriezentrums.

Aber sonst? Wer weiß hier bei uns noch über Kattowitz Bescheid?

Anders Gleiwitz. Dieser Stadt wurde durch den Schriftsteller Horst Bienek ein literarisches Denkmal gesetzt. Mit dem getürkten Angriff auf den Gleiwitzer Sender beginnend — 1. September 1939: „Seit 5 Uhr 45 wird zurückgeschossen!" — schrieb er eine Chronik bis zum bitteren Ende seiner Geburtsstadt mit russischen Besetzern. Als Bub erlebte er Anfang und Ende. Mit seinen vier Gleiwitz-Romanen wälzte er sich die traumatischen Kindheitserinnerungen von der Seele. „Heimat kann man nicht vererben", das sagt Bienek zu Jean Amérys Frage, wieviel Heimat der

Hüttenschild Gleiwitzer Hütte

89

Mensch braucht, „sie ist in meinem Kopf. Und sie ist in meiner Seele". Nun ist sie polnisch, die Heimat.

Befragt, ob er bei den Stadt-Recherchen zu seinen Büchern herausfand, daß es in der Straße „An der Klodnitz 16' ein Büro der Sektion Gleiwitz des Deutschen und Österreichischen Alpenvereins für ihre nicht viel weniger als 1000 Mitglieder gab, mußte er passen. Auch von der Gleiwitzer Hütte bei Fusch an der Glockner-Hochalpenstraße wußte er nichts, und ihm fehlte die Muße, mit uns durch das Hirzbachtal hinaufzuwandern. Sicher hätte ihn überrascht, daß dort den ganzen Sommer über die schlesische Fahne weht und über der Hüttentür eine sehr alte Schmiedearbeit mit dem Gleiwitzer Stadtwappen, bunt emailliert, hängt.

Nicht nur die schlesische, zwei Fahnen wehen dort im Tauernwind: neben der gelb-weißen die rot-weiße der bayerischen Paten aus Tittmoning.

Im Pinzgauer Archiv der Bezirkshauptmannschaft Zell am See findet, wer sich die Mühe macht, lückenlos alle Dokumente und Daten der Gleiwitzer Hütte am Hohen Tenn, selbst alte Zeitungsausschnitte seit der Eröffnung und Auszüge der Grundbucheintragungen für die Schlesier anno 1902 über 5753 qm Hüttenplatz und 1438 qm Flurstücke an der Hirzbachalm; und über die wegen der alliierten Enteignung wechselnden Besitzer bis zum 19. September 1973, als das Eigentumsrecht der DAV-Sektion Tittmoning ‚einverleibt' wurde.

Auch das Protokoll einer ÖAV-Sitzung vom 28. März 1946 in Zell ist dort archiviert, wonach Hofrat Montanus vom Liquidationsausschuß die dortige Sektion ersuchte, für drei deutsche Hütten im Raum Pinzgau die Betreuung zu übernehmen, und mitteilte, ‚daß die reichsdeutschen Hütten einen anderen Namen bekommen sollen. Es wird beschlossen, die Gleiwitzer Hütte in Hochtenn-Hütte umzubenennen...'.

Erst fünf Jahre nach dieser Konferenz übernahmen Österreicher aus Amstetten das Schlesier-Haus — mit einer Bestandsaufnahme:

„... sie zeigte ein erschütterndes Ergebnis. Die Hütte wurde von lieben Zeitgenossen vollkommen ausgeplündert und teilweise demoliert. Das einzige, was einigermaßen intakt ist, ist der neben der Hütte befindliche Mulistall und selbst hier fehlt die Tür." Die Amstetter setzten das Haus, so gut es ging, instand und eröffneten im Juni 1951 den Saisonbetrieb.

Im Pinzgauer Bezirksarchiv lagert auch eine „Chronik von Gleiwitz" in Zahlen. Da heißt es:

1226 Erste urkundliche Erwähnung als „civitas Gliwitz", einer Stadt mit deutschem Magdeburger Recht

ca. 1700 Bekannt als Hopfen- und Holzhandelsstadt (1200 Einwohner)

ab 1750 Entwicklung zur Industriestadt, bedeutende Schwerindustrie, Eisen- und Zinkhütten, Kohlengruben

1794 Gründung der Königlichen Hütte in Gleiwitz, der ersten
     Eisengießerei Ostdeutschlands
1796 Anstich des ersten Kokshochofens Europas
1895 Gründung der Sektion Gleiwitz DÖAV
1900 Fertigstellung der Gleiwitzer Hütte
1921 Volksabstimmung in Gesamt-Oberschlesien mit mehrheit-
     lich deutscher Option (717 122 deutsche und 483 514 polni-
     sche Stimmen)
1925 Inbetriebnahme des Rundfunksenders und des Flughafens
     in Gleiwitz (80 000 Einwohner)
1939 Überfall auf den Gleiwitzer Sender — Anlaß für den Aus-
     bruch des Zweiten Weltkrieges (120 000 Einwohner)
Jan. 1945 Flucht bzw. später Vertreibung oder Verschleppung der
     deutschen Bevölkerung. Erlöschen des Sektionslebens
1951 Treuhänderische Übernahme der Gleiwitzer Hütte durch die
     S. Amstetten des ÖAV
1954 Wiedergründung der S. Gleiwitz mit Sitz Lübeck
1972 Verkauf der Gleiwitzer Hütte an die S. Tittmoning DAV.
     Das deutsche Gleiwitz ist nicht mehr. Die ehemalige Sek-
     tion lebt als „Gruppe Gleiwitz" innerhalb der Sektion Titt-
     moning weiter.

Die Gleiwitzer und ihre Paten hatten zu einem Hütten-Treffen eingeladen: Juli 1985 — dieser Tag war einer der heißesten des Jahres. In der
Nacht raste ein Unwetter über die Tauern hinweg. Muren blockierten die
Hochalpenstraße am Glockner, die gerade ihr Goldjubiläum feierte. In
großen Höhen hatte es geschneit, weiter unten entließ der Himmel Un-

*Gleiwitzer Hütte (2176 m), Treffpunkt der alten und neuen Eigentümer im Sommer
1985*

mengen von Regen, der das Erdreich unterspülte, das an erosionsgefährdeten Stellen als Schlammlawinen breiig talwärts floß. Aber am Morgen rötete die aufgehende Sonne die firnglänzenden Gipfel der Hohen Tauern.

Wir parkten den Wagen in Fusch. Vor dem Aufstieg ins Hirzbachtal rasteten wir im Kaffee an der Brücke. „Sie wollen zur Gleiwitzer Hütte?", fragte die Bedienung neugierig. Wir nickten. Ob sie weiß, fragten wir zurück, was Gleiwitz bedeutet, ob sie sich einen Reim auf diesen Namen machen könne. „Nein", antwortete die junge Frau zögernd, verlegen. „Da hab ich noch nie drüber nachgedacht..."

Die Zeit heilt Wunden, sagt man, und am Ende steht das Vergessen.

Ein prüfender Blick auf das abgestellte Auto, dann machten wir uns auf den Weg.

Zunächst ging es an bewaldeten Hängen über Fusch, und immer weiter am Hang bis in die Latschenregion, in Serpentinen empor. Tief unten floß der Hirzbach. Erst nach längerem Marsch durch feuchte Hitzeschwaden kam die Talschwelle, wo er sich als romantischer Wasserfall in die Tiefe ergießt. Am Horizont ein winziger Punkt: die Hütte der Schlesier, links davon der Hohe Tenn mit seinem aperen, schmutzig-grauen Gletscherabfluß. Vor dem Haus die beiden Fahnen...

Neugierige Blicke und eine volle Gaststube. An den Wänden Stadtbilder aus Gleiwitz und ein fertig gestecktes Puzzle ‚Oberschlesien‘. Herzlich bayerisch die Begrüßung durch Oswald Schauer, den Chef der westdeutschen Paten, jedoch vorsichtig distanziert ein gutes Dutzend von den noch 50 Getreuen der Gruppe Gleiwitz, die aus allen Himmelsrichtungen angereist waren.

Es wurde eine lange Nacht. Stunden nachdenklicher Gespräche über Schicksalswege voll unbarmherziger Dramatik, über gestern und heute. Frau Dr. Vera Kaffanke: Sie gehörte schon seit ihrer Jugend dazu. „Ich studierte in München Medizin und blieb bei Kriegsende in Bayern hängen", erzählte sie. Die pensionierte Kinderärztin nippte nachdenklich an ihrem Glas, in dem sanft Rotwein hin- und herschwappte. „Das ist nun alles vorbei, und doch ist man immer wieder bekümmert, wenn die Erinnerungen an diese schreckliche Zeit aufkommen. Ich hatte damals Glück, aber meine Eltern mußten alle Lasten der Daheimgebliebenen tragen, besonders mein Vater, den die Nationalsozialisten als letzten demokratisch gewählten Stadtverordneten-Vorsteher 1933 für vier Jahre ins Gefängnis gesteckt hatten. Nach Kriegsende erlebten sie das Elend der Aussiedlung. Ihre grausamen Erlebnisse haben mich noch jahrelang — schuldbewußt — verfolgt..."

Die Doktorin berichtete auch vom Schicksal der jüdischen Familie des Sektions-Gründers Dr. Ernst Lustig, die rechtzeitig emigrieren konnte. Sein Enkel gehörte zu den ersten, die nach Kriegsende — aus Australien

— nach Deutschland zurückkehrten. Er hat sich sofort um den Erhalt der Hütte bemüht, wußte Frau Dr. Kaffanke, und ihre Freunde nickten bestätigend. „Er wollte nicht, daß sie mal Tittmoninger Hütte heißen wird; aber das ist inzwischen fest verabredet worden."

Sprecher der Gruppe ist Günter Morawietz, ein Mediziner, der erst nach der Aussiedlung von der ‚Heimatinsel‘ bei Fusch erfuhr und durch sie zum Bergsteiger wurde. „Meine Generation glaubt nicht daran, daß wir jemals zurückkehren. Anders unsere alten Eltern, die das alles wohl nie richtig verschmerzen. Uns jüngeren bleibt aber die Pflicht, für spätere Zeiten — mit anderen staatlichen Strukturen in 100 Jahren oder länger — an unser Heimatrecht zu erinnern und vor allem schlesische Kultur zu pflegen."

Stunden um Stunden saßen wir beim Wein um einen großen Tisch vereint. Ein paar waren Spätaussiedler. Franz Mann kam vor zehn Jahren von drüben. Noch hörte man, daß er und seine Frau in Gliwice aufwuchsen, obwohl sich die größten Ecken und Kanten ihrer zwangsläufig verbogenen Muttersprache schon abgeschliffen hatten. Franz lebte auf einem Bauernhof. Nun ist er als Bühnenhandwerker im Frankfurter Schauspielhaus angestellt. Seinen jüngeren Bruder holte er nach. Adolf landete als Angestellter im Frankfurter Ausgleichsamt: eine Fachkraft für ratsuchende Schicksalsgenossen.

Dieter Mokross, Jahrgang 1936, schaffte 20jährig den Sprung in den Westen. „Ich war zu Hause nur noch ein Mensch zweiter Klasse, ein Ausgestoßener für die Verwaltung, weil ich das Revers für die polnische Staatsangehörigkeit nicht unterschreiben wollte", erzählte er, ein eigenwilliger Jung-Gleiwitzer mit künstlerischer Begabung, der sich illegal mit dem Bemalen von Christbaumschmuck über Wasser hielt. Hier gelang ihm, nach einer Lehre als Anstreicher, in Förderkursen sein Talent zu schulen. Er wurde Bühnenmaler an den Theatern in Ulm und Dortmund. Inzwischen wird er — im Broterwerb Erster Theatermaler am Staatstheater Karlsruhe — auch als Kunstmaler bekannt. Ausstellungen seiner Zeichnungen und Aquarelle, seiner Öl- und Acrylbilder brachten ihm den ‚Oberschlesischen Kulturpreis 1981‘ ein. Daß es eine Gleiwitzer Hütte gibt, erfuhr der Künstler aus der Schlesier-Zeitung, genau so wie Franz und Adolf Mann. Nun steigen sie jedes Jahr einmal durch das Hirzbachtal hinauf, zum Treffen der Gleiwitzer...

Das Wetter hatte sich gehalten. Am nächsten Morgen fanden sich ein paar Schlesier und Bayern beim Sonnenaufgang vor der Hütte ein. Rötlich färbte sie vis-à-vis Firn und Gipfel. Die Fahnen hingen matt an den Stangen. Dieter Mokross verabschiedete sich. „Ich male heute am Spitzbrett", sagte er, hängte den Rucksack über und stapfte bergwärts.

„Lassen Sie uns zum Abschied ein Foto machen!", schlug Oswald Schauer vor. Die Aussicht auf einen schönen Tag machte alle munter. Verklungen Trauer und Nachdenklichkeit der nächtlichen Gespräche. Lachend rückte uns der „Chef" für die Kamera zurecht.

Bevor wir hinter sanften Grashügeln talwärts zur Hirzbachalm verschwanden, blickten wir noch einmal zurück. Da standen Schlesier und Bayern einträchtig beieinander und winkten uns nach.

Zum Abschied ein Gruppenfoto. Von links: Frau Rusa Mann und die Brüder Adolf und Franz Mann, Dr. Vera Kaffanke, ein Beuthener, die Autorin, Günter Morawirtz; unten links der Maler Dieter Mokross und der bayerische Chef Oswald Schauer

Leben und leben lassen!

Wir lernen in Kapitel sieben den „Glocknerherrn", einen Kaufmann aus Prag namens Stüdl kennen, der mit seinen Freunden in den Alpen auf ewig Spuren hinterließ. Sie bauten 1868 die erste Schutzhütte am Groß-glockner.

Der Geheime Rat aus Weimar, Wolfgang von Goethe, mußte umdisponieren. Napoleon trat in die Weltgeschichte ein und marschierte mit seinen Truppen unaufhaltsam durch die Po-Ebene auf Wien zu. Seine Sehnsuchtsfahrt nach Italien endete deshalb in der Schweiz. Sie führte ihn wieder ins Berner Oberland, diesen Sommer 1797. Seine dritte „Schweizer Reise". Sturm und Drang klangen aus. Nun reizte ihn der geheimnisvolle Ferne Osten — er schrieb an seinem poetischen Zyklus „West-östlicher Diwan". Nicht alle Goethe-Verehrer folgten dem Meister auf seinen dichterischen Alterspfaden. Besonders die Berggeher zog es umgekehrt von Osten nach Westen ins hohe Gebirge. Aus tausend Mosaiksteinchen wirkten sie die West-östliche Alpensaga. Und er war einer der Saga-Helden: Stüdl, der Kaufmann aus Prag.

... Er richtete sich steil auf, damit ihn jeder sehe, grüßte sein ergebenes Auditorium und ließ versonnen die Augen über die unsäglich schönen, weiß-blau geschrafften Horizonte der Alpen schweifen. Dann griff er nach seinem Zauberstab: Johann Stüdl gab den Einsatz zur Aufteilung der Bergwelt seiner Habsburger Majestät, seines Kaisers Franz Josef I., König von Ungarn.

‚Seht, ich weise euch alles, seit rührsam und haucht den Tälern und Almen, den Bächen, Wasserkaskaden und Felsspitzen, den verängstigten Menschen in ihren armen Häusern, den Firnen und Gletschern Leben ein!'

So begeisterte er seine Jünger und sie sahen, daß am Großglockner und Venediger, am Ortler, in Karwendel und Rofan, in den Ötztaler und Zillertaler Alpen, bei Lofer in den Steinbergen und im Maltatal des Ankogel Sommergäste und mit ihnen die Zukunft einzog ...

Johann Stüdl (1839—1925)

Als der Pfarrer von St. Niklas zu Prag anno 1839 diesen Johann Stüdl ins Kirchenregister eintrug, wurde im Königreich Sachsen die Fernbahn zwischen Leipzig und Dresden eröffnet, begann England sich in den Opiumkrieg mit China zu verstricken, entstand das erste Foto der Welt als Daguerreotypie, war Goethe erst sieben Jahre tot. Und als er 1925 in Salzburg starb, gab es weder das Deutsche noch das Österreichische Kaiserreich, und auch die Sachsen waren nun Republikaner.

Der „Bergvater" aus der Stadt an der Moldau wurde legendär als „Glocknerherr". Er errichtete aus seiner Tasche den ersten sicheren Schutzschild vor Blitz, Hagel, Sturm und Verderben am Fuße des eispanzerten Tauerngipfels: die Stüdl-Hütte. Das war 1868. Vier Jahre danach öffnete das erste Prager Haus am Großvenediger.

Stüdl gehörte zu den Gründern des Alpenvereins. Er mobilisierte die besten Männer Prags und führte die Feder beim Bau oder Erwerb von insgesamt 13 Schutzhäusern. Für noch mehr nahm er — auch von Gönnern — Baugrund: in den Krimmler Tauern, sogar im Fimberntal der Silvretta — und verschenkte ihn an befreundete Clubs.

Erbittert focht er um Adlersruh, Grundparzelle Nr. 1027, gut 300 Meter unter dem Kreuz des Glockners, für die ihm die Gemeindeväter von Heiligenblut am 14. April 1879 die Baugenehmigung da erteilten, „wo die Überreste der zu Anfang des Jahrhunderts errichteten Unterkunft stehen, 19 Schuh lang, 13 Schuh breit". Gutsbesitzer Joseph von Aichenegg aus Winklern machte ihm jedoch den Platz streitig, und so bauten nicht die Prager, sondern der exklusive Österreichische Alpenklub den höchstgelegenen Unterschlupf in den k.u.k. Alpen, die Erzherzog Johann-Hütte (3454 m).

Stüdl-Hütte, aus Amthors „Der Alpenfreund" von 1870

Fast alle Bergträume hat er sich erfüllt, aber das Jugendziel, Großtaten als Chemiker zu vollbringen, blieb nur ein Traum. Der frühe Tod des Vaters nötigte den Studenten, in sein Geschäft einzusteigen und weiter Großhandel mit Wein und Kolonialwaren zu treiben.

Stüdl war ein Kaufmann wider Willen; anstelle von Abenteuern des Geistes suchte er Abenteuer in den Bergen. Er machte sich als begnadeter Stratege unentbehrlich.

Stüdl war in aller Munde. Die Hütte bei Kals am Glockner trägt noch heute seinen Namen.

Stüdl-Hütte (2801 m) um 1890

97

Der „Imperator" und seine weltstädtischen Invasoren waren enthusiastisch, reich, von zäher Kondition und Menschenfreunde. Aber clever waren sie auch. Gleich nach ihrem Zusammenschluß sicherten sie sich bei Heiligenblut zusätzlich eine klassische Ausgangsposition, nämlich die verfallene Hofmanns-Hütte über der Pasterze, die einst Erzherzog Johann von Österreich 1834 für eine wissenschaftliche Expedition in Auftrag gegeben hatte. Stüdl baute auf und widmete sie seinem Münchner Freund Carl Hofmann, der den (Hofmanns-)Weg von Osten auf den Großglockner fand und 1870 blutjung vor Sedan fiel. Am Großvenediger übernahmen die Böhmen die nicht minder historische Johannis-Hütte. Auch hier trat der bergnärrische Erzherzog kurz vor seinem Tod als Förderer der Wissenschaften auf.

Wo sie auftauchten, begann in vielen weltabgeschiedenen Nestern Leben zu pulsieren. ‚Ausgehend von der Gemeinde Dornauberg organisierten und kolonisierten wir im vollsten Sinne des Wortes dieses Hochgebirgstal für den Fremdenzug, ein Stückchen Kulturarbeit, in die wir uns später mit der Sektion Berlin teilten . . .‘ berichtete der Prager Chronist aus dem Zillertal. Er schilderte auch, wie sie ihren Älplern hilfreich zur Seite standen — nach Bergrutschen, Lawinenabgängen oder Gletscherausbrüchen mit Überschwemmungen; wie sie die Familien verunglückter Bergführer vor dem Elend bewahrten. Zweimal brannte das Dorf Matsch bei Glurns fast vollständig nieder, als gerade der Mäzen Carl Höller mit seinem Hüttchen vor der Ötztaler Weißkugel das abgeschiedene Matscher Tal an den Rest der Welt angebunden hatte: ihr Wohltäter ließ die 38 obdachlosen Familien nicht im Stich.

Die traditionellen Prager Weihnachtsbescherungen verliehen den bescheidenen Bauernfesten von nun an Glanz. Anno 1892 brachte Stüdls Sektion 400 österreichische Gulden auf, nach damaliger Währung 2352 Mark, seinerzeit eine stattliche Summe. Beschert wurde in Kals, Virgen, Matrei, Dornauberg, Sulden und Matsch.

Ob man sich in der touristisch hoch aufgerüsteten Alpenrepublik und im aufblühenden Südtirol daran noch erinnert?

Die östlichen Christkindl-Gaben machten Schule. Keine Sektion mit Alpen-Hütten ließ sich künftig nehmen, für ihre Dörfer den Tisch festlich zu decken.

Die Leute aus Böhmen mochten, trotz ihrer beträchtlichen bergsportlichen Leistungen, auf ein Minimum von Bequemlichkeit und Luxus nicht verzichten. Für die Lösung der zwangsläufig auftretenden Transportprobleme scheuten sie keine Mühe. Carl Höller aus Karlsbad etwa, der sich Stüdls Crew angeschlossen hatte, verfuhr in seiner Bergklause am Schluß des Matscher Tales nach dem Grundsatz: Leben und leben lassen! Sein Proviant-Depot genoß einen vorzüglichen Ruf. Man konnte sich dort an Thee, Kaffee, Rum, Cognac, Malaga, Sherry, Cacao, Gießhübler und

Carlsbader Magenlikör gütlich tun — nach entsprechender Einlage in die Cassa natürlich. Mit Genugtuung hörte man bald sagen, daß die spartanischen Schweizer Clubhütten ‚nicht im entferntesten einen Vergleich mit den comfortabel eingerichteten Touristen-Hütten unseres Alpenvereins aushalten'.

Im Juni 1878 rollte ein Eisenbahnwagen von der Moldau gen Westen, vollgepackt mit Wäsche, Geschirr und Mobiliar für die Niederlassungen der Sektion. Bei diesen Aktionen zeichnete sich der Weinhändler Edler Prokop von Ratzenbeck aus, der im osttiroler Umbaltal seiner Frau Clara und den Alpinisten-Freunden 1872 ein Ferienhaus direkt vor der Zunge des Umbalkees schenkte. Sie mußten stundenlang marschieren, um dort anzukommen, denn noch bis 1924 reichte die Fahrstraße von Lienz nur bis Matrei; die Felbertauernstraße wurde erst in den 60er Jahren fertig.

Von Fremdenverkehr konnte im Matreier Virgental mit seinen Saumwegen an der Isel nicht annähernd die Rede sein. Deshalb nahm sich der Edle von Ratzenbeck des einzigen, dürftigen Gasthauses in Prägraten an, möblierte ‚zwei Schlafstätten auf das Comfortabelste und stiftete ein werthvolles Speiseservice'. Kurz — er versuchte der nur in Spurenelementen vorhandenen Gastronomie einen Hauch von Kultur zu vermitteln.

Eine ähnliche Rolle spielte Hermann Dominikus im Zillertal. Seine Kolonisationspläne schlossen Mayrhofen mit ein und erstreckten sich über das Dornauberger Tal bis in den Zamsergrund, wo heute der Schlegeisspeicher der Tauernkraftwerke ‚den gräßlichen Trümmerhaufen des Schlegeisgrundes mit Riesenblöcken, die Labyrinthe bilden', verschlungen hat. ‚Aber daß uns hier vor den wilden Abstürzen des Großen Greiner, der Mösele, die wie ein gothischer Turm emporragt, der Furtschagel-

Erstes Hüttenschild
der Clara-Hütte

und Schlegeisgletscher, vor den furchtbaren Eishängen des Hochfeiler und Hochferner soviel Eleganz und treffliche Bewirthung empfangen, überrascht nicht wenig...' berichtete 1886 Herr Leopold Sachs, Feriengast aus Böhmen.

Bevor sich der Prager Buchhändler in das Projekt auf dem Zamsergrund stürzte, versuchte er zunächst einmal, Mayrhofen bekannt zu machen. 1879 gab es dort schon eine ganze ‚Colonie' der Sektion, heißt es in der Chronik, und weiter, daß Hermann Dominikus das Dorf zum Hauptdepot für Wirte, Führer, Jäger und Träger — und zu seiner Kommandozentrale machte.

Nach dem Tod des Stifters kaufte die Eder-Familie vom Gasthof Breitlahner die Dominikus-Hütte, und nach den Eders die Hörhagers aus Ginzling — seinerzeit Hans und Frau Philomena, geborene Fankhauser — die als Hüttenwirte und Bergführer bis in unsere Tage gefragt sind.

Sicher wissen die Urenkel der ehemaligen Bewirtschafter nicht, daß die Damen aus Prag sich um die Bereicherung der eher genügsamen Kost ihrer Vorfahren verdient machten. ‚Die Zillertaler kannten nichts als Schmarrn, hartes Fleisch, Butterbrot und Käse. Was tun? Kochrezepte schreiben?' Hermine Stüdl wußte Rat. Sie ließ die Fankhauser Kathl aus Roßhag zum Kochenlernen kommen und steckte sie mit dem Segen des Fürstbischofs in die Küche des erzbischöflichen Schwarzenberg-Palais, wo Mamsell Emmerentia das Dorfmädchen aus Tirol in die Geheimnisse der Haute cuisine einführte. Nach der Kathl lernte Schwester Philomena bei der Herrschaft Schwarzenberg, beide als Schlafgäste der Stüdls. Die nächsten Zillertaler Wirte-Töchter brachte Frau Stüdl jedoch im Mägdeheim der Deutschen Kochschule unter; zuviele Zillertalerinnen drängten an böhmische Herde.

Eingedenk der Spruchweisheit, daß die Augen nicht größer als der Magen sein sollen, erkannten die Stüdl-Leute zur rechten Zeit die Grenzen ihrer Leistungsfähigkeit. Noch brachten sie die Olperer Hütte (1881) unter Dach, dann speckten sie ab. Kurz vor der Jahrhundertwende traten sie das Zillertaler „Arbeitsgebiet" für 11 000 Mark an die Preußen ab und bezahlten mit dem Erlös die Neue Prager Hütte, die sie, weit über der alten, noch dichter an den Venediger heransetzten. Die Clara-Hütte im Umbaltal der Edlen von Ratzenbeck überließen sie der „Roten Erde", der Vereins-Sektion Essen aus dem Ruhrgebiet.

*

Einst, im Gespräch mit dem Chef der Bergführer von Pontresina im Oberengadin, sagte Paul Nigg nachdenklich: „Wissen Sie, im Vergleich mit unseren Großvätern leben wir Guides heute wie die Herrenmenschen..."

Daß es auch in den Ostalpen so weit kommen konnte, ist nicht zuletzt ein Verdienst des „Glocknerherren", der als erster die systematische Ausbildung bergtüchtiger Bauern in die Hand nahm. Stüdl organisierte die Kalser Bergführer; sie schlossen sich als erste zu einem „Bergführerverein" zusammen. Bald folgten neue Gründungen überall da, wo die Prager sich niedergelassen hatten, und andere Sektionen übernahmen in ihren Gebirgstälern Stüdls Erfahrungen.

Nicht immer ging es dabei friedlich zu. Einige dickschädlige Älpler versuchten, aus der „Führerordnung" und den fest vereinbarten Tarifen auszubrechen. Es kam zu Konkurrenzkämpfen. Auch aus Sulden trafen alarmierende Meldungen ein. Da, unmittelbar unter der Spitze des Ortlers, prunkten die Prager mit ihrer bewunderten Payer-Hütte. ‚Die seit zwei Jahren angestrebte Ordnung der Führerverhältnisse, namentlich eines Führervereins, scheitert an der Mißgunst, dem Eigennutz und der Uneinigkeit der dortigen Führer. Dieser Anarchie und dem verwandtschaftlichen Cliquenwesen muß zum großen Teile die Schuld an dem Unglück am Cevedale zugeschoben werden' (1878).

Zum Streit kam es auch, weil einige ‚concessionierte' Führer sich dagegen auflehnten, daß ihnen ihre Förderer die Betreuung von Wegen und Schutzhäusern zur Pflicht machten. Sicher geriet dieser oder jener in Zeitnot, denn die Höfe mußten versorgt, das Heu eingebracht werden. Andererseits eröffnete sich ein Nebenerwerb, der ihre Armut linderte und ihnen Ansehen, gelegentlich sogar Ruhm einbrachte. 1881 betreuten Stüdls Männer schon 40 Führer mit Patent, die von ihren Herren mit dem Nötigsten ausgestattet wurden: mit Rucksäcken, Schneebrillen, Seilen, Kompaß, Karten, Laternen, Trinkbechern, Eisäxten...

Aber nicht nur den Kampf mit der Armut ihrer Schutzbefohlenen nahmen sie auf. Diese wohlsituierten Großstädter von der schönen Moldau traten auch als Mäzene der Künste auf. Aus dem gleichen Jahr, das ihnen den Ärger am Ortler bescherte, stammt die Notiz, daß sie den bayerischen Hoffotografen Johannes aus Partenkirchen zur Aufnahme von Lichtbildern ins Zillertal schickten und ihm alle Photo-Blätter abnahmen, um ihn dadurch zu neuer Tätigkeit in den Bergen zu ermuntern.

Bei all ihrer Betriebsamkeit wundert es nicht, daß sie auch in der böhmischen Heimatstadt für ihre Sache warben. Bei der „Bohemia", deren Auflage ein gewisser Egon Erwin Kisch etliche Jahre hindurch beträchtlich steigerte, räumte ihnen der Verleger reichlich Platz in der Reise- und Bäderbeilage für eine „Alpine Zeitung" — unter eigener Regie — ein. Wo hat es das sonst gegeben?

*

Dieses Prag — eine Weltstadt! Eine Insel des Geistes und der Lebensfreude mit viel Vergangenheit. Die Universität stammt von 1345 — da war Prag Residenz von Kaiser Karl IV., dem „Wenzel" geworden. Der „Prager Fenstersturz" datiert von 1618, als nach einem Volksaufstand der Statthalter des Kaisers in den Burggraben des Hradschins geworfen wurde. Die „goldene Stadt" von Veit Harlan umstritten in Szene gesetzt, und der „Prager Frühling" von 1968, jene aufregenden und bewegenden Tage. Die Stadt Kafkas endlich, des Dichters phantastischer Doppeldeutigkeiten — und die Stadt des Glocknerherren. Wir finden nicht vermessen, Stüdl in diese historische Kette einzureihen. Hat er doch weiten Teilen der sogenannten Freizeitparadiese seinen Stempel aufgedrückt.

Dann 1914: ‚Wie ein Blitz fiel die Kriegserklärung auf uns. Von heute auf morgen brach jeder harmlose Touristenverkehr in die Bergländer zusammen. Die Not hob an, die Kargheit der Lebensmittel. Prag war abgetrennt vom Hochgebirge...'

In diesem Jahr, als der Krieg anhub, „seine eiserne Faust über uns zu schwingen', wurde Friedrich Heckl im nordböhmischen Weipert, einer ehemals königlich freien Bergbaustadt, geboren. Ein österreichischer Bub aus dem Sudetenland, der von Kind an die Wälder und Höhenzüge des Erzgebirges vor Augen hatte und in den Felsenburgen des Ziehbusch seine Träume auslebte, meist mit der kleinen Schwester an der Hand, für die er Schätze vergrub.

Als der Krieg zu Ende ging, waren Friedrich, die kleine Anneliese, seine Eltern und alle Böhmen nicht mehr Österreicher, sondern deutsche Minderheit in einem tschechischen Staat. Die Hauptstadt der neuen CSR hieß Praha. Weil die Prager Bergsteiger nicht mehr ihrem Zentralverein angehören durften, gründeten sie einen eigenen und schufen sich mit dem ‚Verband der Deutschen Alpenvereine in der Tschechoslowakischen Republik' ein eigenes Dach.

Die Marmorplatte vom „Urbau" der Payer-Hütte wurde erst vor wenigen Jahren unter Gesteinsbrocken in der Nähe des Hauses gefunden

Am schmerzlichsten traf sie die Enteignung ihres Juwels am Ortler. In die Payer-Hütte (wo z. B. 1902 knapp 1600 Besucher, nicht gerechnet Führer und Träger, registriert wurden, das war bei den damaligen Verkehrsverhältnissen ein Rekord) zogen Italiener als neue Besitzer ein. Stüdl, nun schon ein sehr alter Herr, bewältigte die Kriegsfolgen nicht. Er löste seine Geschäfte auf und übersiedelte mit der Familie nach Salzburg, enttäuscht und verbittert, aber immer noch um die Tauern-Besitzungen besorgt. Sein Nachfolger im Prager Club wurde Professor Dr. August Geßner von der Technischen Hochschule.

Als der Glocknerherr starb, feierte Fritz Heckl den elften Geburtstag. Seine Familie plante wegen der Kinder den Umzug ins benachbarte, größere Komotau, weil sie dort eine deutsche Schule bis zur Matura würden besuchen können. Zum Ingenieur-Studium schickte Vater Heckl seinen Sohn nach Prag. Einer seiner Lehrer hieß August Geßner. Der sportliche Professor und Chef des Prager Alpenvereins begeisterte seine Studenten. Auch der junge Mann aus Komotau meldete sich erwartungsvoll bei den Vereinsleuten...

So schloß sich der Kreis. Viele, viele Jahre später erwuchs jenen, die den Krieg und die Jahre danach überlebten, in Friedrich Heckl ein neuer „Bergvater", der besonders die Stüdl-Hütte im Kalser Ködnitztal zu seiner Herzensangelegenheit machte.

Zunächst aber drehte sich unaufhaltsam und unerbittlich das Rad der Geschichte, heiter anfangs, zermalmte dann jedoch Millionen Menschen. Wer jenen verhängnisvollen Siegen und heillosen Katastrophen widerstand, trug Wunden davon, die niemals ganz verheilten.

*

Noch waren sie Staatsbürger der CSR, als Ingenieur-Student Heckl und seine Kommulitonen und Clubfreunde Rolf Knauer und Dolf Jackl das erste Mal in die fernen Alpen reisten. Erste Station: Nürnberg. Dort feierte man gerade den 100sten Geburtstag der Eisenbahn. Zweite Station, Ehrensache für künftige Elektrofachleute: das Deutsche Museum in München.

Dann in die Berge! Fritz schrieb eine Postkarte nach Komotau: 13. 8. 1935. Liebe Eltern, hoch vom Dachstein die herzlichsten Grüße. Wir stiegen von Gosau hinauf, gingen über den großen Gletscher am Seil und kamen gestern abend gut in Hallstatt an. Weiter über das Salzkammergut, Einkehr im Weißen Rössl am Wolfgangsee und zum Abschluß Salzburg. Vielleicht brauche ich noch Geld für die Heimfahrt, wenn mich kein Auto mitnimmt...

Im Jahr drauf radelten die Freunde von Komotau bis Bruck an der Glocknerstraße, stellten dort die Räder ein und fuhren per Autostopp weiter nach Osttirol. Sie erlebten die Tauern, bestiegen den Glockner, schneiten im Schutzhaus auf der Adlersruh ein und schliefen das erste Mal auf der Stüdl-Hütte. Diese Tauerntour beeindruckte sie mächtig.

Dann fehlten Zeit und Geld, wieder hinauszufahren. Sie vertrösteten sich auf später und büffelten für ihre Examen.

Die „Historische Wende" berührte sie zunächst wenig. Dann aber ließen sich auch die jungen Leute vom Enthusiasmus der Älteren mitreißen. Es wurde gejubelt, im Altreich und im „Protektorat Böhmen und Mähren".

Zitat aus den Mitteilungen des Deutschen Bergsteigerverbandes im NS-Reichsbund für Leibesübungen nach dem Münchner Abkommen im September 1938, wonach die von Deutschen bewohnten Grenzgebiete Böhmens an NS-Deutschland abzutreten waren:

Das war eine Tat! Nun auch Prag bei uns, Moravia, die treuen Zweigverbände aus Sudetenland. Das Altvater Stüdl dies nicht mehr erleben konnte... nun sind sie zurückgekehrt, unter Geßner die vielgeprüften Prager, und die lieben Bergbrüder aus Brünn und Ölmütz.'

Darf man ihnen böse sein, auch wenn die so begeistert Begrüßten erwiderten: ‚In schwerster völkischer Bedrängnis haben wir, eine kleine Minderheit, in der volksfremden Hauptstadt Prag den Mut nicht sinken lassen und allem harten Druck zum Trotz in unermüdlicher Arbeit am Bau unseres Vereins weitergeschaffen...'

Wehe, wer den Stab über sie bricht. Bei allem Unrecht, was auch immer und wann als Folge von Kriegen, von Sieg und Niederlagen geschah: Am meisten litt das Fußvolk unter der großen Politik. Daran wird sich auch im kommenden Jahrtausend nichts ändern. Drum hütet euch, über sie zu richten.

*

Am 14. März 1939 legte Fritz Heckl in Prag seine zweite Staatsprüfung als Stark- und Schwachstromtechniker mit Auszeichnung ab. Eine glänzende Karriere schien vor ihm zu liegen. Zunächst aber rückte er (einst Österreicher, dann Student mit tschechischem Paß) zur Deutschen Luftwaffe ein, um in einer Funknachrichtenabteilung den Ehrendienst fürs Vaterland abzuleisten. Das war wenige Tage nach der Überreichung seines Ingenieur-Diploms, April 1939.

Auf dem Großglockner — nach dem „Anschluß" der Alpenrepublik höchster Berg des Großdeutschen Reiches — wehte die Hakenkreuzfahne. Nur mit diplomatischem Geschick gelang es dem Alpenverein, seine hunderte von Schutzhäusern nicht an die nationalsozialistischen Organisationen zu verlieren. Der Preis: Öffnung der Häuser für Kraft durch Freude (KdF) und Hitlerjugend (HJ)-Gruppen.

Der Glockner? Adlersruh und Stüdl-Hütte, der Dachstein? Welches Leben war das, ihr erstes, das zweite, als Dolf, Rolf und Fritz stolz am geliehenen Seil über den großen Gletscher gegangen waren?

Friedrich Heckl kam nach dem Wehrdienst nicht nach Komotau zurück. Der Krieg schwemmte ihn als Soldat nach Polen, Luxemburg, Belgien, Holland, Rußland und nach Reval in Estland. Sein Vaterhaus, Frau und Kinder sah er erst nach dem Krieg als untergetauchter Flieger-Ingenieur in Majorsrang wieder.

Daß er mit Frau Herta einige Monate lang von den Tschechen in Haft genommen wurde, etrugen die Heckls geduldig. Der Mann hatte das Chaos der letzten Kriegsmonate überlebt. Nur das zählte.

Wie ihre Landsleute überall in den Ostgebieten mußte die Familie 1946 mit 50 Kilo Gepäck die Heimat verlassen — so jedenfalls beschlossen die alliierten Siegermächte die „Entdeutschung" in Potsdam am 2. August 1945, wobei sie protokollieren ließen, daß ‚die Überführung nach Deutschland in ordnungsgemäßer und humaner Weise erfolgen muß'.

Zu welchen menschlichen Dramen es bei dieser humanen Aussiedlung kommen konnte, ist inzwischen von Historikern für die Nachwelt dokumentiert worden.

Heckls landeten im bayerischen Voralpenland. Erst als Mittdreißiger konnte sich der diplomierte Ingenieur beruflich entfalten. Beim Aufbau der Vertriebenengemeinde Pentenried und der Ortskirche unweit von München leistete er wesentliche Geburtshilfe. Seine Verdienste in der neuen Heimat würdigte Gutachter Professor Dr. Steinegger von der Rechts- und Staatswissenschaftlichen Fakultät der Universität Innsbruck nach Vorlage des Materials für eine geplante Chronik des neuen „Böhmerwalddorfes":

‚Ostflüchtling Studiendirektor Heckl hat in jahrelanger mühsamer Sammelarbeit sämtliche Archivalien, die sich auf Pentenried beziehen, von der frühesten Nennung im Mittelalter bis herauf in die Gegenwart gesammelt...'

Nun standen die Berge, höher als die Felsenburgen des Ziehbusch im Erzgebirge, bei Heckls direkt vor der Tür.

In der bayerischen Metropole trafen sich ein paar versprengte Prager Alpinisten und gründeten den „Alpenverein Prag e.V., Sitz München, 1949" neu. Fritz Heckl war dabei. Im Hofbräuhaus feierten sie den 80. Jahrestag der Clubgründung. Nicht lange, und er sah die Tauern wieder, schlief auf der Stüdl-Hütte, wie damals, und übernahm im Auftrag seiner Bergfreunde die Fürsorge für dieses Haus, mit dessen Bau der Glocknerherr anno 1868 die touristische Erschließung der Tauern eingeleitet hatte.

*

105

Als Hermine Stüdl in den 70er Jahren des vergangenen Jahrhunderts die Weichen für die gastronomische Entwicklung des Zillertales stellte; als die Töchter der Prager Hüttenwirte in der fürstlichen Küche des Schwarzenberg-Palais an der Moldau kochen lernten, hatte die First Lady des Clubs auch die Groderwirtin von Hinterbichl, ganz weit hinten im Matreier Virgental, unter ihre Fittiche genommen. Sie schrieb Rezepte für sie auf und assistierte bei gewagten Kreationen am Herd.

Hinterbichl war ein wichtiger Kreuzungspunkt alpenländischer Exkursionen und blieb es bis heute, nun auch für den Trimm- und gewerblichen Alpentourismus. Nach links geht es ins Umbachtal und zur Clara-Hütte, und wer sich an der Dorferbrücke rechts hält, vorbei an einem Steinbruch, kommt zur Johannis-Hütte. Der Groderhof liegt seit etlichen Generationen auf einem spitzen Bergkegel dazwischen und bot sich seinerzeit als halbwegs zivilisiertes Verschnauf-Domizil an. Das alte Groderkapellchen entzückte — und entzückt — Gäste von nah und fern.

Hermines Lektionen zeigten Wirkung. Die Speisenkarte des Groderhofes kann es mit größeren Häusern zwischen Lienz und Matrei aufnehmen, ungeachtet des Umstandes, daß die Töchter nun in der Regel Hotelfachschulen besuchen.

Von insgesamt 14 Stützpunkten blieben den Pragern vier: Stüdl-, Johannis-, Alte und Neue Prager Hütte. Die anderen gaben sie ab; das Ortlerhaus nahmen sich die Italiener.

Überall — ob im Virgental, in Kals am Glockner oder anderswo — saust die Dorfjugend motorisiert über staubfreie Straßen. Die meisten Wirte versorgen ihre Berghütten mit Jeeps und Materialliften. Die alten wissen noch, wie mit Lastenträgern und Maultieren alles anfing.

Es geht ihnen gut, wenn sich auch einige Kleinunternehmer beim Ausbau ihrer Pensionen mit Swimmingpools und sanitären Naßzellen in den Fremdenzimmern übernommen haben, hört man. Trotz aller hoffnungsvollen Zukunftsperspektiven in Sachen Freizeit und Reiselust haben sie noch andere Sorgen: Sie verstehen nicht, daß grüne Bergsteiger und Politiker ihren Expensionskurs hinauf auf Gletscher und Berge zu noch mehr Liften und Skischaukeln blockieren; sie wollen nicht wissen, daß für Kraftspeicher abgeleitete Bäche der Vegetation fehlen und sie verarmen lassen. Investiertes Geld bringt Geld, denken sie.

Alois Berger von Hinterbichl wäre fast geopfert worden. Sein Obermairhof unterhalb des Grodneranwesens stand den Straßenbauern im Weg. Der Bauer sollte für den Ausbau der Straße, vorbei an der Johannis-Hütte und weiter bis zu einem großen Parkplatz am Mullwitzkees, sein Land hergeben. Da hinten plant man, die südliche Gletscherregion am Venediger für den Fremdenverkehr nutzbar zu machen. Berger weigerte sich standhaft. „Das bringt mich um meine Existenz und schadet dem Tal", sagte er und wurde zum Buhmann.

Noch fiel für das Projekt Venediger-Süd nicht das letzte Wort. Aber ein provisorischer Güterweg führt schon bis vor die Hüttentür...

Die Obere Isel, die an der Clara-Hütte vorbeifließt und in prachtvollen Kaskaden talwärts stürzt, sollte für ein Kraftwerk genutzt werden, obwohl die „Umbalfälle" zum Naturdenkmal erklärt wurden. Auch hier hat man seitlich der zum Wasserschaupfad hergerichteten Fälle eine Almstraße bis zur Jausenstation Pebell und weiter ausgebaut.

Kals wird vermutlich die größten Lasten des geplanten Kraftwerkes „Dorfertal-Matrei" tragen. Hinter Kals-Großdorf soll in der zaubrischen Dabaklamm eine 220 Meter hohe Speichermauer entstehen und das Wasser der südlichen Glockner-Gletscher stauen. Als Trostpflaster bietet man der Gemeinde den Bau von Skiliften am Greibühel oder am Bergertörl im Ködnitztal an. „Der Termin einer Projektsverwirklichung steht derzeit noch nicht fest", teilte die Osttiroler Kraftwerk Gesellschaft auf Anfrage Ende 1985 mit, „weil eine Säumnisbeschwerde beim Verwaltungsgerichtshof anhängig ist, um die behördliche Genehmigung für den Bau zu erhalten".

Grund genug für Friedrich Heckl, in Kals und Hinterbichl wieder einmal nach dem neuesten Stand der Dinge zu fragen. Alle drei Projekte berühren das traditionelle Arbeitsgebiet der Prager und kollidieren am Venediger zudem mit den Schutzzonen des Nationalparks Hohe Tauern.

Am 13. Oktober 1982 bestiegen Heckl und seine Frau in Pentenried den Wagen, fuhren vergnügt durch die prachtvolle Herbstlandschaft des Werdenfelser Landes, durch Garmisch und Mittelwald nach Innsbruck, bummelten gemütlich mit ihrem Volkswagen über die alte Staatsstraße und beschlossen, in Steinach am Brenner, noch in Österreich, über Nacht zu bleiben.

Südtirol im Herbstkleid: In den Weinbergen goldgelbe Blätter, Lärchen, deren Grün sich hellgelb zu verfärben beginnt, ockerfarbene Steilhänge und immer noch saftig grüne Wiesen. Die Heckls waren glücklich. Weiter ging die Fahrt, hinter dem Brenner hinab nach Sterzing. An der Franzensfeste bogen sie ins Pustertal ab. Sie freuten sich auf Thomas Huter, den Wirt der Stüdl-Hütte und auf die Kalser, die Heckls Engagement für ihr Dorf mit aufrichtiger Freunschaft dankten.

Bei Vintl hinter Mühlbach wurden Polizei und Krankenwagen angefordert. Ein Unfall — einer von vielen im Polizeibericht der Region Bruneck an diesem Oktobertag. Die „Dolomiten" meldeten auf der Nachrichtenseite für Südtirol, daß ‚ein mißlungenes Überholmanöver die Ursache für einen Zusammenstoß zwischen zwei Personenwagen auf der viel befahrenen Pustertaler Staatsstraße gewesen sein dürfte, bei dem der 68jährige Friedrich Heckl lebensgefährliche Verletzungen erlitt und vom Weißen Kreuz ins Brunecker Krankenhaus gebracht wurde. Die Ärzte enthielten sich der Prognose...".

„Und ich saß neben ihm wie in einer vom Geschehen völlig abgeschirmten Kabine, unverletzt", erinnert sich Herta Heckl, die schwört, daß der Unfall nicht auf einen Fahrfehler zurückzuführen ist.

Am 30. Oktober starb ihr Mann. Anfang November wurde er auf dem Pentenrieder Friedhof bestattet. Zur Trauerfeier reisten nicht nur zahlreiche Osttiroler in einem gemieteten Bus an. Auch zwei Enkel des Glocknerherren Johann Stüdl erwiesen dem Toten die Ehre: Frau Gertraud Lindinger, geborene Stüdl, und Dr. Max Stüdl.

Im Kranz der böhmischen Sektion Reichenberg fand Frau Herta einen versteckten Edelweißstrauß.

Friedrich Heckl war nicht mehr.

Er hat nicht mehr erlebt, daß im Mai 1985 im oberen Umbaltal eine mächtige Lawine den Abfluß der Krimmler Tauerngletscher staute. Hinter der Clara-Hütte entstand ein See, der eines Tages mit Urgewalt die Schneemauer aufdrückte. Eine Flutwelle ergoß sich über die Steilstufen des Wasserfalls und des Schaupfades und riß alle Vegetation, sogar die dicksten Lärchen, bis auf den nackten Fels mit. Die unteren Almböden versanken und Schlamm und Geröll bis knapp vor Hinterbichl.

Er hat auch nicht mehr erlebt, daß (nach einer Meldung in der Tiroler Tageszeitung vom 16. April 1987) der Almweg ins Umbachtal von Lienzer Landwirtschaftsamt als Fahrweg auf zwei Meter verbreitert werden soll, weil er angeblich für den Viehtrieb zu gefährlich sei.

Und hat nicht mehr erlebt, daß sich das Projekt ‚Kraftwerk Dorfertal-Matrei' Jahr für Jahr hinzieht, und daß es niemanden gibt, der bereit wäre zu wetten — Gegner wie Befürworter — wann der letzte Akt dieses Naturschutzdramas geschrieben wird, und wie er aussieht.

Die Stüdl-Hütte, die er bis zu seinem Tod als ein Stück Prager Heimat umsorgte, wird unterdessen mit allem sanitären und sonstigem Luxus für die Freizeitgesellschaft des nächsten Jahrtausends aufgerüstet.

Kodex für Cowboys und Bergsteiger

*Im folgenden erfahren wir, daß
die Abenteurer hüben und drüben
vergleichbaren Ehrbegriffen
anhingen, und daß es hier wie da
Schurken, Wildschlächter und
Konkurrenzneid bei der
Landnahme gab.*

Warum Karl Anton Postl seine südmährische Geburtsstadt Poppritz (heute Popice) bei Znaim Hals über Kopf verließ, bleibt ein Rätsel. Selbst einschlägige Lexika wissen nicht mehr, als daß er 1823 zunächst in die Schweiz und von da weiter in die USA floh: ein Bauernsohn, der die Priesterweihen empfing und als Sekretär des Kreuzherrenordens nicht ohne Einfluß war.

Seine Reise über den großen Teich fiel zusammen mit dem Erscheinen des ersten Lederstrumpf-Romanes und Mr. Ashleys Anzeige im Enquirer von St. Louis, durch die er 100 Mountain Men als Trapper für seinen Pelzhandel zu finden hoffte — wir berichteten davon im zweiten Kapitel. Was war los, warum verließ Postl die Heimat? Brach er das Keuschheitsgelübde? Erregte er den Zorn seiner Oberen, weil er mit den Vorkämpfern für Freiheit und soziale Gerechtigkeit sympathisierte?

Wie auch immer. In USA angekommen, verwandelte sich der Flüchtling in Charles Sealsfield und wurde unter diesem Namen als Schriftsteller berühmt, nicht zuletzt weil er die ersten deutschen Bücher über Nordamerika, seine Landschaften und Menschen schrieb. Sein bekanntestes ist das „Cajütenbuch oder Nationale Charakteristiken" (1841). Postl-Sealsfield arbeitete zuletzt als Redakteur in New York, kehrte aber bald nach Europa zurück und starb 1864 in Solothurn.

Seine Bücher wurden mit Hingabe gelesen und haben mit großer Wahrscheinlichkeit viele Auswanderer beeinflußt. „Die Vereinigten Staaten von Nordamerika", wurde 1827 veröffentlicht, gerade als sich ein schottischer Botaniker, Mr. Douglas, zu Wort meldete, der als erster bergsteigender Tourist drei Jahre lang die kanadischen Rocky Mountains durchstreift und dabei mehrere Berge „getauft" hatte.

Aber es dauerte noch 50 Jahre, bis die ersten Viertausender im amerikanischen Felsengebirge fielen: in Wyoming der Grande Teton (4197 m) und in Colorado die Mount Elbert und Harvard (bzw. Massive), beide 4395 m, die höchsten.

Deutsche spielten bei der Eroberung der Gebirge im Westen der Staaten keine Rolle — die zog es schon früh zum Kaukasus und in den Himalaya. Dies sei hier nur am Rande erwähnt.

Der die Neue Welt vertikal trennende Felsenriegel bildete für die ersten Siedler ein nur quallvoll zu überwindendes Hindernis. Vom Treck zweier Missionars-Familien nach Oregon ist von 1836 überliefert, daß sie ihren Wagen aufgeben mußten. Aber seine Räder nahmen sie mit!

Das erinnert an extrem abgelegene Bergbauerndörfer- und höfe in unserem Alpengürtel. Sie waren nur unter Strapazen zu erreichen und im Winter völlig von der Außenwelt abgeschlossen wie Juf in Avers, das höchste Dorf Europas (2117 m), noch bis zur Jahrhundertwende. Bis die Alpinisten kamen, mit und ohne Ski, früher oder später ...

Im Wilden Westen gab es erbitterte Auseinandersetzungen bei der Landnahme. Erst das Heimstättengesetz von 1862 legte verbindlich fest, daß jeder US-Bürger und einbürgerungswillige Einwanderer 65 Hektar Land als Eigentum billig bekommen könne, wenn er sich verpflichtet, den Boden wenigstens fünf Jahre lang zu kultivieren.

Auch da finden wir Parallelen. So verabschiedete das Legislativ-Gremium des Alpenvereins schon bald eine Ostalpen-Wege- und Hüttenbauordnung, die später in einer „Verfassung" für die Gesamtbelange des Vereins aufging. Diese Verfassung ist 365 Buchseiten stark und erschien 1910 schon in dritter Auflage.

Da heißt es in „Bestimmungen über Arbeitsgebiete, § 1: Arbeitsgebiet einer Sektion ist ein Gebiet, in dem die Sektion zur Förderung der Ziele des DuOeAV vor anderen Sektionen durch den Bau einer Hütte oder durch die Anlage eines Weges tätig geworden ist oder ihr als Arbeitsgebiet zugewiesen ist ... usw.; § 2 bestimmt, daß dort keine andere Sektion tätig werden darf und § 3, daß zur Entscheidung von Streitigkeiten zwischen Sektionen ein Gebietsschiedsgericht zu entscheiden habe. Weiter geht es penibel bis zu § 12 mit total 14 erläuternden Fußnoten.

Wo im Wilden Westen die Texas Rangers — 1835 als Schutztruppe gegründet — eingriffen und für Ordnung sorgten, übten hingegen die Kolonisatoren der Alpen laut Verfassung Selbstkontrolle aus. Von der einheimischen Bevölkerung hatten sie nichts zu befürchten, ausgenommen die Geldgier vereinzelter Bauern, die plötzlich Wegzölle für Pfade über Almen und Ödland verlangten und überhöhte Honorare für Kundschafterdienste. Und vor Hüttenräubern.

Die stattlich eingerichteten, weltfern gelegenen Unterkünfte mit ihren teilweise lukullischen Proviantdepots verführten lockere Vögel, sich dort wochenlang, wenn über Herbst und Winter der Betrieb ruhte, einzunisten. Gingen die Holzvorräte zur Neige, verheizten sie das Mobiliar. Keiner störte sie, denn wegen akuter Lawinengefahr wagte sich aus den Tälern niemand hinauf. Die Hüttenkassen brachen sie mit schöner Regelmäßigkeit auf.

Diese neue Spezies von Kriminellen beschäftigte mit wachsender Empörung nicht nur die Dörfler, in Sorge um die Gunst ihrer neuen Herren und der zahlungskräftigen Sommergäste, sondern auch die Gerichte. K.u.k. Landgerichtsrat Schöller ging in einem dieser Fälle so weit, den Alpenverein offiziell vor einem ‚Individuum, das sich wiederholter Verbrechen des Hüttenraubes schuldig gemacht hat‘ zu warnen: ‚Es besteht dringendster Verdacht, daß der angebliche Emil Szeget, der am 18. Juni 1901 vom Kreisgerichte Bozen wegen schwren Diebstahls (Hüttenraubes) und anderem zu 2½ Jahren schweren Kerkers verurteilt wurde, identisch ist mit dem Bäckergesellen Georg Will von Pahres, der in der Nacht vom 6. auf 7. October 1891 den Bäcker Josef Braun von Wertingen und dessen Tochter ermordet und ausgeraubt hat. Will soll nach der That über Dillingen, Würzburg und Frankfurt nach Bremen gereist sein. Hier versuchte er am 12. October einen Selbstmord, wurde darnach unter dem Namen Georg Kotter, Graveur aus Salzburg, Kind herumziehender Zigeuener...‘ folgt weiter ein langes Sündenregister, das endlich schließt: ‚Der Raubmörder Will hat dunkelblondes Haar, gedrungene kräftige Gestalt und ist besonders an drei Narben von Schußwunden an der linken Brust, Narben auf der linken Kopfseite, an der linken Hand, am linken Vorderarm sowie am rechten Ellenbogen kenntlich.‘

Ein kühner Narbenmann, dieser Szeget. Bei seinen Raubzügen bewältigte er ohne Begleitung die schwierigsten Gletscherrouten am Gurgler Kamm zwischen Stettiner und Zwickauer Hütte und in der Fernerregion der Breslauer Hütte. Seine Geschichte gäbe leicht Serien-Stoff für spannende Gebirgswestern her. Aber leider haben die Bergfilmemacher — mit Ausnahme von Louis Trenker — nur sich selbst bespiegelt, und haben die Ganghofer-Verfilmungen nie die Qualität der unzähligen Western-Klassiker erreicht, die sich meist an tatsächlichen Geschehnissen orientierten.

Die internen Auseinandersetzungen um Arbeitsgebiete führten zwar nicht zu Mord und Totschlag, frustrierten und verbitterten jedoch jene Gruppen, die nach dem Ersten Weltkrieg in Südtirol enteignet wurden und nun in den österreichischen Rest-Alpen nach neuen Betätigungsfeldern suchten.

Uns liegt ein Akt aus dem Jahr 1925 vor, der kleinliche Gebietsbeschränkungen des Platzes festschreibt, der den Leipzigern nach ihrem Verlust in den Dolomiten angewiesen wurde und wo sie bereits Grund gekauft hatten (= Grabaalpe bis Einfluß des Sulzenbaches in den Rutzbach, am Bach entlang bis Sulzenaualpe, von hier zu Punkt 2225... folgen über die Grate hinweg 24 typographische Punkte des Gebietes... und dem Wasserriß entlang hinab zur Einmündung in den Talweg der Grabaalpe). Unter Nr. 3 des „Übereinkommens" heißt es dann: ‚Die Sektionen Dresden und Nürnberg stehen auf dem Standpunkt, daß die Hütte der Sektion Leipzig in der Sulzenau eigentlich nur als Eigenheim geführt werden müßte. Sie geben aber mit Rücksicht auf die bergsteigerische Jugend ihre Zustimmung, daß sie unbewirtschaftet für Selbstversorger von jetzt ab geführt werden darf... sie darf nicht verproviantiert werden.' An anderer Stelle entdecken wir handschriftlich, daß ‚nach diesen entsetzlichen Konkurrenzängsten dieses Übereinkommen jedoch nur wenige Jahre hielt'. Dies zum Thema Landnahme in den Alpen...

Keinen Kampf um Reviere gab es bei der Jagd, weder in den Alpen noch im Westen der Vereinigten Staaten. Hier wie dort als Waidmänner hochgeborene Gentlemen auf, die in unseren Breiten als Grundbesitzer ihre Gebirgsregionen in eigener Machtvollkommenheit für Touristen sperren konnten, und deren Anordnungen demütig akzeptiert wurden.

Amthors „Alpenfreund" meldete 1869 von der Vordernberger Radmeister-Communität — was immer auch darunter zu verstehen ist — in Göß, Seckau, Kalwaug, Tragöß und St. Lorenzen eine Strecke von 71 Hirschen, 57 Gamsböcken, 30 Gamsgaisen, 8 Kitzen, 209 Rehböcken, 82 Rehgaisen, 16 Kitzen, 126 Hasen, 24 Auerhähne, 59 Birkhähne, 71 Haselhühner, 5 Rebhühner, 4 Schönhähne, 48 Wildenten, 32 Wildtauben, 4 Katzen, 115 Füchse, 32 Edelmarder, 8 Steinmarder, 68 Geier, 20 Eulen, 92 Krähen — zusammen 1255 Stück.

Stückzahlen sind von der Jagd-Expedition des irischen Adligen Sir George Gore nicht überliefert, dafür jedoch, daß ‚der Ire eine Kampagne der Wildschlächterei begann, wie man sie bis dahin in den Plains nicht erlebt hatte'. Sir George stellte für seinen Streifzug durch die Black Hills in South Dakota anno 1854 eine Gesellschaft von 40 Mann mit 112 Pferden, 12 Ochsengespannen und sechs Planwagen zusammen.

Hier wie dort formten Besiedlung und Erschließung neue Menschentypen und Berufe, hüben Scouts, Trapper, Farmer, Trekker und Cowboys; bei uns Alpinisten, Bergführer, Hüttenwirte, Träger, Maultierführer und Kundschafter. Die wenigen anfangs rüden Kraftnaturen schliffen sich im Laufe der Zeit diesseits und jenseits des großen Wassers ab.

Um ihr Image aufzupolieren, gaben sich die Cowboys einen Ehrenkodex mit zehn Geboten (die im Nachhinein von H. J. Stammel formuliert wurden), gerade als in Europa die ersten Alpenvereine entstanden. Da heißt es:

1.) Du sollst dich nicht um die Vergangenheit deines Nächsten kümmern.

2.) Du sollst zu einem Fremden gastfreundlich sein und für sein Wohlergehen selbst dein Leben einsetzen.

3.) Du sollst jedem Feind eine faire Chance geben und ihn nur bekämpfen, wenn er das Weiße in deinen Augen sehen kann.

4.) Du sollst auf keinen unbewaffneten Mann schießen und von einem Gegner, der aufgibt, ablassen.

5.) Du sollst keine Beleidigung aussprechen, ohne mit ernsteren Konsequenzen zu rechnen.

6.) Du sollst nicht undankbar sein.

7.) Du sollst dich verteidigen, wann immer Selbstverteidigung notwendig ist. Dabei spielt dein Leben keine Rolle, wichtig allein ist deine Ehre und Selbstachtung.

8.) Du sollst keinem etwas wegnehmen, was dir nicht gehört.

9.) Du sollst hilfsbereit sein, den Schwachen und Frauen beistehen und sie gegen alles und jedermann verteidigen und nicht dulden, daß ihnen auch nur ein Haar gekrümmt werde.

10.) Solange niemand deine Hilfe verlangt oder erwartet, kümmere dich um dich selbst.

Diese edlen Vorhalten entsprechen in etwa, unter Berücksichtigung der geographisch bedingten Abweichungen, „Die zehn Gebote für Bergsteiger" (Louis Trenker), hier in sehr stark gekürzter Form:

1.) Du sollst keine Bergfahrt unternehmen, der du nicht gewachsen bist!

2.) Du sollst jede Bergfahrt mit Kopf und Hand sorgfältig vorbereiten!

3.) Du sollst in den Bergen deine Erziehung und Bildung nicht vergessen!

4.) Du sollst die Gegend, die du durchwanderst, nicht verunehren mit Abfällen!

5.) Du sollst die Bergkameradschaft in hohen Ehren halten!

6.) Du sollst die Schutzhütte würdigen, als wäre es dein Haus und Heim!

7.) Du sollst nicht stehlen!

8.) Du sollst nicht lügen, prahlen, aufschneiden!

9.) Du sollst die Ehre deines Vereins wahren!

10.) Du sollst die Berge nicht durch Rekordsucht entweihen. Du sollst ihre Seele suchen!

Besser läßt sich kaum sagen, daß auch Bergsteiger keine besseren Menschen sind als andere, und daß sie eher Unstimmigkeiten unter den Teppich kehren, denn als Netzbeschmutzer in schlechten Ruf unter ihresgleichen zu geraten. Das Weiße in ihren Augen zeigen sie nie.

„Die Besiedlungsgrenze (Nordamerikas) ist so aufgebrochen worden, daß man kaum noch von einer Grenzlinie sprechen kann ... der Mensch verwandelt nach und nach die Wildnis ... aus alledem verdankt der amerikanische Geist seine bestimmenden Charakteristika: Das Rauhe und Kräftige kombiniert mit dem Genauen und Wißbegierigen; die einfallsreiche, praktische Beweglichkeit; die meisterhafte Beherrschung materieller Dinge; die ruhelose, nervöse Energie, der dominierende Individualismus..." Das sagte Frederic Jackson Turner, ein junger Historiker, als Festredner vor der amerikanischen Historischen Gesellschaft im Rahmen einer Veranstaltung der Weltausstellung 1893 in Chicago. Seine Charakteristika lassen sich getrost auf die Wegbereiter der ersten Erschließungsphase in den alpenländischen Hochgebirgen übertragen.

War es purer oder schicksalshafter Zufall, daß zwei Kunstmaler und Alpinisten aus München zu dieser Weltausstellung mit einem Riesenpanorama — 14 Meter lang, 7 Meter hoch — und einem in Einzelteile zerlegten Tiroler Haus über den Pazifischen Ozean in die Neue Welt reisten, um das alte Europa und seine Alpen vorzustellen?

In der Chicago Daily Tribune fand das Arrangement von Hans Beat Wieland und Zeno Diemer — nämlich das Tiroler Haus mit einer Jodler-Gruppe zur Eröffnung vor ihrem Ötztaler Panorama — lobende Erwähnung, wobei das Journal die ‚remarkably fine painting', die bemerkenswert schöne Malerei eingehend würdigte. Mit ihrem Superbild versetzten sie die Amerikaner in den Stand, von der Braunschweiger Hütte aus, 2759 Meter hoch, ohne Blitz, Donner und Lawinen, ungestört die Pitztaler Gletscher, umschlossen von Ferner Kogel und Wildspitze, zu betrachten.

Das Klassenfoto

Dieses Kapitel belegt mit
Zahlen, wie Warnsdorfer aus
Nordböhmen den Wohlstand des
Tauerndorfes Krimml an der
Gerlos-Straße begründeten. Und
wir lernen die fleißigen
„Töchter" Zittau, Reichenberg,
Haida, Karlsbad und Gablonz
kennen.

Der sonnengebräunte Mann nahm einen kräftigen Schluck und setzte sein Glas behutsam auf den Tisch zurück. Trotz seiner gut 70 Jahre wirkte Ernst Röhrl, mit schlohweißem Haar, jugendlich. Er blickte nachdenklich aus dem Fenster. „So lange kenne ich das alles hier noch gar nicht", sagte er.

Ein herrlicher Tag. Der Gletscher unter der Dreiherren-Spitze blendete fast schmerzend. Über den Firngraten war der Himmel tiefblau. „Dazu sagt man wohl Postkartenwetter", meinte er und zog die Übergardine etwas zusammen. „Daß ich jetzt hier sitze, habe ich unserer Zeitung zu verdanken, die heißt ‚Unser Niederland', so wie die Gegend, aus der ich stamme: der nördlichste Zipfel Böhmens mit den Bezirken Schluckenau, Rumburg und Warnsdorf. Ich schlage also eines Tages die Zeitung auf und bin direkt erschrocken. Denn was sehe ich? Mein Klassenfoto von 1929 aus der Warnsdorfer Bürgerschule, das ich die ganzen Jahre hindurch wie einen Schatz gehütet habe; und ich natürlich mittendrin!"

Der Warnsdorfer lachte. „Nun stellen Sie sich mal diese Überraschung vor! Ich habe immer geglaubt, alle aus meiner Klasse sind tot. Da gab es also noch einen, der genau wie ich dieses Bild seit der Aussiedlung mit sich herumtrug und nach so vielen Jahren — das war 1983 — den Versuch machte, alte Freunde wiederzufinden. ‚Schulausflug der 3. Klasse in den Heinrich-Lumpe-Park in Aussig. Wer sich auf dem Bild erkennt, melde sich bitte bei Robert Wenzel', das stand drunter. Natürlich habe

115

Schulausflug der dritten Klasse 1929 in den Heinrich-Lumpe-Park von Aussig, ein Foto, das Ernst Röhrl wieder mit Kameraden aus der Warnsdorfer Bürgerschule zusammenbrachte.

ich das sofort getan: ich war der einzige! Aber noch einen gibt es von damals, den Willibald Weitzenberger. Der ist auch hier." Er wies aus dem Fenster: „Der vertritt sich draußen die Beine..."

Mit diesem Willibald begann Ernst Röhrls spätes Leben als Bergsteiger. In „Unser Niederland" las er nämlich auch, daß es in den Krimmler Tauern eine Warnsdorfer Hütte gibt. Davon hatte er bis dahin nichts gewußt. Bei nächster Gelegenheit fuhr er in den Oberpinzgau und stieg hinauf. Und da traf er zufällig Weitzenberger, auch Bürgerschüler, nur ein biß-chen älter. Sie beschlossen, ihre Treffen künftig als Rentner-Club unter die Dreiherren-Spitze an der Gerlosstraße zu verlegen, ohne Robert Wenzel leider, weil der nicht mehr so fit ist wie die beiden alten Kamera-den...

Weitzenberger gehörte schon als junger Bursche zum Alpenverein. Er kannte die Gegend um Krimml herum wie seine Westentasche, hatte man ihm doch bis zu Kriegsbeginn die Aufsicht über eine der vier Hütten der Warnsdorfer übertragen. Nach dem Krieg landete er als Ex-Soldat ohne Blessuren in Berchtesgaden.

Röhrl dagegen blieb nichts erspart. Seinen Vater hatten plündernde Polen unmittelbar nach der Kapitulation erschossen, wenige Tage da-nach kam er nach Hause. „Ich war Augenzeuge von allem, was dort ge-schah, bis meine Mutter und ich und viele andere im Jahr darauf weg-transportiert wurden". Sie landeten in Beskow-Storkow bei Brandenburg und gelangten nur durch „Kopftausch" (so seinerzeit die amtliche Bezeichnung) nach Berlin, das heißt, sie durften für zwei Ausreisewillige in die Stadt ziehen. Dort konnte Röhrl endlich wieder in einer Druckerei als Maschinensetzer arbeiten.

Inzwischen kennt sich Rentner Röhrl in den Krimmler Tauern genausogut aus wie Weitzenberger, und er weiß auch, wie es in dieser gottverlassenen Gegend einst begann — nämlich mit dem Krimmler Tauernhaus anno 1437. Damals säumte man von Salzburg durch das Krimmler Achental, da ins felsige Windbachtal abzweigend, sechsmal ohne Brücken den Bach querend und über den Krimmler Tauern (2633 m) nach Tirol.

Die Warnsdorfer Familie Richter tauchte erst 1887 auf, im Gefolge des Sektionsgründers Friedrich Ernst Berger, der mit Erfindungsreichtum (er baute das erste Elektrizitätswerk in k. u. k. Österreich), Organisationstalent und dem böhmischen Verein die Weichen für die Zukunft des Dorfes stellte und bald zur Einweihung der Warnsdorfer Hütte im hinteren Krimmler Achental einlud.

Das war gerade, als man sich erschauernd die Geschichte von einer Eisleiche erzählte, die — 1891 — aus einem Gletscher gespült und von einem Bergführer gefunden wurde. Der Mann muß vor Jahrzehnten in eine Spalte gefallen sein. Daß er ein Vermögen in seiner Joppe bei sich trug, machte die Sache noch rätselhafter.

Auf die Eröffnungsfeierlichkeiten fiel ein Schatten, weil ein Träger aus dem Tauernhaus sich erdreistete, unter den Augen der Festgesellschaft so profane Sachen wie Kleiderhaken und Holzschrauben zu stehlen, ohne jedoch Gläser, Wein und Pilsener Bier zu verschmähen. Er wurde dafür vom Bezirksgericht Mittersill zu zwei Monaten strengsten Arrestes mit einem Fastentag pro Woche verurteilt.

Da hatte Anton Richter, Chef des Textilwerkes Ignaz Richter & Söhne aus Niedergrund bei Warnsdorf schon beschlossen, dieses Krimml zum Aufenthaltsort für die schönste Zeit des Jahres zu machen. Bei dem Großindustriellen standen 1200 Menschen in Arbeit und Brot. Ein tiefschwarz gefärbter Samt und Waschcord begründeten seinen Erfolg; beides war über Europa hinaus gefragt.

Richter ließ sich zu Bergers Stellvertreter wählen und ging alsbald daran, privat ein Haus unter der Reichenspitze zu bauen; einer ihrer Vorgipfel trägt seinen Namen. Die Eröffnung der Richter-Hütte gestaltete sich, wie nicht anders zu erwarten, zu einem Prominenten-Ereignis, und wenn Friedrich Berger erklärte, daß ‚in dieser festlichen Stunde ein Sandkorn culturgeschichtlicher Entwicklung rolle', so bewies er damit fast seherische Qualitäten. Denn Krimml gedieh unter ihnen:

Auf Anton, des Textilgründers Ignaz Sohn, folgte in dritter Generation Richard, und in vierter Walter, der um keinen Preis das väterliche Unternehmen in der Heimat verlassen wollte und 1946 trotzdem wie seine Landsleute mit 50 kg Gepäck per Eisenbahnwaggon in eine ungewisse Zukunft abgeschoben wurde.

Die Richters landeten schließlich als Vertriebene in Krimml. Da mußten sie keine Herberge suchen, denn die Villa Maria, der Sommersitz von Großvater Anton, nahm sie auf. Die fünfte Richter-Generation, Hans, wuchs im Dorf auf und wurde ein Krimmler, für immer.

Bis auf Ignaz, der zu einer Zeit wohlhabend wurde, als die noble Gesellschaft noch nicht in den Bergen das höchste Glück suchte, haben alle Richter-Generationen mit Engagement und Geschick die Sache des Vereins und des Tauerndorfes zu ihrer Herzensangelegenheit gemacht. Nirgendwo sonst haben Alpinisten und ein Familien-Clan um die Jahrhundertwende ein Gemeinwesen so nachhaltig geprägt und zum Aufblühen gebracht wie in Krimml.

Anton erwarb Grundbesitz, Richard ließ eine Wasserleitung und ein kleines Kraftwerk bauen, das seine Energie aus der Krimmler Ache bezog und immer noch funktioniert; er wurde Ehrenbürger von Krimml.

Es blieb nicht aus, das sich Neider zu Wort meldeten und hämisch verbreiteten, die Böhmen schalteten und walteten wie Feudalherren. Die Gemeindeväter focht dieses Gerede jedoch nicht an. Sie wußten allzu genau, daß nur der liebe Gott die Warnsdorfer mit der böhmischen Textil-Dynastie geschickt haben konnte.

Erste Richter-Hütte, 1895 von einer Staublawine zerstört

118

Zweite Richter-Hütte mit Kegelbahn, 1917 durch Lawine zerstört

Dritte Richter-Hütte (2374 m), Einweihung 1928

Ein ungeheures Wegebau-Programm lief an. Gern ließ sich der spendable Industrielle von Freund Johann Stüdl aus Prag für das Arbeitsgebiet der Warnsdorfer beraten.

Seine eigene Hütte bereitete ihm jedoch Kummer und Kosten. Der erste Versuch schlug fehl; eine Staublawine zerdrückte das Werk vor der Vollendung. 1897 lud der Bauherr schließlich auf die Anton-Franz-Richter-Hütte ein, mit Festessen und bengalischer Beleuchtung des Rambachgletschers und der Reichenspitzgruppe. Sie stehe jedem Bergsteiger offen, und alle Reinerträge sollen alpinen Zwecken dienen, ließ er wissen.

Als Wirte verpflichtete er Maria und Johann Unterwurzacher, einen Schuhmacher, der auch als Ostalpenführer gefragt war. Zusätzlich beaufsichtige der Meister die Warnsdorfer Hütte und 68 Kilometer Sektionswege! Ihm folgten 30 Jahre lang Sohn Karajan — der es schon zum Oberlehrer gebracht hatte — mit Frau Christine als Chefin, wie uns Enkel Erwin Unterwurzacher in Krimml nicht ohne Stolz erzählte.

Diese zweite Richter-Hütte besaß Seltenheitswert: Richter ließ zum Gaudium seiner Gäste eine Kegelbahn anbauen und innen durchweg mit Samt ausschlagen. Mitten im Ersten Weltkrieg blieb nach einem orkanartigen Wirbelsturm nur noch ein Trümmerhaufen von allen Gebäuden zurück. Ende der 20er Jahre lud sein Sohn Richard zur Eröffnung der dritten ein. Die hat bis heute gehalten. Der Clan hat sie nach dem letzten Krieg den „Bergfreunden Rheydt" übergeben. Die Leute vom Niederrhein sind mit den Krimmlern inzwischen ein Herz und eine Seele und haben in ihrer Heimatstadt eine „Krimmler Straße" von den Behörden genehmigt bekommen...

Folgten zu Anfang des neuen Jahrhunderts die Schutzhäuser Nummer drei und vier: Zittauer und Neugersdorfer Hütte. Die letzte fiel an Italien, wurde Zollhaus und nach 1945 ausgeplündert und verwüstet. Nur die Grundmauern blieben übrig. Aber kürzlich bauten die Zollbehörden das Haus als Grenzstation wieder auf. Vier Hütten und 68 Kilometer „klassische" Wege — heute vielbegangene Tourenpfade: das allein hätte genügt, um den Talort bekannt zu machen. Doch da gab es ja noch die wilde, endlos in Kaskaden herabschießende Ache, den Krimmler Wasserfall, der mit seiner elementaren Wucht den Einheimischen einst Furcht einflößte.

Der alte Tauernweg hinüber nach Tirol umging ihn seitlich bis zum Schönanger, wo heute ein Gasthaus steht. Erst als man sich für Naturschauspiele zu interessieren begann, gab es zaghafte Versuche, einen Steig direkt am Wasser entlang anzulegen. Ähnlich wie am Berchtesgadener Königssee der „Malerwinkel", entstand 1835 im unteren Teil die „Gloriette", ein Häuschen zum geruhsamen Betrachten und Zeichnen der schaumig niederspritzenden Wassermassen.

Drei Jahrzehnte später wurde erstmals der ehrgeizige Plan diskutiert, die

Die Neugersdorfer Hütte (2600 m, bei der Eröffnung 1907) dient heute italienischen Zöllnern unter dem Krimmler Tauern, dem Truppenteil Vetta d'Italia

Krimmler Fälle auf ganzer Länge begehbar zu machen. Als Initiatoren traten Bergsteiger der Sektion Pinzgau auf. Sie erreichten die Bildung einer Kommission mit Delegierten des Salzburger Landtags, der Bezirkshauptmannschaft Zell am See, der k. u. k. Forstbehörden und der anliegenden Gemeinden. Die errechneten Kosten dämpften nachhaltig den Elan aller Beteiligten.

Schließlich griff der Alpenverein ein und nahm die Trassierung in Angriff. Das Projekt wurde lediglich vom Herzogtum Salzburg mit einem Zuschuß wohlwollend gefördert und trotz aller Schwierigkeiten zu einem Ende gebracht. Dieser steile Gang neben dem sprühenden Wasser war aber nur schmal und häufig unterspült. Seine Unterhaltung kostete Zeit und Geld. Irgendwann ließ man ihn liegen.

Bis die Warnsdorfer auftauchten. Fall und Weg gehörten nun zu ihrem Arbeitsgebiet. Den Böhmen war klar, daß etwas geschehen muß. Ohne Verzug ließen Friedrich Ernst Berger und sein Vize Anton Richter Pläne für die Sanierung ausarbeiten. Dabei stellte sich heraus, daß nur eine andere Trasse, ein „Neubau", die Sache auf Dauer sicher machen könne. So entstand ein 4 $\frac{1}{2}$ Kilometer langer, drei bis vier Meter breiter und mit Schotter befestigter Weg der Superlative für die horrende Summe von 20 000 Kronen. Bis einschließlich 1911 gaben die Vereinsleute zusätzlich summa summarum 130 000 Kronen aus.

Abgesehen von Ausbesserungen hat der von Warnsdorfern erbaute

121

„Krimmler Wasserfallweg" seit 1901 acht Jahrzehnte überdauert — bis Ende August 1987, als nach tagelangen Regenfällen Schlammlawinen und Wasserstürze in den Alpen — am katastrophalsten im Veltlin — fürchterliche Schäden anrichteten und ,wie im Ötztal, sogar Tote zu beklagen waren. Auch die Krimmler Ache geriet außer Rand und Band, zerstörte die erst drei Jahre zuvor ins Achental gebaute asphaltierte Straße auf hunderte von Metern und unterbrach am Wasserfall die Weganlage, die teilweise bis auf den nackten Fels fortgerissen wurde. Es entstand ein Schaden von mehr als drei Millionen Schillinge, etwa 465 000 Deutsche Mark, die von den Alpinisten aufgebracht werden mußten. Dieser Wasserfall ist einer der höchsten, wenn nicht der höchste der Welt. Die Natur hat ihn dreistufig entstehen lassen. 140 Meter rauscht die Ache über die oberste, noch einmal 100 über die zweite, und der untere Achenfall, die dritte, überwindet noch einmal 140 Höhenmeter, das sind knapp 400 Meter Fallinie! Der Europarat nahm ihn unter seine Fittiche und verlieh ihm das „Europäische Naturschutzdiplom". Diese Auszeichnung ist mit der Auflage verbunden — in diesem Fall für das österreichische Bundesland Salzburg — der Naturerscheinung ,den bestmöglichsten Schutz im Interesse der Bevölkerung, der Naturschönheit und der Wissenschaft zu gewährleisten'.

Das war auch nötig! Trotz aller Schutzmaßnahmen, z. B. der Erhebung des Achentals zum Landschaftsschutzgebiet und der Wasserspiele zum Naturdenkmal, wurde hier und da ernsthaft darüber verhandelt, die Ache und ihre 16 Gletscherzuflüsse — mit genau errechneten 180 Millionen Kubikmetern Wasser — in einem See mit der „Nutzhöhe" von 400 Metern zur Stromerzeugung zu speichern. Erst 1982 schob der Salzburger Landeshauptmann dem Bau eines Großkraftwerkes endgültig einen Riegel vor. Kurz danach verabschiedete der Landtag das Gesetz zur Errichtung des Nationalparkes Hohe Tauern.

*

Er stand vor der Mautstelle der Wasserfälle und las kritisch den Anschlag. „Acht Schillinge wollen die für den Spaziergang haben", murrte der kräftige Mann in schwarzer Ledermontur und blickte beifallsuchend um sich. Dann schlenderte er unschlüssig zum Vereinshaus der „Gruppe Warnsdorf im ÖAV"; da hingen bunte Schaubilder mit belehrenden Texten über Sinn und Zweck des Nationalparks Hohe Tauern. Was „Gruppe Warnsdorf" bedeutet, dafür gab es in dem schmucken Ausstellungsbüro jedoch keine Erklärung.

Bruno Jaskowski ärgerte sich. Er war mal eben mit seiner schweren BMW aus Spaß über den Gerlospaß gebraust und wollte sich zur Auffrischung diesen berühmten Wasserfallweg anschauen, erzählte er. Ein Flugzeugmechaniker in flexibler Rente mit sehr viel Zeit. „Das sind ja eine Mark für den Eintritt, das ist ja Nepp", raunzte er und strich sich durch das volle, weiße Haar.

„Ja was meinen Sie, was die Erhaltung hier kostet", parierte die Kassiererin, als er schließlich doch ein Ticket löste. „Im Winter meterhoher Schnee und totale Vereisung, oder nach Unwettern jede Menge Geröll. Und Sie sollten mal die Bananenschalen zählen jeden Abend! Das muß doch immer wieder weggeräumt werden!"

Das sah der Mann aus Oberbayern ein. Brummend reihte er sich in den Strom luftig gekleideter Urlauber aus aller Welt ein. An den Aussichtspunkten herrschte babylonisches Sprachengewirr. Gelegentlich hörte man spitze Schreie; dann war wieder eine von der Sonne in Spektralfarben getauchte Sprühfahne auf die schwatzenden Schaulustigen niedergerieselt. An guten Tagen kommen 9000 — mal mehr, mal weniger.

Die Krimmler Wasserfälle und der Warnsdorfer Weg verbuchen Rekordzahlen. 1912 kamen 11 000 Fremde. 1960, kurz vor der Eröffnung der Gerlosstraße, zählte man 163 800 Besucher, 1977 waren es 493 800 und 1985 „nur" 419 000. Manchmal spielt das Wetter nicht mit. Das macht sich in der Bilanz sofort spürbar bemerkbar.

Kein Grund, übermütig zu werden; was von den Einnahmen bleibt, stecken die Vereinsleute nach dem Vorbild der Berger und Richter (denen man Denkmale aufgestellt hat) in die Erhaltung der Anlage und in Löhne fürs Personal, das den Betrieb in Fluß hält. Die meisten Planstellen besetzen Müllsammler und Ausbesserer. Sie leben vom Wasserfallweg. Auch die Gemeinde lebt hauptsächlich von dem, was ihnen der Mautweg und die Tagesgäste bringen. Kehrseite der Medaille — es kommen weniger Langzeiturlauber, aber das gleicht sich aus: 1983 stammten 44,3 % der gemeindlichen Steuereinnahmen aus dem Verkauf von Speiseeis und Getränken. Ja, der schöne Wasserfall und die Sudetendeutschen haben Krimml zum Aufblühen gebracht . . .

Nach der Aussiedlung trafen sich einige von ihnen in Krimml wieder. Als „Ableger" der traditionsreichen Sektion Oberpinzgau erstarkten sie unter dem Dach des Österreichischen Alpenvereins — mit einem zweiten Büro in München.

Sie nahmen ihre Berghäuser in Besitz und gaben ihnen die alten Namen zurück. Die Theodor-Harprecht-Hütte hieß nun wieder Warnsdorfer, und die Reichenspitz- wieder Zittauer Hütte. Man hatte sie nach Kriegsende umgetauft, und selbst in Wanderkarten so eingedruckt (freytag & berndt 324/1350). Das Leben begann sich zu normalisieren.

Einen Höhepunkt erlebten die alten Warnsdorfer und ihre neuen, auch österreichischen Mitglieder am hundertsten Tag ihrer Vereinsgründung im Sommer 1987 mit der Konstituierung als selbständige „Sektion Warnsdorf/Krimml". Der Oberpinzgauer Ferienort stand Kopf, zwei hochbetagte Enkel des Gründers Berger waren von weither angereist, ein Urenkel ist sowieso als stellvertretender Vorsitzender immer mit von der Partie. Selbst der stellvertretende Landeshauptmann von Salzburg, Dr. Hans Katschthaler, gab dem Fest die Ehre.

Scheint so, daß man sich dort hinter den sieben Bergen doch gelegentlich erinnert, was das Land den abenteuerlustigen Gentlemen mit dem dicken Portemonnaie und dem Tick für's Gebirge zu verdanken hat.

*

Der letzte Richter, der fünfte des Clans, seit Ignaz mit seinem böhmischen Textilwerk und schwarzem Samt Wohlstand und Ehre erwarb, wuchs in Krimml auf. Hans studierte Elektrotechnik. Das Projekt der Gerlosstraße gab seinen Lebenszielen jedoch eine andere Richtung. Er wurde Mechaniker und eröffnete als Meister eine Autowerkstatt. Das Unternehmen „Gerlos-Alpenstraße" brauchte Land aus dem Richter-Besitz, und so kam die Familie zu einer kleinen Beteiligung.

Hans Richter hat Sitz und Stimme im Gemeinderat. Auch kontrolliert er einige Souvenir-Läden. Natürlich hält er der Gruppe Warnsdorf die Treue, „aber Bergsteiger bin ich nicht", erzählt er und verspricht uns ein Bild von Urgroßvater Anton. „Wir haben nur eins, ein Gemälde in der Villa Maria. Ich lass' ein Foto machen..."

Er hat Wort gehalten. Das fanden wir nett.

Ernst Röhrl, der als Rentner mit dem Berggehen anfing, weil er in den Krimmler Tauern die Warnsdorfer Hütte fand, lebt nun in Bayern. Viele Bergsteiger, die das Schicksal von Ost nach West verschlug, landeten in den Bergen.

Einige blieben drüben, Fritz Hübner zum Beispiel. Er starb 89jährig daheim, im Riesengebirge. In den 20er Jahren war er Lehrwart für leichte und schwere Felskletterei, Sicherung und Seiltechnik der „hochalpinen" Vereinsjugend. Als Rentner durfte er die Bergfreunde von früher hier im Westen hin und wieder besuchen.

Sie widmeten ihm einen traurigen Nachruf.

*

Eines Tages, während wir im Ötztal, in den Tauern, im Stubai und in Südtirol nach Spuren der einstigen Alpen-Kolonisten suchten, setzten wir uns zu einer Kaffeepause in den „Schwarzen Adler" von Sillian, kurz vor der italienischen Grenze. Ein freundliches Gastzimmer, schmucke Bedienung, guter Cappuccino. Etwas abseits ein Stammtisch mit Edelweißwimpeln, an der Wand ein Foto von der alten Reichenberger Hütte an der Corda di Lago bei Cortina, darunter die Neue Reichenberger Hütte in den Deferegger Alpen. Sowas!

Die Chefin setzte sich an unseren Tisch. „Da gibt es gar nicht viel zu erklären", sagte sie, „ich bin noch in Böhmen, in Reichenberg geboren und habe nach der Aussiedlung hierher geheiratet". Sie lachte. „Sowas spricht sich unter uns Sudetendeutschen herum. Der Adler ist Treffpunkt meiner Landsleute geworden, auch der Bergsteiger. Die haben ja nach dem Krieg im Österreichischen Alpenverein eine neue Sektion gebildet..."

Ähnliches erlebten wir schon einmal, in Gmünd, dem historischen Städtchen im Kärntner Liesertal am Abzweig zum Maltatal. Dort lasen wir überrascht ein altmodisches Schild mit der Aufschrift: „Einkehr des Alpenvereins — Osnabrück, Gießen, Oberhessen und Kattowitz". Im Hotel hörten wir, daß früher die Kattowitzer nach langer Reise erst im „Kohlmayr" abstiegen, bevor sie sich auf den Weg zu ihrer Hütte machten, und daß sich einige alte Kattowitzer hier ab und zu treffen.

Die Reichenberger Hütte (2066 m) bei Cortina d'Ampezzo von 1905 heißt jetzt „Rifugio Croda da Lago"

Nicht nur die Breslauer und Prager, auch die Warnsdorfer hatten viele „Töchter". Eine Gruppe aus Zittau gehörte dazu, und 1893 machte sich eine, die Reichenberger, selbständig. In den Ampezzaner Dolomiten schufen sie sich eine romantische Bleibe, direkt am See. ‚Wir haben einen Kahn bereitgestellt für Spazierfahrten auf dem herrlichen Lago Federa', meldeten sie stolz der Vereinszentrale. ‚Unsere Wirtschafterin Serafina Lacedelli spricht deutsch, englisch und italienisch.' Damit schossen sie auf dem gastronomischen Sektor den Vogel ab.

1915 schrieb ihnen ein Kaiserjäger aus dem Feld, daß ihr Haus zusammengeschossen sei ebenso wie in Cortina der Campanile, das Café „Sport" und viele Hotels. Aber nach Kriegsende verloren sie ihren „Schatz" ja sowieso. Mit ihrem Ersatz-Neubau in Österreich gerieten sie in die Inflation. Heute zahlen sich die Opfer für die Neue Reichenberger Hütte am Boden-See über dem Umbaltal aus — nicht nur finanziell...

Haida, heute „Novy Bor", löste sich noch früher von Mutter Prag, brachte es aber nie zu einer eigenen Niederlassung. Den in Aussicht genommenen Hüttenplatz im Maurertal am Venediger bekamen andere. Da hatten die Leute aus Asch mehr Glück. Sie nabelten sich als erste von der Stüdl-Gruppe ab und bauten zunächst das Hainberg-Haus zu Hause im Elstergebirge. Erst zur Jahrhundertwende eröffneten sie die Ascher Hütte auf dem Rotbleisskopf im Tiroler Paznauntal, die sie nach den spektakulären Enteignungs- und Rückgewinnungszeiten nun wieder als deutsche Sektion in eigener Regie betreiben können.

Gablonz war eine der jüngsten Abtrünnigen. Ihr Haus bauten sie 1934 als Staatsbürger der CSR auf die Zwieselalm bei Gosau im Dachsteingebiet. Bis sie im Urlaub dort ankamen, brauchten sie, einschließlich der Bahnfahrt über Prag und Linz, 24 Stunden. Zur Einweihung stiftete ihnen die Sektion Preßburg das Mobiliar und was dazugehört für ein „Preßburger Zimmer".

Die Vertriebenen aus der nördlichsten Ecke des Sudetenlandes erwarben sich bald großen Respekt. Gelang es ihnen doch, in der Bundesrepublik ihre Glas- und Schmuckwaren-Produktion wieder aufzunehmen und im Allgäu die „Schmuckstadt Neugablonz" zu gründen. Eine andere Aussiedlergruppe wurde in Enns, Oberösterreich, heimisch. So entstanden zwei Gablonzer Sektionen, eine „Neugablonz" im OeAV, in Kaufbeuren die andere im DAV, jede mit einer Haushälfte. Das führte zu Streitigkeiten, die erst ein Schiedsgericht beider Zentralen schlichtete.

Schließlich Karlsbad, die prächtigste Prager Tochter, deren Mentor Höller noch unter Johann Stüdl so viel für das Matscher Tal im Vinschgau getan hatte. Sie machte sich 1902 selbständig und konzentrierte sich erst einmal auf die südlichen Randgebiete des Erzgebirges, mit einem Auskunftsbüro in ihrer Geschäftsstelle bei Schöttner & Seidl am Marktplatz. Da wurden Besucher von auswärts beraten, die den Kuraufenthalt mit den 16 Karlsbader Heilquellen auch als Wanderer genießen wollten — Wald und Berge, wenn auch nicht so hohe, gab es da ja genug.

Ihren Einstand gab die Gruppe mit dem Erwerb der Leitmeritzer Hütte bei Lienz, in den „Unholden", wie man früher die Lienzer Dolomiten respektvoll nannte. In die einst bescheidene Notunterkunft wurde beträchtlich und mit Geschick investiert; als Chef der Sektion und Sparkassendirektor wußte Karl Schöttner, wie man das macht. Er hat als alter Herr die Aussiedlung noch erlebt und starb kurz danach in Bamberg.

Nach einem Gastspiel als Gruppe Karlsbad im österreichischen Lienz sorgten ein paar Getreue aus der guten, alten Zeit dafür, daß sie ihren amtlich registrierten Sitz in der Bundesrepublik nahm und die enteignete „Karlsbader Hütte" in den Unholden wieder zurückbekam. Damit entfiel endgültig der Anspruch des „Sokol Karlovy Vary", der in der „entdeutschten" CSSR als Rechtsnachfolger der Sektion auftrat.

Der vierte Stamm

Nun informieren wir über
gewisse Tabus, betreiben ein
wenig Heimatkunde und
zitieren den Bürgermeister von
Sterzning, der 1898 den
Teplitzern bescheinigte, daß sie
dem Alpenland Tirol
Wohlstand und Aufblühen
zufuhrten. Ausßerdem kommen
allerlei Leute, zum Beispiel aus
Eger, Aussig, Troppau und
Brünn, vor.

In Alpinisten-Kreisen gibt es Tabus. Dazu gehören nach Trenkers Berg-
steiger-Geboten:

„... sich nicht mit den Fingern zu schneuzen und was dergleichen Wild-
westgewohnheiten sind", „... an Wegen und Gipfeln nicht Nackt- und
Halbnacktkultur zu treiben", und „... in Stiefeln nicht auf Lagerstätten
zu steigen". Außerdem sei in der Hütte kein Platz für ein liebend Paar.
Nun ja, zu seiner Zeit waren Buben und Maderln nachts nach dem Geschlecht in Extra-Schlafräumen für Damen und Herren sortiert.

Nicht von diesen Tabus soll die Rede sein. Sie sind vergleichsweise harm-
los, wenn nicht komisch.

Von Politik wird die Rede sein. Und das tut — in Alpinisten-Kreisen —
weh. Wer gegen das Politik-Tabu verstößt, macht sich verdächtig und
stört die Harmonie. Oder stößt Dinge an, die nicht wieder aufgerührt
werden sollten und überflüssigerweise zu Polemiken führen. Nur dumm,
daß die aufgeweckte, „grüne" Generation sich nicht an dergleichen still-
schweigend akzeptierte Spielregeln hält.

Warum sollte sie auch? Sie ist in der Überflußgesellschaft geboren oder
groß geworden, und sie betreibt im wesentlichen Nabelbeschau, um sich
selbst zu finden oder sich zu verwirklichen. Ihr Problem ist vor allem,
daß sie für alte Werte, die sie kitschig findet, keinen wertgleichen Ersatz

hat. Auch daß sie nicht gefordert wurden, macht vielen jungen Leuten zu schaffen. Das allerdings ist anders seit Anfang der 80er Jahre. Lehrstellenmangel, Numerus clausus, Akademiker-Arbeitslosigkeit und düstere Zukunftsaussichten wegen der Überalterung unserer Gesellschaft sind es, womit unsere Kinder und Enkel fertigwerden müssen.

Daß ihre Ahnungslosigkeit sie häufig zu verletzenden Urteilen hinreißt, wenn die Vergangenheit ihrer Eltern und Großeltern im 1000jährigen Reich zur Debatte steht, darf man ihnen nicht anlasten. Woher sollten sie die Erfahrung nehmen, sich gerecht und sachkundig zu äußern.

Für sie sind Versailles und der Vertrag von St. Germain mit dem Verlust Südtirols und der Abspaltung aller böhmisch-mährischen Gebiete nach dem Ersten Weltkrieg — wenn überhaupt — Geschichtszahlen. Aber die Bergsteiger-Generation von damals hat diesen Schock nie verwunden. Noch hält sie die Zügel des knapp halbmillionen Köpfe starken Vereins in der Hand. Ihre gewählten Leitfiguren sind ehrenamtlich tätig, das heißt, sie sind häufig in einem Alter, in dem man sich beruflich oder als Pensionist diesen Luxus leisten darf.

Auch können die Führungsspitzen und ihr engagierter Unterbau jene peinlichen Auseinandersetzungen um die Einführung des „Arierparagraphen" Mitte der 20er Jahre nicht bewältigen. Seinerzeit wurden Juden aufgefordert, den Verein zu verlassen, weil nur so der unpolitische Status des DuOeAV gewährleistet sei. Daraufhin gründeten diese ausgestoßenen Mitglieder in Wien den „Alpenverein Donauland e. V.", und in der Hauptstadt an der Spree den „Deutschen Alpenverein Berlin e. V.", der sich 1934 auf Druck von oben nur noch „Verein der Alpenfreunde e. V." nennen durfte, bis hier wie da die Endlösung alle Diskussionen überflüssig machte.

Die Selbstdarstellung des Alpenvereins in der Umklammerung von nationalsozialistischen Organisationen blieb ebenso ein unbewältigter Alptraum.

Warum eigentlich sollte es im „alpinen" Bereich anders zugegangen sein als im Gesamtdeutschland? Man kann dieser Institution nur wünschen, daß sie sich mutig zu ihren braun eingefärbten Jahren bekennt. Nur damit erwirbt sie sich den Respekt ihrer Jugend. Als Randnotiz sei an den führenden Nazi-Bergsteiger Bauer erinnert, der dafür sorgte, daß der DuOeAV nicht in der Hitlerjugend oder ähnlichen Bünden aufging und ihm eine gewisse Eigenständigkeit erhalten blieb.

Bekennen sollten die Betroffenen auch, wie die Begeisterung des „Bergsteiger"-Autors Kauschka ihren Nerv traf:

‚Das Jahr 1938 wird als das Jahr der Befreiung in die Geschichte des Deutschen Reiches eingehen. Der Führer hat sein Wort eingelöst und die zehn Millionen deutscher Volksgenossen an den Grenzen des Altreiches heimgeholt ins Mutterland. So fiel im März dieses Jahres die Ostmark dem Reiche zu, und so wurde in den vergangenen Oktobertagen auch das sudetendeutsche Land, 25 000 Geviertkilometer geschlossenen deutschen Sprachgebietes mit mehr als drei Millionen Menschen, Großdeutschland als neuer Gau einverleibt.'

Was dann kam, riß Wunden, die — wenn überhaupt — nur die Zeit heilen kann und die Geschichte der Bundesrepublik begleiten werden.

Die Sudetendeutschen verschlug es in alle Welt. Die meisten kamen nach Bayern, 100 000 leben allein in München. Hier gab man ihnen als „viertem Stamm" — neben Altbayern, Franken und Schwaben — Heimatrecht und ein stattliches Sudetendeutsches Haus.

Wir haben in den vorangegangenen Kapiteln von Prag, Asch, von Warnsdorf, Haida, Reichenberg, Karlsbad und Gablonz mit wechselnden geographischen Standort-Bezeichnungen erzählt. Wer drüben zu Hause war oder sich mit neuerer deutscher Geschichte befaßt, wird sich zurechtfinden. Für die anderen sei der Hinweis erlaubt, daß Böhmen (westlich) und Mähren (östlich) bis 1918 zum alten Österreich gehörten und mit der Slowakei damals als erste Republik CSR zusammengefaßt wurden. Die Randzonen dieses Territoriums — im Halbkreis jetzt westlich an Bayern, nördlich an die DDR und östlich an Schlesien bzw. Polen anstoßend — sind das „Sudetenland" im einzelnen Südmähren, Südböhmen, Westböhmen, Egerland, Nordböhmen und Nordmähren mit Sudeten-Schlesien — die 1938 „heimkehrten". Der Rest wurde Protektorat Böhmen und Mähren mit dem Schutzstaat Slowakei; und nach der Kapitulation 1945 die neue „Volksdemokratie CSSR".

Zum Abschluß dieses Griffes in die Geschichte sei auf das Wiesbadener Abkommen zwischen dem Tschechischen Nationalausschuß und der Arbeitsgemeinschaft zur Wahrung sudetendeutscher Interessen von August 1950 hingewiesen, wonach beide Parteien (unter anderem) eine demokratische Ordnung der Verhältnisse im böhmisch-mährisch-schlesischen Raum als einen Teil des Kampfes für ein einheitliches Europa betrachten. Der Nationalausschuß hatte seinen Sitz in London — leider. Insofern wünscht man diesem Abkommen in ferner Zukunft auch kontinentale Prager Präsenz.

Fast datumgleich wurde die „Charta der Heimatvertriebenen" mit Verzichtserklärungen auf Rache und Gewalt veröffentlicht. Als „Botschaft des Friedens" feierte Bundesminister Zimmermann diese Charta am 35. Jahrestag ihrer Verabschiedung.

*

Wenn wir nun vom Entzücken eines Reginald Czermack aus Teplitz berichten, so wenden wir uns dem vergleichsweise friedlichen Jahr 1886 zu, als dieser Herr die Bergsteiger-Gruppe Teplitz-Nordböhmen gründete und im Sommer mit äußerstem Vergnügen durch die Lienzer Dolomiten wanderte. ‚Ganz wunderbar nimmt sich eine steile Spitze im Lasertz aus, die an drei Seiten pyramidenförmig aufgebaut ist und die Züge eines Riesenantlitzes trägt...‘ Beeindruckt vom Elan dieses Mannes, der den Bau der Leitmeritzer Hütte auf den Weg brachte (ab 1906 Karlsbader Hütte), beschlossen ansässige und auswärtige Freunde, das Riesenantlitz „Teplitzer Spitze" zu taufen, nicht zuletzt deshalb, weil die Badeanstalt Teplitz den Kopf des enthaupteten Johannes zum Wappenbild hat — vermerkt der Chronist. Wenn das kein Grund war!

Aber noch mehr hob 1886 aus dem gewöhnlichen Jahresablauf: König Ludwig II. von Bayern wurde seiner Würden ledig und ertrank bald danach im Starnberger See bei Schloß Berg; Gottlieb Wilhelm Daimler testete seine erste Motor-Kutsche, und Alpenliebhaber Friedrich Nietzsche veröffentlichte das Werk „Jenseits von Gut und Böse"; die New York Times rüstete eine (bei 2200 Höhenmetern kapitulierende) Expedition zum Mount St. Elias in Alaska aus, und Wilhelm Paulcke, der „Schneeprofessor", übte im Münchner Englischen Garten das Skilaufen.

Auch Reginald Czermack wollte mehr. Er zog von den Unholden bei Lienz weiter und entdeckte das Ridnaun in den Stubaier Alpen. Da wußte er sogleich, was zu tun sei: Er ließ den Nordböhmen dieses noch nicht ausgekundschaftete Revier unverzüglich von der Zentrale als Arbeitsgebiet zuteilen. In einem Handstreich ohnegleichen rollten sie die wenig zugängliche Urlandschaft, von Sterzing aus, durch das Ridnauntal bis zum Übeltalferner und unter den Wilden Freiger auf.

Eröffnung der ersten Teplitzer Hütte (2218 m) über dem Übeltalferner 1887

Erste Etappe: Bau und Einweihung der (ersten) Teplitzer Hütte über der Geröllzunge des Gletschers am Übeltalsee — mit den wegen der Pioniertat gebotenen Ehrungen und allerlei gespendeten Delikatessen. Aber die Freude währte nicht lange. In Teplitz traf die traurige Botschaft ein, daß 1888 eine Staublawine ihr schreckliches Werk getan habe. Der Chronist notierte:

‚Nicht umsonst tragen die Südabhänge zwischen dem Hangenden und Ebenen Ferner den Namen Ueble Thäler, denn schon am ersten Menschenwerke, das hier entstanden, haben sie ihren leidigen Namen nur zu sehr gerechtfertigt, da die so schöne und mit aller turistischen Bequemlichkeit, ja geradezu mit Eleganz ausgestattete Hütte heute ein Trümmerhaufen ist ...‘

Beeindruckt vom Schmerz seiner Gefährten, stiftete Theodor Grohmann an gleicher Stelle, nur etwas dichter an den Fels gestellt, die „Grohmann-Hütte" als Notunterkunft. Die steht nun schon seit 1889 unverändert am gleichen Platz, ein willkommener Rastplatz für die jetzt vom Sterzinger Fremdenverkehrsverband propagierte „Sieben-Seen-Tour".

Im gleichen Zug suchte man für die (zweite) Teplitzer Hütte einen besseren Platz und setzte sie sicherer auf eine Felsnase 300 Meter weiter hinauf. Die genügte bald nicht mehr den gehobenen Ansprüchen. Ein völlig neuer Bau, das (dritte) „Teplitzer Schutzhaus", entstand neben dem alten Gebäude. Der Bürgermeister von Sterzing unterzog sich der damals achtstündigen Wanderung ab Mareit, um bei der Einweihung 1898 präsent zu sein und sich in seiner Laudatio für die langjährigen Bemühungen um das Ridnauntal zu bedanken. Er würdigte ‚die großen Verdienste der Flachlandsektionen um das Alpenland Tirol, durch welche diesem Lande Wohlstand und Aufblühen zugeführt werde‘.

Flachlandsektionen — so wurden jene bezeichnet, die im Grunde wegen ihrer großen Entfernung von den Alpen wenig mit ihnen zu tun haben könnten. Gelegentlich war eine gewisse Geringschätzung, die dieser Kategorisierung beiwohnte, nicht zu überhören.

1909 schließlich war mit dem Erzherzog-Karl-Franz-Joseph-Schutzhaus unter dem Wilden Freiger — seit 1917 Kaiser-Karl-Hütte — das Werk vollendet. Ursprünglich hatte sich dort der Teplitzer Unternehmer Carl Müller privat niedergelassen. Seine Ridnauner Ödland-Spekulationen mit der Absicht, auch den Bechergipfel zu erwerben, kosteten ihn Sympathien; er gab den Grund und sein kleines Schutzhüttchen an die Sektion ab. Das neugebaute Haus ist heute als Müller- oder Pfaffennieder-Hütte bekannt.

Vielleicht findet der verehrte Leser diese Aufzählung von Häusern, Hütten und Notunterkünften ermüdend. Wie anders aber läßt sich aufzeigen, daß mit Kapital und Fleiß auch von sogenannten Flachlandsektionen zwischen Ost und West in guter Absicht unbewohnbares, wüstes Gebirge für Menschen zugänglich gemacht und Nebenerwerb, sogar neue Berufe für die bäuerliche Bevölkerung geschaffen wurden? Unnötig, nochmals ausführlich zu erwähnen, daß von allen Investitionen in Südtirol nichts blieb. Italienische Grenzbeamte zogen in die Berghäuser, fremde Namen wurden an die Türen genagelt, und die Sektion Teplitz-Nordböhmen als „Deutscher Alpenverein Leitmeritz" mit tschechischer Genehmigung neu gegründet.

*

Den anderen ging es nicht besser. Die Egerländer hatten sich die Pragser Dolomiten für ihren „Bergschatz" ausgesucht und von der Weidegemeinde Cortina d' Ampezzo 720 Quadratmeter Grund am Seekofel erworben. ‚Wir sind in die Reihe der praktisch arbeitenden Sektionen eingetreten und haben uns die Erschließung der herrlichen Pragser Dolomiten, besonders des vom Pragser Wildsees südöstlich gelagerten Kamms vom Seekofel bis einschließlich der Hohen Gaisl zur Aufgabe gemacht', erklärten die leitenden Herren stolz und entschlossen. Einweihung der Egerer Hütte 1907. Gut zehn Jahre später gehörte das Haus am Seekofel nicht mehr ihnen, sondern dem Italienischen Alpenclub. Bemerkenswert ist jedoch, daß sich das tschechische Außenministerium zum Sprecher des „Deutschen Alpenverein Eger und Egerland" machte und eine Entschädigungsforderung in Höhe von 35 000 Lire an den italienischen Staat weiterleitete. Ohne Ergebnis natürlich. Auch die Versuche der Alpinisten, danach woanders in den Alpen Fuß zu fassen, scheiterte. So konzentrierte man sich auf die engere Heimat und baute die Tillenberg-Schutzhütte im Böhmerwald. Erst 1937 kamen sie mit der Übernahme des Radstätter Hauses in der Dachstein-Gruppe zur eigenen, zur „Egerland-Hütte".

*

Friedrich Kaufmann stapfte durch den Laaser Bach, der an diesem 4. Mai 1901 reichlich Schmelzwasser führte, arbeitete sich am Steilhang zu den Marmorbrüchen empor und seufzte zufrieden, als er das Schäferhüttchen endlich erreicht hatte. Der Vinschgauer Wildaufseher machte es sich für die Brotzeit in der Frühlingssonne bequem. Dann nahm er das Glas vor die Augen. Sein Blick schweifte über Schafberg und hohen Angelus, bis er erschrocken einhielt: Von der Troppauer Hütte war nichts, aber auch rein gar nichts zu sehen! Daheim in Laas verständigte er sogleich den Tappeiner Franz, der als Bergführer jeden Sommer mit den Leuten aus Troppau zu tun hatte, und verabredete mit ihm für den nächsten Tag einen Erkundungsgang. Schon an der unteren Laaser Alm sahen sie, daß der Druck einer Lawine das

Dach bis ins Tal geweht hatte. Oben angekommen, überschauten sie das ganze Ausmaß der Zerstörung. Tappeiner meldete nach Schlesien: ‚Die Hütte ist völlig zerstört. Der Orkan hat die Trümmer auf die andere Seite des Tals geschleudert, die Mauer ist bis auf den Grund fortgefegt, nur einzelne Reste ragen über die drei Meter hohe Schneedecke empor. Die halbe Decke des Erdgeschosses ist noch erhalten, doch mit Schutt, Eis und Schnee zu einem Chaos zusammengefroren.'

Das war für die Oberschlesier ein harter Schlag. Drei Jahre erst, daß sie ihren Urlaubsstützpunkt in der Ortlergruppe eröffnet und 15 Jahre — seit sie die Gruppe Silesia, d. h. Schlesien, gründeten — eisern für den Hüttenfonds gespart und gespendet hatten.

Dabei fing alles so gut an. Die alpine Bewegung erreichte von Breslau aus über Mährisch-Ostrau ihre Stadt, und nach einem Aufruf in allen Tagesblättern fand sich ein respektables ‚Comité zur Constituierung' ihres Vereins zusammen. Mittels Erlasses und dem Zeichen 6458 segnete das k. u. k. Ministerium des Innern ihren Bund ab.

Nun lag die Troppauer Hütte in Trümmern, was tun? Zunächst wurde beschlossen, aus den Resten der Bausubstanz einen Notbehelf herzurichten. In den folgenden Jahren geriet er wieder zu einer passablen, bewirtschafteten Unterkunft.

Dem verehrten Leser wollen wir, mit der bereits formulierten Begründung, die folgenden Daten dieses Hauses nicht vorenthalten: 1908 — eine Lawine zerstört das solide Provisorium; 1910 — Einweihung eines Neubaus in besserer Position 50 Meter höher; 1919 — Totalschaden durch Lawine; Grundbesitz fällt an Italien; kein Neubau; Rest-Trümmer markieren jetzt noch den Hüttenplatz.

Kurz darauf wurde der Verband der Deutschen Alpenvereine im Tschechoslowakischen Staat gegründet. Die Männer von „Silesia" aus Sudeten-Schlesien schlossen sich ihm an. Ihr Elan war vergangen. Sie verzichteten auf einen neuen Stützpunkt in den Alpen.

*

Während gegen Ende des vergangenen Jahrhunderts überall, wo Natur- und Alpenfreunde sich dem Deutschen und Österreichischen Alpenverein anschlossen, die Wogen der Begeisterung hochgingen, hörte man in Brünn, als die Sektion Moravia (= Mähren) 1881 in das Vereinsregister der mährischen Hauptstadt eingetragen wurde, auch kritische Töne. ‚Edlem Wettstreit haben wir es zu danken, daß fast alle turistisch bedeutsamen Gruppen der Ostalpen ausreichend — nach Ansicht mancher oft allzu reichlich — mit Schutzhütten ausgestattet sind. Es soll unerörtert bleiben, ob die bislang geleistete Erschließertätigkeit nicht schon über das ursprünglich gesteckte Ziel hinausgegangen ist. Jedoch glaubt die

Ein Gedenkobelisk an der Wangenitzsee-Hütte: „Dieser Hüttenplatz wurde in bergfreundlicher Weise vom DAV Haida dem DAV Moravia geschenkt."

Sektion Moravia nicht zurückstehen zu dürfen, da für sie als Flachlandsektion die allgemeinen Erwägungen über den Wert eines Hüttenbesitzes
in erhöhtem Maße Geltung haben...'

So bauten sie im Dachstein-Gebiet die Brünner Hütte und legten sich 20
Jahre nach den zitierten, eher distanzierenden Bemerkungen in der Ankogelgruppe an der Kleinelendscharte mit dem Ankauf von Baugrund
fest. Die Hütte blieb jedoch im Anfangsstadium stecken. Erst lange
nach dem Ersten Weltkrieg wurde Moravia am Wangenitzsee in der
Schobergruppe heimisch, betreute dort das Arbeitsgebiet am Perschitz-
Kopf und hinterließ als Souvenir den Ferdinand-Koza-Weg. Nach dem
Zweiten Weltkrieg übernahm die Niederländische Bergsteigervereini-
gung die Wangenitzsee-Hütte mit einem modernen Neubau, vor dem die
holländische Flagge aufgezogen ist. Drinnen sind die Wände nicht nur
mit einem Poster des holländischen Königspaares geschmückt. Wer
sucht, findet auch zwei rare Fotos, nämlich die alte Hütte der Brünner in
heilem Zustand — und daneben als Ruine.

Moravia erlebte in Restdeutschland oder in Österreich keine Auferste-
hung.

*

Obwohl — wie eingangs dargelegt — der Alpenverein seit je die Nähe zur
Politik standhaft meidet, führen verschlungene Spuren seiner Aktivitäten
immer wieder in ihre Nähe, sorry.

Der Krieg war verloren, Österreich gedemütigt und nur noch die Hälfte
wert, und Deutschland mußte sich mit dem „Korridor" im Osten abfin-
den. ‚Welsche Habgier streckt die Hand aus nach unserer uralt deutschen
Erde vom Brenner bis zur Brennerklause, nach den Bergen, die wir deutschen Alpinisten in treuer Arbeit uns gewonnen, nach dem Land, das uns
ein Heiligtum des Fühlens geworden ist!' Die neue Grenze an den Was-
serscheiden der Gebirgskämme zwischen Tirol und Italien machte ihnen
zu schaffen und löste — diesseits und jenseits — Wellen des Hasses aus:
Die Hütten in Südtirol beschlagnahmt, dann enteignet...

Was nun?

Die österreichischen Alpen waren rar geworden, aber noch gab es Platz
genug, sich neu zu etablieren. Das kostete die kriegsgeschädigten Gruppierungen — abgesehen vom Geld — Zeit und Nerven, führte in den
meisten Fällen jedoch — wie schon an anderer Stelle berichtet — zum
Ziel.

Daß sich in der Folge die politischen Nackenschläge über Jahrzehnte
verzahnen, läßt sich am Beispiel der Glorer-Hütte bei Dorf Kals am

Die Glorer-Hütte (2642 m) am Bergertörl mit Blick auf den Großglockner (links) und die Route der Erstbesteiger anno 1799

Glockner anschaulich zeigen. Dieses überaus reizvoll gelegene Haus am Bergertörl, mit freiem Blick auf den Großglockner und die Route der Erstbesteiger von 1799, entstand in Baugemeinschaft (1887) der drei Kalser Bergführer Veit Oberlohr, Sebastian Huter und Paul Schnell, der wegen seiner Behendigkeit als „Gamserich" zu Ruhm kam. Durch Erbschaft wechselten und mehrten sich die Besitzer, was zu Unstimmigkeiten und schließlich zum Verkauf an den Alpenverein Donauland e. V. Wien führte.

Das war 1924. Wie wir schon wissen, durften nach der Verabschiedung des „Arierparagraphen" Juden nicht mehr dem DuOeAV angehören, um seinen unpolitischen Status zu wahren. An Donau und Spree entstanden zwei jüdische Clubs. Der österreichische zählte 1938 — darunter auch nichtjüdische — 4000 Mitglieder.

Diese Wiener Juden und ihre Freunde machten also die Glorer-Hütte zur Insel der Besinnung und Freude, die unmittelbar nach dem „Anschluß von Österreich an das Deutsche Reich" (dort mit Plebizit und großer Mehrheit am 10. 4. 1938 bestätigt) ein jähes Ende fand. Die Donauländer wurden verboten und enteignet, Hütte und Grundstück nach einem Beschluß der Geheimen Staatspolizei auf den Deutschen Alpenverein Stuttgart überschrieben (7. 5. 38).

So jedenfalls steht es in einem Schriftstück (was immer auch „Alpenverein Stuttgart" bedeuten mag, denn den kann es um diese Zeit nicht gegeben haben), das lückenlos die Besitzverhältnisse der Glorer-Hütte — Grundstücksparzelle 467, Gp 2077/2 — von 1887 bis 1968 registriert.

Die nächste Eintragung führt uns wieder zu den Teplitzern, die so fleißig in den Stubaier Alpen am Übeltalferner gewirkt und seit Jahren keine rechte Bleibe mehr in den Bergen hatten. An sie ging am 3. Mai 1940 gegen Kaufsumme von RM 30 000,— die Glorer-Hütte. Künftige Bezeichnung: Neue Teplitzer Hütte. Der Kaufvertrag, in Lienz datiert vom 7. August des gleichen Jahres, vermerkt unter § 4, daß Übergabe und Übernahme bis Ende Juni stattfindet und der Käufer von da an Gefahr und Nutzung der gekauften Liegenschaften trägt. Unterzeichner: Deutscher Alpenverein Innsbruck als Verkäufer, und Vereinszweig Teplitz als Käufer.

Im Mitgliederblatt des Gesamtvereins war zu lesen, daß ‚... dank des verständnisvollen Entgegenkommens der Führung in Innsbruck, der Förderung durch maßgebende Stellen der Stadt Teplitz-Schönau ... möglich wurde, im Entjudungswege die frühere Glorer-Hütte zu erwerben'.

So steht es da immer noch, archiviert und schwarz auf weiß. Zwar folgten die Böhmen der seinerzeit üblichen Sprachregelung, aber was dabei herauskam, wirkt auf uns heute wie ein Schock. Unglaublich, daß sich unsere Muttersprache zu solcher Ungeheuerlichkeit verbiegen ließ.

Trotzdem sollte man über sie nicht den Stab brechen — vor allem nicht die ahnungslose Jugend. Auch sei unparteiisch daran erinnert, daß zweimal in jüngster Zeit östliche Gebiete „entdeutscht" wurden.

Wie ging es weiter?

Nach dem Zweiten Weltkrieg geschah zunächst nichts. Die Sudetendeutschen mußten ihr Land räumen und verzweifelt versuchen, den Kopf oben zu behalten. Erst 1953 kam die Hütte am Bergertörl wieder ins Gespräch. Das Besitzverzeichnis hält unter dem 6. November ‚die Beschlagnahme durch die Rückstellungskommission beim Landgericht Innsbruck, Wiederherstellung des Eigentumrechts des Alpenvereins Donauland' fest.

Was geschah dann?

Näheres erfuhren wir von Frau Leonine Göttler, wohnhaft in einem Wiener Altenheim, Jahrgang 1898: „Es sind seit dem Kauf der Glorer-Hütte durch den AVD nun 61 Jahre vergangen. Ich glaube kaum, daß jüdische Mitglieder noch am Leben sind. Es waren ganz wenige, die nach dem Krieg nach Österreich zurückkamen. Uns hat man die Glorer-Hütte ohne Entschädigung weggenommen; die Rückgabe kostete den Verein noch zusätzliche Gerichtskosten. Wir bekamen sie auf gerichtlichem Wege in gutem Zustand zurück. Sie wurde noch einige Jahre weitergeführt, konnte aber durch die kleine Mitgliederzahl und auch das hohe Alter der Mitglieder nicht mehr gehalten werden. Wir übergaben sie der Sektion Eichstätt des Deutschen Alpenvereins."

Abstandssumme 220 000 österreichische Schillinge. Genauso war es.

Und wie wurden die vorläufig letzten Besitzer mit der Vergangenheit am Bergertörl fertig?

Auf Anfrage hörten wir, „uns fehlen Unterlagen und Fotos aus der Zeit vor der Übernahme. Daß die Hütte der Sektion Teplitz gehört haben soll, ist uns unbekannt...". Doch dann meldete sich der Sektions-Chef: „Unsere seit 35 Jahren tätige Schriftführerin hat nie ein Wort über Teplitz von Herrn Karl-Hans Richter, ehemals Vorsitzender des Alpenvereins Donauland Wien, gehört... Durch Zufall brachte ich in Kals im Luckner-Haus das Gespräch auf Ihr Schreiben. Die Verblüffung der mitanwesenden Vorstandsmitglieder war groß, als wir die Antwort erhielten: Jawohl, in unserer Jugend haben wir die Tafeln noch selbst gesehen ‚Glorer-Hütte Sektion Teplitz'..."

Aus allem mag man schließen, daß die Kalser das Teplitzer Zwischenspiel vergessen wollen, und daß die letzten, jüdischen Donauländer den sympathischen jungen Leuten von der deutschen Sektion Eichstätt den haarsträubenden Akt der „Entjudung" unter dem Großglockner ersparten.

Das und der Blick zurück sollten — finden wir — nicht für immer im schwarzen Loch des Vergessens untertauchen.

Was wurde aus ihnen, wo blieben sie — Silesia, Eger und Teplitz-Schönau?

Ein paar Egerländer trafen sich in Regensburg und reaktivierten 1954 ihren Bund, nicht zuletzt, um sich mit ihrer Dachstein-Hütte bei Radstatt ein Zentrum zu erhalten. Erst 1984 verkauften sie das Haus in private Hand, einerseits wegen unerschwinglicher Sanierungsauflagen, andererseits, weil es mit den Jahren vom Tourismus überrollt wurde. Inzwischen sind sie eine Ehe mit den Bubenreuther Berg- und Wanderfreunden eingegangen, um den Bestand der bald 100jährigen Sektion zu sichern. Die erst nach dem Krieg erworbene Lesachalm bei Kals tauften sie nach Bubenreuth, der Stadt, die vielen zur zweiten Heimat wurde, und wo sie nach alter egerländischer Tradition Instrumente bauen: Geigen, Posaunen, Trompeten und Flügelhörner.

Eger und die anderen blieben durch ein Gemeinschaftswerk aller seinerzeit 18 böhmischen und mährischen Alpenclubs, für das sie in der CSR eigens einen „Verein Sudetendeutsche Hütte" gründeten, verbunden. In der Granatspitzgruppe, von Matrei in Osttirol aus gut zu erreichen, eröffnete der Verein die Sudetendeutsche Hütte unter dem Kleinen und Großen Mutanitz. Mit dem Silesiaweg zum jetzigen Alpinzentrum Rudolfs-Hütte des OeAV, dem Karl Jirsch-, dem Aussig-Teplitzer und dem Sudetendeutchen Höhenweg haben sie sich um die Alpenfreunde — und um den modernen Trimm-Tourismus verdient gemacht.

*

,Am 15. März 1985 starb im Alter von 87 Jahren Dr. med Karl Doranth. Anstelle von Blumen bitten wir im Sinne des Verstorbenen um eine Spende an die Sektion Sudeten des Deutschen Alpenvereins.' So stand es in der Todesanzeige, die uns Frau Doranth mit einem Begleitbrief schickte:

„Mein Mann wollte Ihnen zu Ihrem Buch selbst schreiben, aber er fühlte sich schon nicht mehr wohl genug und hatte noch wenige Tage vor seinem Tod die Absicht, mir zu diktieren. Ich sende Ihnen nun, wie er es vorhatte, seine Festansprache anläßlich des 50. Geburtstages unserer Sudetendeutschen Hütte."

Lassen wir zum Abschluß dieses Kapitels den Arzt und Bergsteiger Doranth aus Aussig zu Wort kommen. Er erlebte die Alpen noch unter regierenden Kaisern und Königen, war Zeuge und Teilnehmer zweier Kriege, von denen einer den anderen an Schrecklichkeit überbot, gehörte zu den zwölf Millionen ausgesiedelten Deutschen, die ohne Hoffnung und verstört in den Westen trekkten, und fand endlich in München wieder festen Boden unter den Füßen.

Erstes Blatt aus dem Hüttenbuch der Sudetendeutschen Hütte

141

„Unsere sudetendeutsche Volksgruppe war stets für alles Alpine, für das Bergsteigen, die wissenschaftliche Erforschung des Alpenraumes, seine Flora und Fauna. Die erste schwere Cäsur bedeutete das Ende des ersten Weltkrieges. Wir durften keinem ‚ausländischen‘ Verein mehr angehören. Unsere Sektionen schlossen sich aber schon 1920 zum Verband sudetendeutscher Alpenvereine zusammen und beschäftigten sich mit dem Plan, eine eigene Hütte zu bauen. Bei der Bergmesse, anläßlich der Einweihung am 21. August 1929, habe ich mit meinem Jugendfreund Gockel Weidlich ministriert. Wir waren von der Solidität und Schönheit unserer Sudetendeutschen Hütte überrascht. Im Jahr 1938 ahnten wir alle nicht, welches schwere Schicksal die Zukunft noch für uns bereithalten würde. Wir wurden Bestandteile des Deutschen Reiches und wieder ordentliche Mitglieder des Alpenvereins."

„Aber der Verlust des zweiten Weltkriegs hatte für uns ungeheure Folgen. Das Elend unter uns Vertriebenen war so groß, daß wir alle verbliebene Energie für das Überleben aufbringen mußten. Das Besitztum in den Alpen fiel an die Sieger. Für unsere Hütte interessierten sich zuerst die Alliierten, dann auch gewisse Gruppen in Österreich. Inzwischen hatte sich die Mehrzahl unserer Landsleute von dem betäubenden Schlag einigermaßen erholt und fand nach und nach wieder Verbindung untereinander, auch unsere Sektionen entstanden neu."

„Möge unser Haus für die junge Generation ein Mahnmal sein und als unschätzbares Heimaterbe hineinwachsen in eine bessere, friedliche Zukunft; möge den kommenden Generationen ähnliches Unheil erspart bleiben wie unserer, die wir nun abtreten..."

*

In einer Zeit, da man auftauchenden Problemen erst einmal mit Hochrechnungen zu Leibe geht, läßt sich sicher auch errechnen, wann von den alten Berggehern wie dem Arzt Karl Doranth oder Frau Leonine Göttler keiner mehr da ist. Dann können nur noch wenige erhaltene Akten und Urkunden bezeugen, daß sie uns nach Zahl und Komma ein beträchtliches Vermögen hinterließen, sie und die vor ihnen da waren.

Nur knapp zwanzig Sektionen aus Mittel- und Ostdeutschland existieren noch, einige moralisch und finanziell von Paten gestützt, andere kurz vor dem Absterben — so nennt man das in damit befaßten Alpinisten-Kreisen realistisch und unsentimental.

Nicht dazugehören wird die deutsche Sektion Sudeten. Sie faßte erst 1977 die letzten Freunde aus Aussig, Saaz, Silesia-Troppau und Teplitz-Schönau zusammen, mit offenen Armen für Neuzugänge aus den Städten, in denen sie nun zu Hause sind, und aus den eigenen Reihen.

Nicht kolonisieren will man mehr, sondern das Alte erhalten.

142

Start in die Zivilisation

Von Alpenübergängen und dem Oregon-Trail an die USA-West-küste, von Telegraphen, Kurier-läufern und vom längsten Eisen-bahn-Tunnel, von der ersten Zahnradbahn der Welt auf den Mount Washington und der höchsten Seilbahn zum Kleinen Matterhorn hören wir nun im folgenden.

Jedes Land hat seine Sagengestalten, auch die neue Welt. Paul Bunyan war so eine, ein mythologischer Riese an Kraft und Wildheit. In Sieben-meilenstiefeln übersprang er von Maine an der Ostküste den Kontinent über Täler, Flüsse und Gebirge hinweg bis Oregon an der Westküste Amerikas. Da gefiel es ihm. Er blieb und begann die Wildnis zu roden. Man erzählt sich, daß er Bäume umlegte, als seien sie Strohhalme, und einen ganzen Hektar Wald erledigte er mit einem Axthieb. Die Holzfäller Oregons machten ihn zu ihrem Schutzheiligen.

Ein seltener Heiliger mit einem so bürgerlichen Namen. Wie anders da der Riese Rübezahl, guter Geist des Riesengebirges, oder Zwergenkönig Laurin in den Dolomiten, der an den Vajolet-Burgen sein Reich im Ro-sengarten verteidigte.

Zu der Zeit, als erste Landsucher die Rocky Mountains zu überwinden versuchten, gab es in Oregon noch „Redwood"-Bäume, die am Boden 40 Fuß (ca. 12 Meter) im Durchmesser maßen und bis 400 Fuß (ca. 122 Meter) in die Höhe wachsen konnten. Noch fehlte den Siedlern, die im milden Klima Kaliforniens und Oregons Farmen gründen wollten, ein Weg durch die Berge, der breit genug für ihre Planwagen war. Erst 1813 fand man den „Pionierweg", den legendären Oregon-Trail von Indepence (bei Cansas City) bis zur Mündung des Columbia-River in den Stillen Ozean (bei Portland). Er mißt 3200 Kilometer und bewältigte nur etwa zwei Drittel des ganzen Kontinents!

Unsere Alpen im Süden Europas nehmen sich dagegen recht bescheiden aus. Sie sind — in einem großen Bogen von Genua bis an die Donau bei Wien — 1200 Kilometer lang und an ihrer mächtigsten Stelle, auf der Linie Verona, Bozen, Innsbruck und Benediktenwand in den bayerischen Voralpen, 250 Kilometer breit.

Die Probleme bei ihrer Durchquerung hielten sich deshalb in Grenzen. Schon vor der Zeitrechnung, als Amerika noch unentdeckt im Dornröschenschlaf lag, wurde über Saumpfade Handel getrieben. Hannibal überschritt sogar mit Soldaten und Elefanten die Alpen — 285 vor Christus. Nach der Zeitwende haben die Römer Paßstraßen gebaut, von denen man hier und da — zum Beispiel mit schön geschichteten Randbefestigungen am Plöckenpaß — noch Teilstücke im Urzustand finden kann. Die Saumpfade über Splügen, Brenner, Jaufen und in den Radstätter Tauern wurden etwa 220 nach Christus ausgebaut, und im 16. Jahrhundert gab es schon einen verläßlichen Postverkehr über den Brenner.

Über die Viamala, den Gemmipaß oder die Teufelsbrücke zu wandern gehörte als Nervenkitzel zum Programm der bildungsbeflissenen Alpenreisenden des 18. Jahrhunderts.

Dann trat als „Römer" der Neuzeit Napoleon auf. Nach einem qualvollen Heerzug über den Simplon nach Süden ließ er die Simplonstraße zwischen sieben und acht Meter breit ausbauen. Damit waren 3000 Arbeiter von 1801 bis 1805 beschäftigt, und die Trassierung moderner Paßstraßen eingeleitet.

Das geschah etwa um die Zeit, als der französische Herrscher dem ersten amerikanischen Präsidenten, Thomas Jefferson, für 15 Millionen Dollar die zu seinem Land gehörenden westlichen Territorien, fast die Hälfte der Vereinigten Staaten, verkaufte, von Kanada den Mississippi entlang bis zum Golf von Mexiko.

Doch dann begann, Anfang des 19. Jahrhunderts, auch drüben hinter dem großen Wasser der Sprung in die Zivilisation. Den ersten regelmäßigen Postkutschenverkehr erlebten Land und Leute westlich des Mississippi 1820 mit immer neuen Verbindungslinien kreuz quer.

Die Erfindung der Dampflok schließlich glich die Entwicklung hüben wie drüben an. Nicht realisiert wurde hier der Plan für eine erste Bayerische Voralpenbahn von Rosenheim bis ins Lechtal (1833), dem immerhin der Bau einer „Pferde-Eisenbahn" zwischen Budweis und Linz folgte. Aber das blieben bescheidene Zukunftsvisionen im Vergleich zu dem Projekt eines New Yorker Kaufmanns (1845), vom Michigan-See bis an den Pazifik — den Stillen Ozean — eine transkontinentale Eisenbahn zu bauen. Vier Jahre dauerte es, bis ein Gesetz zum Bau dieses die Staaten querenden Schienenweges eingebracht werden konnte. Das Signal für eine ungeheure technische Pionierleistung war damit gegeben.

Da aber setzte das Bergland Schweiz schon konsequent auf das neue

Verkehrsmittel, während in Österreich erst der Startschuß für den Bau der Semmeringbahn fiel. Aber auch hier gab es nach Meinung von Skeptikern Utopien, jedoch Visionen für Zukunftsgläubige wie etwa 1850 der Plan, die k. u. k. Südbahn Graz-Triest unter die Karsthöhlen jener Regionen zu verlegen, und in der Schweiz, den Grimsel für die Eisenbahn zu untertunneln. Kurz danach wurde die Konzession für eine Bahn durch den Simplon erteilt...

Als schließlich 1863 drüben mit dem Bau der transkontinentalen Eisenbahn begonnen wurde, beschäftigte man sich auf dem alten Kontinent noch mit dem Projekt einer „Überschienung der Alpen mit Zahnradbetrieb". Zwei Jahre später kam es zum ersten Spatenstich für die Brennerbahn. Nun waren den Superlativen keine Grenzen mehr gesetzt. Die Rekorde fielen einer nach dem anderen beim Tunnelbau für Schiene und Automobile: Simplon mit 19,8 Kilomtern der längste der Welt für Eisenbahnen, und nach der Untertunnelung von Montblanc (11,6 km), Arlberg (13,9 km), der St. Gotthard-Straßentunnel mit 16,3 Kilometern der vorerst längste für Kraftfahrzeuge. Das kühnste, die Länder Chile, Bolivien und Argentinien per Schienenstrang aneinanderbindende Projekt bleibt aber die Transandinische Eisenbahn, 1910 eingeweiht, 7500 km lang, höchster Scheitelpunkt 4225 Meter!

Um die 60er Jahre des vorigen Jahrhunderts experimentierte die Armee im Südwesten Amerikas noch mit Kamelen. Da wurden tatsächlich (1856) Karawanen — der Camel-Expreß — aus der Mitte des Landes nach Kalifornien in Marsch gesetzt. Die erste brauchte vier Monate; nach ein paar Jahren gab man die Sache auf. Auch ein Pony-Expreß, der die Postverbindung beschleunigen sollte, hielt nicht lange vor. Dieses Unternehmen scheiterte schon nach einem Jahr (1861) mit einer katastrophalen Pleite.

1869 feierte Amerika die Einweihung der transkontinentalen Eisenbahn, die 1776 Meilen (ca. 2860 km) lang die unterschiedlichsten Landschaften der Staaten durchmißt, ein unerschöpfliches Thema für Western-Filme.

Im gleichen Jahr wurde der Alpenverein gegründet. Deutsche und Österreicher planten von nun an generalstabsmäßig die Erschließung der Ostalpen, allen voran Johann Stüdl, der Kaufmann aus Prag.

Die anderen Alpenländer folgten mit Clubgründungen und dem Bau von Zugängen und Hütten in ihren Gebirgen. Ihre treuesten Helfer waren Maultiere und Pferde, und natürlich die „Älpler", die Indianer der Berge, die sich nur allzugern von der Begeisterung der feinen, reichen und sehr mutigen Herren anstecken ließen.

Im Wilden Westen ging es nun rasant voran: 1861 tickerte durch die singenden Drähte entlang des „eisernen Weges" der Telegraph: Die transkontinentale Telegraphenlinie wurde in Betrieb genommen. Danach folgte ein Jahrhundertereignis, das vor allem die Schweizer Techniker zu

So fing es an! Mit Haflingern oder Mulis und Traggestellen auf dem Rücken wurden Material und Proviant zu den Hüttenplätzen transportiert

neugierigen Reisen nach Übersee veranlaßte, denn ein Amerikaner, Sylvester March, baute die erste Zahnradbahn der Welt zur Beförderung von Personen auf einen Berg; 1865 wurde in den White Mountains im Osten der USA, New Hampshire, der Fahrbetrieb auf den Mount Washington (1911 m) eröffnet.

Mit der Bahn von Vitznau am Vierwaldstätter See auf den Rigi (1800 m), knapp 1500 Höhenmeter hinauf nahm fünf Jahre danach die erste europäische Zahnradbahn den Betrieb auf. Damit kam der Reigen der Superlative in Bewegung. Am sensationellsten war ab 1898 die Trassierung der Jungfraubahn durch den Eiger auf das 3454 Meter hohe Eisjoch der Jungfrau, Einweihung 1912.

Die höchste Alpen-Seilbahn schwebt auf das Kleine Matterhorn (3884 m) und hat damit der Telécabine de la Vallée Blanche (3842 m) ab Bergstation der Chamonix-Schwebebahn auf die Aiguille du Midi um 42 Höhenmetern den Rang abgelaufen.

Die Mount Washington-Bahn, wie auch die technischen Meisterleistungen der neueren Zeit waren vornehmlich auf den Tourismus ausgerichtet. Das gilt selbst für die bereits 1898 diskutierte Autostraße mitten durch die Hohen Tauern von Heiligenblut über das Hochtor nach Fusch auf die andere Seite, weil ,so eine Automobilstraße für den Viehhandel aus Kärnten (nach Salzburg) von Bedeutung ist' und ,die Kunststraße den leistungsfähigen internationalen Fremdenverkehr jener reichen Leute anziehen würde, welche imstande sind, in Österreich viel Geld auszugeben'. Erst nach etlichen Jahrzehnten wurde das Projekt realisiert, aber da

Die älteste Berg- und Zahnradbahn Europas ist die 1871 erbaute Vitznau-Rigibahn

gehörten die eleganten Damen und Herren am Volant verstaubter Luxuslimousinen längst zu den bestaunten Wundern in Bergdörfern und auf den Almen beiderseits der Paßstraßen. 1985 feierte die Glockner-Hochalpenstraße ihr Goldenes Jubiläum.

Als Superlativ gilt heute noch die von 1898 bis 1912 erbaute Jungfraubahn mit der Endstation in 3454 Metern Höhe auf dem Jungfraujoch

Hat dieses ratlose Übergreifen der Zivilisation in die Naturlandschaften des amerikanischen Westens und hier bei uns die Menschen auf Dauer glücklich gemacht — ihre „Lebensqualität" wirklich verbessert?

Kurz vor seinem Tod schrieb der Lederstrumpf-Autor James Fenimore Cooper resigniert: ‚Heute, 1851, gibt es keinen fernen Westen mehr. Er ist über Bord gegangen, in den Pazifischen Ozean. Das Pionierleben und der Pionierfortschritt müssen bald für immer verschwinden, und nur durch Erzählungen wird man ihrer erinnert werden.‘

Ein gleiches gilt für die Geschichte des Alpinismus und die Eroberung der einst gefürchteten, unberechenbaren Gebirge der Alpen.

In unseren Breiten gelangte man erst ziemlich spät zu der Erkenntnis, daß Fortschritt und Technik uns knapp an die Grenze des Umkippens natürlicher Lebensbedingungen geführt haben. Der Bergwald stirbt und die drohende Verwüstung der Berglandschaft sind Parolen und Mahnungen, die endlich auch das Bewußtsein weniger besorgter Zeitgenossen erreicht haben dürften.

Nicht lange, nachdem die Western-Union ihren transkontinentalen Telegraphen in Betrieb nahm, begann man um 1870, Telegraphenlinien in die abgelegenen Gebirgstäler zu verlegen, etwa ins Zillertal bis nach Zell am Ziller, von Cavalese im Fleimsertal über Predazzo nach Primiero, und von Bludenz nach Schrunz im Montafon.

Das erste Hütten-Telefon bekam das Watzmann-Haus in den Berchtesgadener Alpen 1891. Die Drähte verbanden 7000 Meter lang das Tal ab Ramsau mit dem Berghaus über 2000 Höhenmeter. Die Sektionen Prag und Berlin ließen sich daraufhin drei Jahre später in den Zillertaler Alpen die Einrichtung von Telefonstellen ab Ginzling nach Breitlahner, zur Berliner- und Dominikus-Hütte 1500 Florint (1 Florint damals 5 Mark 88) kosten, und die Sektion Frankfurt am Main brachte den Löwenanteil für die Leitung im Ötztaler Kaunertal von Prutz bis nach Feichten auf.

In den Schutzhütten gehörten Postablagen mit Kurierläufern berg- und talwärts — die sogar Pakete beförderten — bald zu den Selbstverständlichkeiten.

Die Spalte „Unterkunft und Verkehr" brachte von nun an viel gelesene und nützliche Nachrichten in den Veröffentlichungen des Alpenvereins, zum Beispiel daß

... die mährisch-schlesische Zentralbahn ausschließlich der Sektion Silesia ab 1886 Preisvergünstigungen gewährte,

... die Direktion des Norddeutschen Lloyd den Mitgliedern des DuOeAV auf der Linie Genua-Antwerpen ‚die Benutzung der nächsthöheren Klasse gegen Bezahlung für die niedrigere Klasse gewährt, wenn 5 Mitglieder gleichzeitig reisen‘ (1887), und

... die königlich-preußische Eisenbahndirektion Berlin bekanntgab, daß am 4. Juli 1896 ein Sonderzug über Breslau und Oderberg nach Wien geht mit 50 % Fahrpreisermäßigung — „beste Bedingungen für das Salzkammergut"...

Während in den USA der Zug von Ost nach West abebbte, die Ureinwohner der Sioux, Creek, Cherokee und Choctaw-Indianerstämme zu Tode bekämpft oder in Reservate abgedrängt waren, setzte er jetzt erst, verkürzt durch Eisenbahn und Pferde-„Stellwagen", heftig aus den weit entfernten Provinzen — von Ostpreußen bis Oberschlesien — hin zu den Alpen ein.

Die Hüttenwirte bekamen bald Material-Seilbahnen, die ihnen den Nachschubtransport hinauf erleichterte. Schwer zugängliche Berghäuser werden nun mit Hubschraubern versorgt — mit Ausnahmen: Zur Clara-Hütte im Umbaltal trabten bis 1985 noch schwer bepackt Maultiere, bis man auch dort das Tal mit einem Almweg für Jeeps befahrbar machte.

Die Schwebefahrt mit der Télécabine de la Vallée Blanche vom Punta Helbronner (3466 m) in Italien zu Aiguille du Midi (3842 m) in Frankreich wird zum unvergeßlichen Erlebnis. Der felsige Berg in der Mitte ist der einzige „natürliche" Stützpfeiler, die Fahrt endet auf der hinteren Felsflanke

Von Hax'nschlagern und Spree-Athleten

*Dieses Kapitel ist den Preußen
aus der ehemaligen Reichshauptstadt gewidmet, die sich ebenso
fein wie fleißig an der Erschließung der Alpen beteiligten. Ihre
Spezialität waren original gekleidete und trainierte Schuhplattler-Gruppen.*

Fangen wir ausnahmsweise mit Zahlen an, wenn nun von den Bergnarren der preußischen Weltstadt die Rede sein wird. Statistiken können
Gedanken-Bilder produzieren — zweidimensionale und dreidimensiona-
le. Wie ein dicker Pinselstrich geben dem Gemälde „Kaiserstadt Berlin"
einige Daten von 1894 Tiefe und Background. In jenem Jahr wurden
dort 8622 Männer wegen Bettelns und 2771 wegen Obdachlosigkeit verurteilt. 9351 Bettler und 8072 Obdachlose kamen in Polizeigewahrsam.
Im Städtischen Obdach nächtigten 306 863, im Asylverein 112 562 Männer. Die Zahl der Prostituierten wurde auf 14 000 geschätzt.
Was sind dagegen 13 000 Bergnarren, die sich in etlichen Clubs in und
um Berlin herum mit heiligem Eifer der alpinen Sache widmeten?
Und noch ein Pinselstrich: In der Einwohnerstatistik von 1910 schlüssel-
te man die 2 071 257 Bürger der eleganten Havel-Stadt in drei Gruppen
auf. Danach waren 243 000 katholischen Glaubens, 90 013 Israeliten und
21 900 „Militärpersonen"; der Rest dürften Protestanten gewesen sein.
Wie man sieht, gab es keine Juden, wie kurze Zeit später beim Kampf um
den Arierparagraphen in der Satzung des Alpenvereins.
Die letzten Zahlen: Kurz vor dem Zweiten Weltkrieg zählte man unter
den Linden 4 258 619 Bürger; 40 Jahre später 2,0 Millionen in West- und
1,1 Millionen in Ost-Berlin — dazwischen liegen symbolische 1000 Jahre.
Ja — was waren dagegen die rund 13 000 Großstadt-Bergfans? Eine ver-
schwindende Minderheit natürlich. Umsomehr überrascht, mit welcher
Effizienz diese wenigen in den Alpen gewirkt und sich umgetan haben.

150

Der erste tauchte 1654 im Karwendel auf; er hieß Christian Menzel und war kurfürstlicher Leibarzt. Mutterseelenallein stieg er auf die westliche Karwendelspitze, wozu sicher eine Portion Mut gehörte. Das war, als Königin Christine abdankte und ein Mann aus dem Hause Wittelsbach in Schweden als Karl X. zum König gekrönt wurde.

Eine Preußen-Prinzessin, Nichte vom nachmaligen Kaiser Wilhelm I., ,durchstreifte und durchstieg das noch menschenverlassene bayerische Gebirge in tagelangen Bergtouren und stellte so vielleicht zum erstenmal den Typ der norddeutschen Alpinistin dar', Zitat ihrer Biographin Marie Schultze.

Die Prinzessin (1825—1889) heiratete blutjung an die Isar und wurde Königin an der Seite des Bayernkönigs Max II. Für die Damen der Metropole gründete sie den „Alpenrosen-Orden" und kreierte ein Bergsteigerkostüm. Königin Maries ältester Sohn war Ludwig II., der Märchenkönig...

Die Hohenzollern-Prinzen Friedrich Wilhelm und Eitel-Friedrich sowie Albert stiegen 1872 und 1899 am Watzmann bis zum Hocheck-Gipfel hinauf, aber da hatte ein anderer, Dr. Paul Güßfeld (1840—1920), Mitglied der Sektion Berlin, schon lange Maßstäbe für den frühen Alpinismus gesetzt.

Gerade elf Jahre alt, stand er auf dem Großglockner, und als Jüngling — erster Deutscher — auf dem Matterhorn: Ein Berliner! Seine besondere Liebe galt den Bernina-Bergen; da beschritt er als Nummer eins mit seinem Führer aus Pontresina den Biancograt, war in der Montblanc-Gruppe an der ersten Winterbesteigung der Grandes Jorasses und der ersten Überschreitung des Peuterey-Grates beteiligt. Na, und in den Anden kam er anno 1883 bis auf 6560 Meter an die Spitze des Aconcagua heran.

Heute noch denken die Berliner gerührt an eine Exzellenz aus ihren Reihen, den Staatsmann Reinhold von Sydow, preußischer Handelsminister von 1909 bis 1918, der nicht nur lange ihre Clubgeschicke, sondern als Präsident neben seinem höchsten Amt auch die Geschicke des Deutschen und Österreichischen Alpenvereins viele Jahre hindurch lenkte.

Unter dem Strich brachten die sieben Sektionen der Hauptstadt (Berlin gegründet 1869, Akademische 1899, Mark Brandenburg 1899, Hohenzollern 1905, Potsdam 1907, Charlottenburg 1911, Kurmark 1912) Bau oder Erwerb von 13 Stützpunkten zustande. Davon verloren sie die für 3000 Mark kurz vor dem ersten Weltkrieg erworbene Weißkugel-Hütte südlich des Ötztaler Kammes und die kühnste, nämlich die Ortlerhochjoch-Hütte in 3536 Metern Höhe, die 1901 als höchste in den Ostalpen bei der Eröffnung in repräsentativer Besetzung befeiert wurde. Exzellenz von Sydow — damals Unterstaatssekretär beim Reichspostamt — gab ihr auf der ,sturmumbrausten Höhe, wo der Zebru, Eiskögele, Thurwieser und Hochjochgrat gewaltig in die Höhe streben', den Alpinisten-Segen und lud seine bergtüchtigen Gäste zu einem Gläschen Sekt nebst Käsebrot und Erbswurstsuppe ein — den Umständen gemäß, sagte er.

Schon in den ersten Tagen des Gebirgskrieges (1915) schossen die Italiener das Haus in Brand. Nichts blieb übrig...

Sie waren allesamt, diese Preußen-Sektionen, florierende Zusammenschlüsse, die im wilhelminischen Berlin einen fast exotischen Mittelpunkt bildeten. Ihre Feste feierten sie exklusiv — im Winter kostümiert in der „Ressource", den Edelweißtag bei „Kroll" oder populär im „Motivhaus", Hardenbergstraße, mit Karussell, Rutschbahn, Schießstand und einem original-bayerischen Heimatbühnen-Drama.

Aber es gab auch Normalbürger unter ihnen. Die hatten nur zwei Wochen Urlaub im Jahr, samstags wurde gearbeitet und wenig verdient. Für ihre Alpenreisen sparten sie Groschen um Groschen. Vielen war die Sektions-Mutter zu fein. Sie sonderten sich ab und machten sich, zum Beispiel bei den „Hohenzollern", selbständig. Die Abtrünnigen verband keine Freundschaft mit dem regierenden Haus, wie etwa in Leipzig und Dresden. Ihre Namenswahl sollte mehr eine Geisteshaltung ausdrücken: staats- und kaisertreu waren sie, und dabei blieben sie auch in der Weimarer, der ersten Republik.

Das Radurschltal in den Ötztaler Alpen bei Pfunds, wo sie ihren Hüttenfonds verbauten, erfüllte alle ihre Großstadt-Träume. Ein k. u. k. Forstverwalter hatte einst das Hochtal unter dem Glockturm als eines der schönsten und anmutigsten des ganzen Oberinntales beschrieben, dessen ‚wie eine Windsbraut von Süden gegen Norden herabjagender Wildbach die Gemeinde Pfunds wiederholt Wuth und Macht der Elemente erken-

*Das Sektionssymbol
der Hohenzollern*

nen ließ. Hier, nahe der Holzvegetationsgrenze besitzt die Luft weitaus die günstigste Beschaffenheit für den Athmungsprozeß', gutachtete der wortgewandte Jäger Wenzel Moll. Ein romantischer Platz auch heute noch — aber von den Hohenzollern hat die staatstreuen Berliner dort nie jemand besucht.

Ob sie zu den Sydow-Leuten, zu Potsdam oder Charlottenburg gehörten, ob zu den Spitzen der Kletterkunst wie die Akademiker mit ihrer Gaudeamus-Hütte im Wilden Kaiser oder den „Jochbummlern", die bestenfalls mal einen „Damenberg" bestiegen: alle diese Spreeathleten hingen mit naiver Begeisterung an ihren Ferienparadiesen, die sich mit zunehmender Entfernung vom Gebirge steigerte. Wie anders läßt sich erklären, daß sich gerade einige „Flachlandsektionen" von „echten" Älplern ausgebildete und trainierte Schuhplattler-Gruppen leisteten, die sich zu Vorstellungen von anderen Flachländlern einladen ließen und mit dem Erlös ihrer Auftritte die Vereinskassen auffüllten?

Die Potsdamer tanzten mit 20 Paaren, von denen jedes eine andere, echte Tracht aus den deutschen und österreichischen Alpentälern trug. „D'Grüabig'n" — was immer das auch heißen soll — nannte sich die Charlottenburger Plattl-Gruppe, und die Berliner Sektion taufte ihre Tänzer „D' Hax'nschlager", worunter sich, wer nur des Hochdeutschen mächtig ist, schon eher etwas vorstellen kann. Interessant, daß D'Grüabig'n wie auch D' Hax'nschlager immer noch tanzen und üben, obwohl sich die Menschen und die Welt, in der wir leben, so entscheidend verändert haben. Die Charlottenburger tun es — seit Gründung der Gruppe 1912...

Eine Idylle im Radurschltal der Ötztaler Alpen: Das Hohenzollern-Haus (2123 m), Einweihung 1924

Preußen im Gebirge! Wie sich Karikaturisten dieser Spezies annahmen, ließ sich häufig wenig schmeichelhaft in der Gartenlaube, im Kladderadatsch, den Berliner und Leipziger Illustrirten Zeitungen verfolgen. Merkwürdig verfuhren die Asphalt-Älpler mit dem anderen Geschlecht. Es war ja nicht selbstverständlich, daß sie die Damen überall als ordentliche Mitglieder duldeten, lange blieben die Clubs reine Männersache. Die etwas toleranten Charlottenburger verhängten jedoch ein Aufnahmestopp für „Fräuleins". Kurios, daß damals — 1913 — die Geschlechter bei Vorträgen getrennt sitzen mußten.

Erstaunlich, gemessen an dem, womit heute zur Kasse gebeten wird, daß dort 500 Mark Einstand verlangt wurde. Der Jahresbeitrag betrug 360 Mark, Damen die Hälfte.

Die Tulfer Hütte in den Tuxer Voralpen hat die Sektion erst 1980 für 950 000 österreichische Schillinge an den Gastwirt Robert Kößler verkauft. Bezeichnend für ihre Finanzkraft ist, daß sie sich dort in den 20er Jahren ein 3500 qm großes Grundstück auf dem oberen Melkboden am Naviser Joch für eine Charlottenburger Hütte leisten konnte. Das Haus wurde nie gebaut, aber der Platz gehört ihnen immer noch.

Was tun damit? Das „DAV-Grundsatzprogramm von 1976 für Naturschutz und Umweltplanung im Alpenraum" untersagt Neubauten.

Auch die Potsdamer Hütte in den Stubaier Alpen konnte erhalten werden. Die Sektion Potsdam (DDR) faßte im Westen wieder Fuß, zuletzt unterstützt von Paten aus Dinkelsbühl.

*

Von den preußischen nimmt die „Berliner Hütte" einen ganz besonderen Rang ein. Das Zillertaler Gebiet im Dornaubergertal bei Mayrhofen hatte der Sydow-Club seinerzeit dem Prager Stüdl-Club gegen ein Entgelt von 11 000 Mark abgenommen. Wir berichteten im siebten Kapitel. Nun setzten sie ihre Ehre daran, den Weg von Breitlahner in den Zemmgrund, und besonders das problematische Stück im hinteren Teil angenehm begehbar zu machen.

Das Haus selbst geriet ihnen mit den Jahren zu mehr als nur einer Schutzhütte. Es verblüfft durch seine Eleganz. Entzückt schaut man sich in der treppenumrahmten repräsentativen Eingangshalle um, an deren Wänden wie in einer Ahnengalerie die Portraits der Sektionsgründer und Hüttenreferenten aus der Kaiserzeit hängen. Ein großer Speiseraum mit Blick auf die phänomenale Gletscherkulisse erinnert an ein Gartenlokal. Von einem mehr deftigen, neben der Küche, gelangt man in ein Gastzimmer, an dessen braun verwitterter Holztäfelung verstreut auf winzigen Stellagen japanische und chinesische Nippes stehen.

Für die noblen Berliner war das Beste gerade gut genug: Ihr Preußenschloß in den Zillertaler Alpen, die Berliner Hütte (2040 m) wurde schon — wenn auch bescheidener als auf unserem Foto — 1879 eingeweiht

Ein Bergschlößchen in den Zillertaler Alpen — das war ganz im Sinne der Großstädter, die vom ersten Tag an den deutsch-österreichischen Alpenverein durch seine nun bald 120jährige Geschichte begleiteten. Dieses edle Haus — Einweihung 1879 — erreichte wie nur wenige schnell Rekord-Besucherzahlen. Seine besondere Bedeutung erlangte es als Domizil vieler Gletscherforscher. Professor Sebastian Finsterwalder vom Königlichen Polytechnikum München erhielt 1886 als erster Hausrecht und begann im gleichen Jahr dort mit der Vermessung von Gletschern. Zwar wurde schon 1894 anläßlich eines Geologenkongresses in Zürich die „Internationale Gletscherkommission" gegründet, aber den ersten wissenschaftlichen sogenannten „Gletscherkurs" mit Feldstudien vor Ort veranstaltete der Professor im repräsentativen Berliner Berghaus über dem Zemmgrund. Waxeck- und Hornkees blieben bis heute bevorzugtes Arbeitsgebiet der Münchner Universität für ihre Geographie-Studenten. Wenn die Jungforscher zu ihren wochenlangen Exkursionen anreisen, schlafen sie mit ihren Lehrern, wie der große Alpenvereinsmann und Erfinder der Fotogrammetrie, Finsterwalder, im Alpenschlößchen der Berliner.

Zwei andere Preußen-Stützpunkte in den Zillertaler Alpen stehen jetzt zum Verkauf: das alte Furtschaglhaus über dem Schlegeisspeicher und die Gams-Hütte. Das beweist wieder einmal, wie kostspielig sich derzeit bei sehr strengen sanitären und Umweltauflagen der Unterhalt von Berghütten gestaltet.

Pech hatten die exklusiven Hauptstädter mit der Habach-Hütte am Habachkees, die sie 1898 hoch über dem wegen seiner Smaragdfunde bei „Strahlern" beliebten Habachtal einweihten. 1914 zerstörte eine Staublawine das hübsche Haus. Später bauten — nicht am gleichen Platz — dort Thüringer ihren Alpen-Stützpunkt in den Hohen Tauern.

Die Sektion Mark Brandenburg setzte sich und der märkischen DDR-Provinz mit der höchsten Hütte in den Ötztaler Alpen ein Denkmal. Das „Brandenburger Haus" steht 3277 Meter hoch auf einer Felseninsel inmitten von Gletschern am Kesselwandjoch. Ausgangspunkt für die Wanderung hinauf ist das ebenfalls brandenburgische Hochjoch-Hospiz am Ende des zauberhaften Rofentales mit dem Ferienort Vent. Ihren dritten Stützpunkt verlegten die Märker in das Niedertal bei Vent. Mit der Samoar-Hütte brachten sie die nördlichen Ötztaler von der Weißseespitze bis zum Ramol-Kogel zum Zwecke der Kolonisation unter ihre Kontrolle mit so beliebten Hochtourenzielen wie Weißkugel, Similaun und Hintere Schwärze.

An dieser Samoar-Hütte von 1907 läßt sich erneut ein Teilstück vaterländlischer Geschichte nacherzählen. Genau 30 Jahre nach der Eröffnung des Altbaus fiel der Beschluß, eine neue, größere danebenzusetzen. Ehrenmitglied Hermann Göring stiftete einen Großteil der Bausumme, die natürlich erfreut entgegengenommen wurde und dem Neubau den Namen des „Dicken" einbrachte. Die halbfertige Hermann-Göring-Hütte beherbergte im Krieg ein Team von Luftwaffen-Doktoren, die sich befehlsgemäß viel an der Dreitausendergrenze aufhalten und über Wochen hinweg nur von Tabletten leben mußten.

Von einem, der sie als bergtüchtiger Schüler in den Ferien begleitete, hörten wir, daß sie ständig Hunger und Konditionsschwächen hatten. „Und wofür das alles?" „Sie erzählten", erklärte der Pensionist und Augenzeuge von damals, „daß sie Trockennahrung als Fliegerkost oder zum Überleben nach einem Absturz hinter den feindlichen Linien ausprobieren sollen . . ."

Erst lange nach dem Krieg konnte der Bau vollendet werden. Nun auch bekam er seinen endgültigen Namen: Martin-Busch-Hütte. Sie soll an einen Wiener Hofrat erinnern, der die von den Alliierten enteigneten deutschen Vereinshäuser getreu der traditionellen Freundschaft zwischen den Bergsteigern diesseits und jenseits der östlichen Alpengipfel vor dem Schlimmsten bewahrte. Doch das ist, wie schon erwähnt, ein Kapitel für sich.

Auch ein anderes Haus geriet in die politischen Strudel der 30er und 40er Jahre, ähnlich wie die Teplitzer Glorer-Hütte. Wir berichteten in Kapitel 10, daß nach Einführung des Arier-Paragraphen Juden die Mitgliedschaft im DuOeAV versagt wurde (1925), und daraufhin in Wien ein nicht ausschließlich jüdischer „Alpenverein Donauland" und an der

Havel ein „Deutscher Alpenverein Berlin" entstanden. Es zeichnet bei allem was geschehen ist, die Sydow-Sektion aus, daß sie — wie auch die Leipziger Bergsteiger und nur wenig andere — bei Beschluß des beschämenden Juden-Ausschlusses protestierten und beiden „Außenseitern" verbunden blieben.

Die Ex-Mitglieder bauten gut drei Stunden von der Olperer-Hütte entfernt das Friesenberg-Haus und gaben es nach der „Machtergreifung" in die Obhut der Donauländer, die ja erst 1938 nach dem Anschluß gefährdet waren. Bei denen blieb es mit zwischenzeitlicher Beschlagnahme. Nach dem Krieg heimkehrende Donauland-Juden nahmen beide Häuser wieder in Besitz, bis sie das eine der DAV-Sektion Eichstätt und das andere der DAV-Sektion Berlin übergaben — das war 1968.

*

Das Telefon — wie lästig! Der sportliche, salopp gekleidete Herr legte das Morgenblatt aus der Hand und erhob sich zögernd. Vielleicht sollte er den Apparat einfach läuten lassen — einfach das Läuten ignorieren? Dann nahm er doch den Hörer ab: „Schneider hier, ja bitte?"
Zugegeben, wir haben ihn in seiner Altersklause aufgestöbert. Dahin, nach Vorarlberg, zog sich Erwin Schneider, Jahrgang 1906, zurück. Man soll aus freien Stücken von der Öffentlichkeit Abschied nehmen, findet er.
„Bitteschön, nun sind Sie schon mal in der Leitung — womit kann ich dienen?" Schneider räusperte sich ungeduldig.
„Es geht darum", erwiderten wir zaghaft, „daß in einer Festschrift steht, Sie seien Berliner, stimmt das?"
Drüben, am anderen Ende in Vorarlberg, war ein leises Lachen zu hören. Schon etwas freundlicher sagte Schneider: „Aber nein, ich bin durch und durch Tiroler! Durch mein Studium in Berlin und später dann, auch im Krieg als wissenschaftlicher Mitarbeiter für Fotogrammetrie an der Technischen Universität — zuletzt für die Luftwaffe — habe ich viel mit den Berlinern zu tun gehabt und war auch ihr Mitglied. Aber das ist lange her..."
Ernst Schneider gehört zu den großen Männern des Alpinismus, die sich neben sportlichen Erfolgen auch als Wissenschaftler verdient machten, er in seinem speziellen Fach bei kartographischen Vorarbeiten in Ostnepal (1961). Nicht nur, daß er 1928 an der gemeinsam vom DuOeAV, der Notgemeinschaft Deutsche Wissenschaft sowie der russischen Akademie der Wissenschaften ausgerichteten Pamir-Expedition teilnahm und mit zwei anderen deutschen Teilnehmern die noch jungfräuliche Spitze des Pik Lenin (damals noch Pik Kaufmann) erreichte. Er war auch in den 30er Jahren dabei, als Expeditionen ans andere Ende der Welt noch rar und

nationale Sache waren. Der Tiroler Ruheständler ist einer der wenigen, wenn nicht der einzige Bergsteiger, der an „Kundfahrten" unter beiden Dyhrenfurths, unter Günter Oskar aus Breslau, dem Himalaya-Experten, und unter dessen Sohn, dem Filmprofessor Norman teilnahm.

„Sie haben damals in der Frontstadt Vorträge gehalten über Ihre Expedition in die Cordillere Blanca?"

Schneider ließ sich Zeit. Seine Antwort klang nachdenklich. „Ach wissen Sie, ich kann mich kaum an diese zuletzt schrecklichen und grausamen Kriegstage in Berlin erinnern. Ich glaube, ich habe das alles vor Entsetzen, und zwar mit Erfolg, verdrängt..."

Erwin Schneider wurde 82 Jahre alt. Er starb im August 1987 — einer, der als Kartograph Maßstäbe setzte, und einer, der in der schlimmen Zeit gegen Kriegsende bei den Berlinern ausharrte.

*

Wenig läßt sich von diesen letzten Monaten und Tagen, als im Feuersturm der Luftangriffe die ehemalige Reichshauptstadt in Schutt und Asche versank und sich Soldaten zwischen den Häuserzeilen bekämpften, mit Dokumenten belegen.

Die Hohenzollern teilten in einem spärlichen Mitteilungsblatt — eine Seite — mit, daß Sektionschef C. Otto Friedrich, von 1908 bis 1910 Wetterwart auf der Zugspitze, sowie Johannes, Leopoldine und Dr. Friedland Krause bei einem Bombenangriff ums Leben gekommen waren. Unglaublich, aber am 21. Januar 1945 trafen sich die Freunde noch zu einer Wanderung nach Henningsdorf, an der Havel entlang bis Ziegelei Werder, mit Kaffeerast im Gasthof Krumme Linde, und am 13. Februar zu einem Lichtbildervortrag über „Sonnentage im Frieden der Zillertaler Alpen".

Die letzten Nachrichten — nur noch eine halbe Seite — erreichten die Adressaten, wenn sie noch am Leben waren oder nicht fluchtartig die Stadt verlassen hatten, im März 1945: Anna Homolka war im Bombenhagel gestorben, vier Sektionsfreunde hatte man als Soldaten hoch dekoriert.

Dann kam das Ende für Berlin, nach dem Ende von Königsberg, Stettin, Cottbus, Dresden und von Gleiwitz. Montag, am 30. April 1945 stürmten russische Soldaten den deutschen Reichstag und zogen die rote Fahne auf, Anfang Mai schwiegen in Berlin die Waffen — aber erst am 6. Mai kapitulierten die Verteidiger von Breslau.

Aus den deutschen Ostgebieten zogen in endlosen Schlangen erschöpfte Menschen — 9,5 Millionen waren auf der Flucht — durch das zerstörte Land und versuchten so weit wie möglich nach Westen, zu Amerikanern und Engländern zu kommen. Viele besaßen nicht mehr, als sie auf dem Rücken oder in zwei Händen tragen konnten.

Und Berlin lag in Trümmern.

Wer konnte sich da noch ein anderes, ein freies, schönes Leben vorstellen — auf der Radurschlalm, vor Waxeck- und Hornkees, oder am Rofenberg im Kranz der Ötztaler Eisgipfel? Wer überlebt hatte, mußte sehen, daß er nun am Leben blieb in diesem Schuttberg, der einmal ihre Stadt war.

*

Johannes Maier, Jahrgang 1925, der vorerst letzte in der langen Reihe von Sektionschefs, erinnert sich:

‚Die letzten zwei Kriegsjahre waren für die Berliner — ich war inzwischen eingezogen — sehr übel aufgrund der immer stärker werdenden Bombenangriffe. So sind die meisten Unterlagen in den Geschäftsstellen der Sektionen vernichtet worden. Einige hatten ihren Sitz meines Wissens im heutigen Ost-Berlin, so daß in der Nachkriegszeit von drüben nichts mehr zu retten war. Als ich 1948 aus der Kriegsgefangenschaft entlassen wurde, gab es noch keine Vereinsaktivitäten. Allerdings trafen sich schon damals einige Freunde und gründeten eine Schuhplattl-Gruppe, die von den Alliierten auch genehmigt wurde. Daß der verbotene Verein dahintersteckte, wußten die Amerikaner natürlich nicht.'

Vom 3. Dezember 1945 stammt ein Bettelbrief von Erich Sorger, der sich bemühte, versprengte Hohenzollern zu sammeln: ‚Da unsere Sektion nicht arbeiten darf und wir an unser Vermögen nicht herankommen können, bitten wir zur Überbrückung um eine Spende...'

Walter Nagel weiß noch, was dann geschah: ‚Als Sorger versuchte, uns ehemalige Vorstandsmitglieder zusammenzuholen, wurde er prompt verhaftet und mußte einige Zeit ins Gefängnis.' Ihr letztes, notdürftig zusammengeflicktes Sektionsbüro war zwar nicht total zerbombt, aber völlig ausgeräumt worden. Deshalb machten sich die „Notvorstände" Nagel und Emil Schröder auf die Suche nach der verschwundenen Bibliothek und dem wichtigen Archiv. Ihr erster Gang führte sie zum zuständigen Polizeirevier. Welche Überraschung! Dort hingen sauber an die Wand genagelt einige ihrer schönsten Bergbilder, nun zur Erbauung von Berliner Schupos.

In der 100er Jubiläumschronik ist zu lesen, daß einige der Restberliner Ende 1945 versuchten, den Verein wieder aufleben zu lassen — damals war Johannes Maier 20 Jahre alt und noch in Gefangenschaft. Sie haben ihre ersten Korrespondenzen aufgehoben, darunter handbeschriebenes Packpapier, Formulare zum Nachweis politischer Unbedenklichkeit, Befragungen durch die mißtrauischen alliierten Besatzer, Notizen über Rivalitäten zwischen den ehemaligen Sektionen.

Aber schließlich wurde auch in Berlin, ähnlich zögernd wie im Westen, Zeichen gesetzt: 1949 unterschrieb Oberbürgermeister Ernst Reuter die Zulassungsurkunde für den „Alpenverein Berlin", der mit dem vorbeugenden Untertitel „D' Hax'nschlager" gegen alliierte Verdächtigungen abgeschirmt blieb. Ein Jahr danach kam es auf dieser Basis zum Zusammenschluß aller ehemaligen Berliner Sektionen, mit Ausnahme der Charlottenburger, die sich als Extra-Verein in Berlin lizensieren ließen. Mitgliederstand: 577. Der Krieg hatte mächtig Beute gemacht.

Und er ließ sie nicht los.

Von Juni 1948 bis Mai 1949 blieb die geschundene Stadt blockiert. Nur „Rosinenbomber" hielten sie über die historische alliierte Luftbrücke als westliche Insel jenseits des Eisernen Vorhanges am Leben.

*

Was dieser Tage kaum vorstellbar ist: Noch Anfang 1949 war Restdeutschland von der Außenwelt abgeschlossen. In diesem Jahr forderte der Würzburger Abgeordnete und Bergsteiger Hans-Heinz Bauer den bayerischen Landtag per Anfrage auf, bei der amerikanischen Militärregierung zu erreichen, daß in den Sommerferien wenigstens die Jugend zu Bergfahrten in die Schweiz, nach Österreich und Italien reisen könne. Im August 1951 öffneten sich endlich die Schlagbäume für Steiermark, Kärnten, Salzburg, Oberösterreich südlich der Donau, Tirol und Vorarlberg. Dafür mußten ein ausgefülltes Antragsdoppel, der Reisepaß und neun Deutsche Mark als Gebühren beim österreichischen Konsulat eingereicht werden.

Und wieder begannen sie, wie einst die Vorväter, bienenfleißig an ihren Hütten und Wegen zu schaffen. Denn in den Bergen wohnt die Freiheit...!

Bis die „chinesische Mauer" zwischen Ost und West auch das einst so lebenslustige Berlin 1961 in zwei Hälften teilte.

Dazu Johannes Maier: ‚Unsere Ost-Mitglieder waren nun endgültig ausgesperrt. Wo noch Unterlagen vorhanden sind, führen wir sie ehrenhalber in unserer Kartei weiter. Gelegentlich haben wir noch Kontakte über die Mauer hinweg. Oder Rentner kommen und besuchen uns. Wir freuen uns jedesmal sehr über ihre Treue und Anhänglichkeit über Jahrzehnte. Aber das alles ist nur eine Frage der Zeit. Einige Jahre, bis das letzte noch lebende Mitglied das Zeitliche gesegnet hat.‘

‚Vorsicht — die Preußen kommen!‘ Ein Schlachtruf, den man heute noch gelegentlich, unterwegs in den Bergen, als Preuße zu hören bekommt. Sie waren und bleiben eben eine Säule der Bergsteigerei, die Spree-Athleten. Nun wieder an die 7000, mit steigender Tendenz.

160

Berge in Not!

Von „Gefahren der alpinen
Überkultur" berichten wir in
diesem Kapitel, von Schneeschuh-
läufern im Thüringer Wald schon
anno 1877 und den unzähligen
Clubs dort, insbesondere in
Erfurt, Jena, Weimar, Gera,
Sonneberg — und von Pößneck
mit seiner berühmten Via Ferrata
im Sellastock.

Der alte Mann seufzte. Es war heiß. Man hatte ihm eilig Stuhl und Son-
nenschirm gebracht. Die Enkel tollten auf dem Parkplatz herum, sein
Schwiegersohn stellte die Rucksäcke zurecht. Ein schwüler Julitag 1970.
Da saß er nun im Schattenoval des Schirms und wartete. Hans Nitze, Erfurter Oberlandesgerichtsrat a. D., blinzelte hinüber nach Pertisau, ließ
den Blick langsam über den mit Krummholz bewachsenen Sockel der
Seeberg-Spitze gleiten und suchte den Uferpfad, der durch Rinnen und
über ins Wasser reichende Flanken jenseits des Achensees bis zu seinem
nördlichen Ende führte.
Wieder seufzte er. Dieser Karwendelblick war ihm durch lange Jahrzehnte ein treuer Begleiter gewesen, daheim in Thüringen als Traum, aber hier
als Teil seines zweiten Lebens.
Dann sah er den Bürgermeister, der ohne Umschweife auf ihn zusteuerte.
Der hat es aber eilig, dachte er amüsiert. „Ja — der Herr Doktor"!, be-
grüßte ihn der Gemeindechef von Eben erfreut, „daß Sie uns besuchen!
Wir haben alles vorbereitet, damit Sie bequem zur Hütte hinaufkom-
men ... Grüß Gott alle miteinand", sagte er und winkte den anderen zu.
Behutsam nahm er Dr. Nitze am Arm und führte ihn am Ticket-Schalter
vorbei zur weit geöffneten Seilbahnkabine. „Diesmal nur für Sie und Ihre
Kinder, Herr Doktor", erklärte er lachend und gab das Signal frei für die
Bergfahrt.

Bergstation der Seilbahn über dem Achensee im Karwendel unmittelbar neben der Erfurter Hütte

Langsam schwebte die Gondel empor, an jedem Tragpfeiler mit gedrosseltem Tempo, um die Erschütterungen beim Übergleiten der Stützen auf ein Mindestmaß zu reduzieren. „Das hättest Du auch nicht gedacht, Vater", sagte seine Tochter, „daß Du nur wegen dieser Seilbahn, die Du so wütend bekämpft hast, Deinen 90. Geburtstag auf unserer Hütte feiern kannst — es sei denn, wir hätten einen Hubschrauber bestellt!"

Hans Nitze lächelte gutmütig und nahm den Hut ab, um sich den Schweiß von der Stirn zu wischen. Sein kurzgeschnittenes, weißes Haar leuchtete silbrig im Glanz der schräg einfallenden Sonne. Er nickte Gudrun Arntz, der Tochter, zu. „Komisch genug", antwortete er, „das nennt man ja wohl Ironie des Schicksals..."

Diese Kämpfe um die Unversehrtheit der Bergwelt, dachte er, wie lange geht das schon. Angefangen hatte es bejubelt mit der Zahnradbahn am Mount Washington, New Hampshire. Danach feierten Schweizer Techniker Triumphe. Als sie nach der Jungfrau auch dem Matterhorn zu Leibe rücken wollten, kam es mit 200 000 Unterschriften zur ersten weltweiten Protestaktion gegen den Bau einer Gipfelbahn. Vom 22. August 1890 stammt das Konzessionierungsgesuch des Buchdruckers Leo Heer-Bétrix aus Biel für eine „Zermatter Hochgebirgsbahn" dreistufig auf das Mat-

terhorn: Am Sockel als Zahnradbahn, dann bis an den Fuß des „Horns"
als Seilbahn, und schließlich als Lift mit zwei Stationen senkrecht im Fels
empor bis auf die Spitze. Sie wurde trotz Genehmigung nicht gebaut, einerseits wegen der Empörung und des Aufsehens und andererseits, weil
den Antragsteller inzwischen das Zeitliche gesegnet hatte. Zwei weitere
Horn-Projekte — 1907 und 1950 — blieben im Ansatz stecken.

Ähnlich spektakulär verlief der Bau der Zugspitzbahn auf den „vater-
ländischen", den höchsten deutschen Berg. 1907 stand das Projekt
erstmalig zur Diskussion, verzögerte sich durch Krieg und Inflation,
schlief jedoch nie ganz ein und führte 1923 zu der Erklärung, daß 'vom
Standpunkt des Naturschutzes erhebliche Bedenken gegen die Genehmigung des Gesuches bestehen'. Gleichzeitig geriet der Alpenverein unter
Beschuß, denn 'wir fühlten uns an die Pflicht erinnert, nicht Gewehr bei
Fuß dazustehen, wenn die Gewinnsucht ihre Krallen nach den Bergen
ausstreckte, sondern diese zu verteidigen und zu schützen'.

Es kam in München zu tumultartigen Protest-Veranstaltungen unter dem
Motto „Berge in Not!" und einer Resolution, daß er ‚niemals seine Zustimmung dazu geben wird, daß die heiligsten Güter, die dem ganzen
Volk gehören, der Profitgier nur weniger und der Entweihung durch eine
sensationslüsterne Masse ausgeliefert werden'. Der Aufruhr endete mit
der kategorischen Forderung an die Regierung: „Seid der Berge Hüter!"

Anders als im Matterhorn-Dorf Zermatt setzten sich hier die Bahngegner
nicht durch. Eine weitaus folgenreichere Niederlage erfuhren Naturschützer aller Couleur am Großglockner.

Hatte es doch beim Streit um den Friedrich-August-Höhenweg in den
Dolomiten am Sellajoch bei der Zwangsenteignung des Grundbesitzers
— eines Bauern — für die geplante Trasse noch geheißen, 'diese Entscheidung hat für den Alpinismus eine große Tragweite, denn zum erstenmal wurde das Verfahren für solche Zwecke angewendet' (Innsbrucker Nachrichten, 25. 8. 1910), so kehrten sich nun die Verhältnisse in
Heiligenblut um.

Dort hatte der Verein Besitz. Als nämlich ein Bodenspekulant das Eigentum der Aicheneggs — deren Stammvater dem Prager Johannes Stüdl
den Bauplatz auf der Adlersruh nicht verkaufte — mit Option erwerben
wollte, übergab die Familie das gesamte Terrain dem DuOeAV auf ewig
mit der Auflage, ‚das gewidmete Großglocknergebiet als Naturschutz-
park der Zukunft zu erhalten'.

Trotzdem, und trotz inzwischen erlassener Naturschutzverordnungen des
Landes Kärnten, wurde der Verein für den Bau eines zweieinhalb Meter
breiten „Promenadenweges" von der Franz-Joseph-Höhe durch die
wegen ihrer Flora auch von Wissenschaftlern wild verteidigte Gamsgru-
be bis zum Wasserfallwinkel am südlichen Bockkar-Kees enteignet. Alles
vergebens, auch im Rofan. Bittere Erinnerungen, dachte Dr. Nitze.

Vielleicht hätte man sich anderer Protestmittel anstelle der unzähligen Bittbriefe und Gesuche bedienen sollen. Ähnlich aufsehenerregend wie die der Leute von „Robin Wood" oder „Greenpeace". Sicher wäre das frühe Naturschutzengagement des Alpenvereins eher in das Bewußtsein von Legislative und Exekutive gedrungen sein als jetzt verspätet mit der sorgfältig dokumentierten Aktion „Der Bergwald stirbt!"...

Die Kabine mit dem alten Erfurter und seiner Familie schwebte langsam in die Bergstation ein. Blitzartig zogen die Stationen seines Widerstandes gegen die Öffnung der Mauritz-Alm für den Massentourismus, dieser unvergleichlich schönen Karsthochfläche, an dem alten Herrn vorbei: Seit Ende des Krieges der Versuch, das Rofangebirge zum Naturschutzgebiet erklären zu lassen; seine unzähligen, erfolglosen Eingaben an das österreichische Bundesministerium für Verkehr, die unterstützungswillige Internationale Alpenkommission und an die Tiroler Landesregierung, die nicht einmal antwortete; und die Antwort Heinrich Kliers vom Pressereferat des ÖAV, ‚Sie müßten über die Macht des Geldes Bescheid wissen, wir sind immer dem Kapital unterlegen'; 1955 das „Proponenten-Komitee" für den Bau einer Bahn zur Erfurter Hütte, 1957 Gründung einer Aktiengesellschaft für das Seilbahnprojekt, 1959 die Inbetriebnahme und 1961, als es zu spät war, die Erklärung des Rofans zum Naturschutzgebiet.

Trotzdem — dachte Nitze, als er wieder Boden unter den Füßen spürte! Er betrachtete das vertraute Erfurter Haus, den Gschöllkopf dahinter, jenseits die Rofan-Spitze und das Sonnenwedjoch, und es wurde ihm warm ums Herz: Die Gudrun hat recht. Er nickte seiner Tochter zu: „Ohne die Bahn könnte ich morgen hier nicht mit Euch den 90. Geburtstag feiern", sagte er, „das ist wirklich komisch!"

Komisch ist es auch, daß im beschränkten bayerischen Alpenraum mit schon über 1600 Skiliften und 130 Sessel- sowie Luftseilbahnen — trotz erwiesener Unwirtschaftlichkeit einiger Anlagen — zu Beginn des Jahres 1986 ganze 30 Anmeldungen für Neu- und Ausbauvorhaben vorlagen, so jedenfalls beantwortete die Staatsregierung eine besorgte Anfrage im bayerischen Landtag.

Sicher, die Naturschützer haben einiges bewegt, aber viel Glück haben sie nicht gehabt. Dabei rührten sie sich schon vor 100 Jahren, als im Kanton Bern das erste Gesetz zum Schutz des Edelweiß erlassen wurde (1879), das bei Strafe von 5 bis 50 Franken Feilhalten, Verkauf und Export mit Wurzeln verbot. 1000 Florint in Gold stiftete der DuOeAV zum Aufforsten am Reschen bis nach Naturns (1880), der italienische Club forstete gleichzeitig in Como und Leco auf, und der Wiener Bergsteiger Oskar Molitor warnte vor den Gefahren der alpinen Überkultur: ‚Durch die Kulturwelt schallt der Ruf nach Erhaltung von Landstrichen in ihrer Ursprünglichkeit. Spätere Geschlechter werden es dankbar empfinden, daß das Zeitalter der Technik und des rastlosen Gelderwerbes solcher Ideale fähig war...'.

*

Ein Tag, den Gerd Arntz, Diplom-Ingenieur, zeitlebens nicht vergißt. Unmittelbar vor seinem letzten Fronteinsatz hatte er Gudrun Nitze, die Tochter des Erfurter Alpenvereins-Chefs, geheiratet. Bei den folgenden Kämpfen geriet er in Gefangenschaft. Der jetzige Ehrenvorsitzende der Sektion Erfurt, die nun ihren offiziellen Sitz in Ettlingen hat, erinnert sich:

‚Endlich waren wir aus der Enge übervoller Züge heraus und stiegen von Maurach durch den Hochwald bergauf. Noch vor 14 Tagen war ich weit und unerreichbar hinter Mauern und Stacheldraht. Zwar hatten sich in letzter Zeit die Gerüchte verdichtet, daß auch die letzten Kriegsgefangenen entlassen werden sollten. Doch wie oft waren diese Hoffnungen enttäuscht worden. Dann das Aufrufen meines Namens aus der Masse der in der Baracke eingepferchten Kameraden, das Einkleiden in Zivil und der Transport bis zur Grenze mitten in Deutschland. Aber das Gefühl der Freiheit kam erst, als der Bus über den schmalen weißen Strich quer über die Straße zwischen Wartha und Herleshausen fuhr. Dann kam der Augenblick, als ich meine Frau und meinen bald zehnjährigen Sohn am Zug in Karlsruhe in den Arm nehmen konnte; ich hatte ihn noch nie gesehen!'

‚Nun der steile Pfad, er erschien mir wie der Weg zum höheren Glück. Mit meinem verletzten Bein hatte ich Schwierigkeiten. Das anfängliche Glücksgefühl war vergessen, zu mühsam war das Vorwärtskommen. Die ungewohnte körperliche Anstrengung trieb mir den Schweiß aus den Poren. Dann kam strahlend die Sonne heraus. Wie tausende von Sternen glitzerte die weite, unberührte Schneefläche. Mir schien es plötzlich wieder besser zu gehen. So erreichten wir die Höhe des Sattels. Vor uns lag, kaum 500 Meter entfernt, die Hütte, tief eingeschneit.'

‚Ich stand zum erstenmal — Gründonnerstag 1954 — vor diesem Haus, von dem ich soviel gehört hatte und das nach meiner Vaterstadt genannt ist. Als dort nach Bomben und Enteignung kein sinnvolles Leben mehr möglich war, ist auch meine Familie von dort fortgegangen. Nun stand ich in Österreich fast 2000 Meter hoch vor einem Stückchen Heimat. Die freie Bergwelt half mir, nach zehn Jahren zu Frau und Kind zu finden und Vergangenes leichter zu vergessen.'

*

Die Bahn hatte die kleine Familie des Heimkehrers Arntz von Jenbach bis nach Maurach transportiert. Wie lange man noch vor dem Krieg ins

Rofan brauchte, erzählte für die Chronik der Erfurter August Aßmus: ‚Um 20 Uhr Abfahrt unserer Gruppe in Erfurt, 22 Uhr Anschluß in Saalfeld an den D-Zug Berlin-Innsbruck. Am nächsten Morgen gegen 10 Uhr Ankunft in Jenbach, weiter zu Fuß, weil die Achensee-Bahn noch nicht fuhr und nur noch abends ein Bus ging, mit Ski und Rucksack bis Maurach, Ankunft 15 Uhr. Weiter und Erreichen der Hütte um 18 Uhr. Weil es damals noch keine Wasserleitung gab, wurde anderntags in 25-Liter-Kannen Wasser von der Quelle geholt: 1500 Liter. Der Wirt sammelte es in Fässern vor der Hütte!'

Arntz, dem man 1969 die Geschicke der BRD-Erfurter und ihres Berghauses in die Hände legte, wußte bald mehr von den alten Thüringer Landsleuten, die seit 1880 ihren Beitrag zur Erschließung der Alpen leisteten. Schwiegervater Nitze fand in ihm einen aufmerksamen Zuhörer.

Als Arbeitsgebiet wiesen die Strategen des Vereins den tatendurstigen Flachland-Bergsteigern die Goldberggruppe zu, konkret die Rauriser Seite des Hohen Sonnblick in den Hohen Tauern. Kolm-Saigurn war ihr zentraler Punkt, von wo aus sie „Duftmarken" hinterließen: Steige, von denen lediglich der „Erfurter Weg" an Fleiß und Investitionen der Thüringer erinnert. Bald gaben sie die Tauern wegen der zeitverschlingenden Entfernung auf und entdeckten für ihren Ehrgeiz das Rofangebirge. Noch bevor die Hütte dort stand (1885), waren mit Bienenfleiß die umliegenden Gipfel und Übergänge begehbar gemacht und der Grundbesitz auf 5000 qm abgerundet worden. Kaum nachvollziehen läßt sich, daß sie seinerzeit zur Anlage des Weges aus dem Tal über die Dalfaz-Alm an die Bauern Entschädigungen zahlen mußten. Heute gibt es dort einen florierenden ländlichen Gastbetrieb.

Die erste Erfurter Hütte hielt nur bis 1920. An einem Oktobertag brannte sie lichterloh bis auf das Mauerwerk nieder.

Wie es zu dem Brand kam, blieb ein Rätsel, denn das Haus war um jene Zeit ohne Wirtsleute und nur für Selbstversorger mit dem „Alpenvereinsschlüssel" zugänglich. Sorglosigkeit? Das Feuer im Herd vor dem Aufbruch nicht gelöscht? Es wäre nicht das erste, das auf diese Weise endete. Von diesem Brand existiert ein Foto — von dem Dokumentaristen weiß man jedoch nichts.

Geben wir nun dem Tiroler Hans Kostenzer das Wort, der mit dem zweiten, 1925 eingeweihten Gebäude verwachsen ist wie nur wenige Erfurter. Der brave Mann, Jahrgang 1905, hält in grüner Hausmannsschürze immer noch Wacht, obwohl ihn ein Sohn schon vor Jahren als Wirt ablöste.

Erfurter Hütte (1834 m), als sie 1920 abbrannte

Wie wird man Betreuer einer Berghütte? Der Peter erzählte es uns: ‚Mein Vater war gräflicher Pächter am Gassenhof in Tatzburg. Zu diesem Hof gehörte auch die Almnutzung der Hälfte der Mauritz-Alm, und die Wirtin der Erfurter Hütte bekam Milch und Butter von uns. Nach dem ersten Krieg war ich schon den dritten Sommer auf der Alm, als endlich wieder Leben in die Hütte kam. Ich habe noch den Professor Weber gekannt, der sich von 1907 bis Ende der 20er Jahre jeden Sommer zu Studienzwecken oben aufhielt und in der Hütte wohnte. Er studierte das Rofan geologisch und hielt im Winter an den Universitäten Wien und Prag Vorträge darüber.‘

‚Als Heimkehrer 1945 ging ich sofort auf die Alm, um dort Ruhe zu suchen. Da war ein kommissarischer Hüttenwart und trug mir die Hütte an, was ich ablehnte. Ich war durch die Kriegsereignisse krank, mehr gemütskrank und suchte Ruhe. Alle öffentlichen Ämter wurden von der Widerstandsbewegung bestellt. Dieser hatte ich nicht angehört. Ich hatte nun das Unglück, diese Menschen in ihrem Tun zu betrachten und mir selbst ein Urteil zu bilden.‘

‚Zwei Jahre später kam mir der Antrag vom Alpenverein Innsbruck zustatten. Es war mir alles gut bekannt, und so bewarb ich mich. Ich hatte Glück; es war meine zweite Heimat schon von früher. Am 26. Mai 1947 bezog ich als Pächter die Hütte.‘

‚Wenn ich nun festhalte, wie ich als Hüttenwirt die Menschen sah, so kann ich nur sagen, daß es sehr interessant war. Wir hatten Gäste mit bekannten Namen, z. B. König Baudouin von Belgien mit Schwester Charlotte, Kardinal Döpfner aus München und Bischof Hiltl aus Regensburg, General von Pertolsheim, Professoren und Prälaten. Sie fühlten sich wohl, auf der Hütte auch Mensch sein zu dürfen, ganz besonders mein Freund, Geschichts- und Mathematik-Professor Lobbichler. Er war zwölf Sommer zwei bis drei Wochen bei uns.‘

So aber endete die Idylle auf der Mauritz-Alm im Rofangebirge — Zitat aus der Tiroler Tageszeitung vom 18. 10. 1960, ein Jahr nach der Betriebseröffnung der Seilbahn von Maurach zur Erfurter Hütte:

‚Eine Völkerwanderung geht durch diese kleine, außerordentlich schöne Berggruppe ... eine Masseninvasion. Nicht daß den Sommergästen die Freude am Rofan und der Seilbahn vergönnt wird. Aber es muß entschieden gefordert werden, daß sie sich entsprechend benehmen. Papierfetzen, Flaschenscherben, Eierschalen, leere Konservendosen bleiben zurück. Warum wird der Rofan nicht zum Naturschutzgebiet erklärt, warum zögert das zuständige Amt der Landesregierung?‘

Aber da hatte Dr. Nitze schon enttäuscht sein Amt als Sektionschef niedergelegt.

Und nun hatte ihn die Mauracher Seilbahn ein letztes Mal hinaufbeför-
dert, an seinem 90. Geburtstag im Juli 1970.

*

Den Dolomiten-Rosengarten bewacht der listige Zwergenkönig Laurin;
die Riesengebirgler vertrauen auf Rübezahl. Und die Thüringer haben
den verzauberten Kaiser Barbarossa, der im Kyffhäuser — einem knapp
500 Meter hohen waldigen Bergrücken — auf seine Wiederkehr wartet.
Vielleicht kennen einige in der neuen Heimat noch das Gedicht von
Friedrich Rückert „Der alte Barbarossa", das sie als Schulbuben aus-
wendig lernen mußten?
Die Alten werden immer weniger. Mit Hans Nitze ging ein Stück Hei-
matgeschichte dahin. Wer weiß westlich der deutsch-deutschen Grenze,
daß in Erfurt Adam Riese das erste Rechenbuch — 1518 — schrieb, die
noch früher gegossene „Gloriosa" des Erfurter Doms den Krieg und
nach einem Sprung die komplizierte Reparatur zwischen Himmel und
Erde überstand? Daß die viel jüngere Glocken-Schwester der „Königin
des Abendlandes", die Frankfurter Gloriosa, vom Dom aus über die
Mainmetropole schwingt? Und wer weiß noch, daß es gegen Ende des
vorigen Jahrhunderts bis zur ersten deutschen Republik acht thüringi-
sche Staaten gab?
Wer, bitteschön, ist darüber informiert, daß dort schon auf Schneeschu-
hen gelaufen wurde, als man in den Alpenländern noch an der Nützlich-
keit der hölzernen Bretter zweifelte?
Brauereibesitzer Traitschke, Mitglied der Erfurter Alpenfreunde, ließ
wissen, daß er seit 1877 im Thüringer Wald Schneeschuhe benütze und
eines dieser Geräte im Domänengasthof Oberhof zum Ausprobieren abgestellt habe.
Sektions-Veteran August Aßmus erzählte, wie sich der Skibetrieb im
Thüringer Wald in der Vorkriegszeit abspielte:
‚Im Winter wehte auf dem Erfurter Bahnhofsturm ab Samstagmittag bei
gutem Wetter eine blau-weiß gewürfelte Fahne, wenn Skisonderzüge der
Reichsbahn zum halben Preis verkehrten. Zwei samstags, drei sonntags
ab 7 Uhr und zwei fahrplanmäßige. Jeder faßte 2000 Personen; gelegent-
lich transportierte die Bahn bis zu 18 000 Personen nach Gehldorf oder
Oberhof im Thüringer Wald, fast zehn Prozent der Erfurter Bürger.'
‚Auf unseren Skiwanderungen am Rennsteig — dem Kamm des Thürin-
ger Waldes — begegneten uns ganze Rudel von Langläufern. Mancher
Olympiasieger war unter ihnen, z. B. aus Tambach-Dietharz der Gold-
medaillengewinner 1936, Kaufhold oder der Skispringer von 1932, Erich
Recknagel aus Zella-Mehlis; die Namen der späteren Medaillengewinner,

ob sie nun Recknagel, Lesser oder Weißhaupt hießen, waren für mich Begriffe. Bin ich doch mit den Vätern, meist Großvätern dieser DDR-Nachkriegselite oft zusammengewesen.'

Der Thüringer Gustav Räther spielte eine Rolle im 1905 entstandenen Deutschen Skiverband und gehörte zu dem Team, das die Olympischen Winterspiele 1936 in Garmisch-Partenkirchen organisierte. Im Obergeschoß der Erfurter Hütte hängt sein Konterfei.

*

Von den mehr als 15 thüringischen Bergsteiger-Gruppen spielten die Erfurter nicht ungern eine stolze Außenseiter-Rolle, ähnlich wie die Sonneberger, letztere vom Wohlwollen ihres Landesherren, se. Hoheit Herzog Georg von Meiningen begleitet. Sie etablierten sich als Wege- und Hüttenbauer am Hohen Göll in den Berchtesgadener Alpen und eröffneten 1900 das Purtscheller-Haus, benannt nach einem Helden des Alpinismus, der gerade in Genf an den Folgen eines Bergunfalls gestorben war. Ohne Grenzsperre, halb auf deutschem, halb auf österreichischem Grund stehend, entwickelte sich dieser Stützpunkt unmittelbar nach dem letzten Krieg zum Treffpunkt auseinandergerissener Familien, die sich hier herzbewegend und oft dramatisch wiederfanden — und erneut trennen mußten. Übernachtungszahl von 1946: 22 000 — bei einer Kapazität von 73 Schlafgelegenheiten.

Zu den Außenseitern gehörte auch der Club Gera, seit 1879 eingeschriebener Verein in der Hauptstadt des Fürstentums Reuß und Bauherr am Tuxer Hauptkamm, wo bald die Geraer Hütte öffnete. Ihm sind der beeindruckende Übergang an der Alpeiner Scharte zum Pfitscher Joch und der Wildlahnerweg zu verdanken. Während der Kriegsjahre entstand oberhalb der Hütte ein „kriegswichtiges" Molybdänbergwerk (= hartes, zähes Schwermetall) mit Unterkünften für 1000 Arbeiter, das nie in Betrieb genommen wurde.

Nur zwei der Außenseiter dauern — mit Sitz in Ettlingen und Coburg — fort. Gera ist „eingegangen" und übergab das Haus, Talort Gries am Brenner, der bayerischen Sektion Landshut.

Später dominierend für alle anderen war der e. V. Jena in einem Städtchen, wo einst einer den anderen kannte und die Universität den Mittelpunkt bildete. Carl Zeiss wechselte erst 1846 von Weimar an die Saale und machte sich mit seinen Mikroskopen und Linsen als „begnadeter Mechaniker" den Jenenser Wissenschaftlern unentbehrlich. Im gleichen Jahr, als er mit Compagnons JENA'er Glas zu produzieren begann (1882), trommelte ein Professor Dr. Fuchs einige an Flora und Fauna interessierte Herren zusammen und gründete die Sektion Jena, die sich bald darauf mit der „Geographischen Gesellschaft für Thüringen" vereinte.

Ihr Landesvater, Regent des Großherzogtums Sachsen-Weimar-Eisenach, schickte seinen Sohn, Prinz Ernst, als Mitglied zu den noblen Herren. Ein Grund mehr, sich nach einer Bleibe im Gebirge umzusehen. Aber um den Bau einer „Acht-Staaten-Hütte" kam es zu erheblichen Meinungsverschiedenheiten. Sie dauerten fast 30 Jahre. Die Idee, mit den anderen Thüringer Sektionen einen gemeinsam getragenen Stützpunkt zu errichten, war ähnlich schwierig zu realisieren, wie heute die Europäer unter einen Hut zu bringen. Grund genug für einige, zu passen. Das Werk kam erst in Gang, als sich zehn Parteien auf die Gründung eines „Gauverbandes der Thüringer Sektionen des DuOeAV" festlegten (1920): Apolda, Hildburghausen, Jena, Meiningen, Pößneck, Rudolstadt, Saalfeld, Schleiz, Schmalkalden und Weimar. Er brauchte fünf Jahre, dann konnte die „Thüringer Hütte" in der Venedigergruppe der Öffentlichkeit übergeben werden, gewißermaßen als Ersatz für die Habach-Hütte der Berliner, die nach 16 Jahren fröhlichen Hüttenzaubers an ihrem exponierten Platz unter dem Kratzenberg am Habachkees von einer Lawine bei Kriegsanfang 1914 zertrümmert wurde.

Die alte Thüringer Hütte (2400 m) hielt, bis 1958 eine Lawine kam. Sie wurde an anderer Stelle wieder aufgebaut.

171

Sie hatte, wie viele dieser Berghäuser, ein wechselvolles Schicksal: geriet in wirtschaftliche Bedrängnis, als nach 1933 der Ferienverkehr ins benachbarte Österreich von den neuen deutschen Machthabern drastisch eingeschränkt wurde, erlebte nach der „Heimkehr der Ostmark" Besucherrekorde, wurde nach dem Krieg von den Siegermächten beschlagnahmt. Und 1968, nach allen Schrecken und Krisen, kam eine Lawine und schlug sie zu Bruch. Für den Neubau errechnete man 400 000 Deutsche Mark Kosten. 20 000 davon stifteten die Zeiss-Werke, die — wie die neugegründete Sektion Jena auf dem Zug von Ost nach West — für ihren neuen Sitz Oberkochen auswählten.

1973 war die neue Thüringer Hütte fertig, die Sektion als Rechtsnachfolger des Thüringischen Sektionenverbandes in die neue Heimat integriert und nach stürmischen Debatten mit Mehrheitsbeschluß als „DAV-Sektion Oberkochen" im Amtsgericht eingetragen. Ihr Chef ist diplomierter Ingenieur und Mitarbeiter der Zeiss-Werke...

*

Das war in dürren Worten die Beschreibung einer Gruppe von Bergsteigern aus Thüringen, die hier heimisch wurde und dem Gebirge treu blieb. Mit den Worten ihres Chronisten ‚gibt es Geschehen im Leben eines Bergsteigers, die mehr wiegen als der Sieg über einen namhaften Gipfel, die einmalig sind in einer Generation: das ist z. B. die Weihe einer sektionseigenen Hütte und das Glück, dabeigewesen zu sein'.

Verstehen mag das nur, wer schon im Elternhaus in der Tradition eines Alpenclubs groß wurde. Ähnliche Verbundenheit mit ihrem Verein erleben vielleicht auch Fußballer, Skiläufer und im Ruhrgebiet Tauben- und Kanarienzüchter.

*

Zum Besitzstand der Thüringer in Oberkochen gehört jetzt auch die Rastkogel-Hütte, die einst Werdauer und Altenburger Untertanen des Herzogtums Sachsen-Altenburg als Außenseiter in den Tuxer Voralpen planten und 1931, inzwischen Republikaner, fertigstellten. Beide schafften den Einstand in die zweite, westdeutsche Republik nicht, einige Versprengte schlossen sich den Jenensern an.

Ihr Tuxer Haus überstand 1000 Nazijahre und den Lawinensturz von 1951, der im Sidantal eine kilometerbreite Spur hinterließ. Er vernichtete 55 Gebäude; elf Menschen starben, 130 Stück Vieh kamen in den Schneemassen um. Zwei Jahre danach brannte die Hütte nach einem Kurzschluß im Mulistall aus. Sie wurde vom OeAV, der die beschlagnahmte deutsche Hütte treuhänderisch besorgte, bis 1955 einigermaßen wieder hergestellt. Für 10 000 Deutsche Mark Abstand ging nach langen Jahren Thüringer Bewirtschaftung die Rastkogel-Hütte in den Besitz der Sammel-Sektion Oberkochen über.

172

Jedes Glied des einstigen Verbandes hat Wege, Gipfelsteige und Bergkreuze hinterlassen, den „Meininger Weg" im Stubai, den „Saalfelder" in den Tannheimer Bergen, den „Weimarer" im Bregenzer Wald. Nur einige davon behielten in memoriam ihren ursprünglichen Namen.

Den berühmtesten vermachte die Sektion Pößneck den nachfolgenden und der Trimm-Generation. Am 23. August 1912 weihte ihn der Pfarrer von Wolkenstein ein. Der „Pößnecker Steig" bleibt ein Superlativ unter den sogenannten Klettersteigen, war die allererste Via Ferrata, was soviel heißt wie „Eisenweg". Die Italiener versuchten zwar, ihn nach Weltkrieg I als „Via Ferrata delle Mesules" endgültig zu adaptieren, aber vergebens. Sein Name bleibt und ist ein Teil Historie.

Sicher, jetzt gibt es zu viele davon. Oskar Molitors Warnungen vor den Gefahren der alpinen Überkultur, ‚zu emsig sind die Vereine an der Arbeit, die letzten Berge zu erschließen, sie durch Drahtseile, Leitern, Eisenstifte und dergleichen zu verunstalten', waren in den Wind gesprochen. Trotzdem sollte unvergessen bleiben, daß am Sellajoch Flachländer aus Mitteldeutschland den waghalsigen Felssteig anlegten.

Hans Kiene, Autor und Innsbrucker Elite-Alpinist, hielt der Anlage die Laudatio, die wir hier gekürzt wiedergeben, um etwas vom Geist der Jahre vor dem Ersten Weltkrieg im Originalton zu vermitteln:

‚Pößnecker „Weg" — das ist also ein offizieller Taufname, und cum grano salis zu nehmen; allenfalls könnte man noch, um jede Irreführung auszuschließen, den Worten „versicherter Klettersteig" den Zusatz „nur für Geübte und Schwindelfreie" hinzufügen. Diese Zusätze sind jedoch nicht cum grano salis zu nehmen, sondern bilden wahrhaftige, tatsächliche Merkmale dieses „Weges", der eine noch ziemlich ungebräuchliche, fast neue Spezies alpiner Kommunikationen darstellt. Keiner von den bisher bestehenden, durch mehr oder minder künstliche Mittel und Versicherungen gangbar gemachten Pfaden in den Dolomiten kommt diesem neuen Wege gleich, den die Sektion Pößneck in Thüringen vom Sellajoche auf die hohe, zweite Terrasse des mächtigen Sellastockes geführt hat. Die großartige Kühnheit des Gedankens, einen Durchstieg durch die senkrechten Westwände der Sella zu bahnen, die Großzügigkeit und technische Kunst, womit dieser Gedanke verwirklicht wurde, werden dieser neuen Anlage einer opferfreudigen, kleinen Sektion einen Ehrenplatz in der Geschichte der hochalpinen Wegbauten sichern.'

‚Sie besteht aus vier Etappen: Die erste reicht vom Sellajochhaus bis zum Einstieg in die Westwand. Die zweite überwindet die 264 Meter hohe Wand bis zum unteren Rande der ersten Terrasse: doppeltes Drahtseil, starke, fest eingemörtelte Winkelklammern und Stifte, durch Behandlung des Gesteins trittsichere Stufen. Zunächst durchsteigen wir den etwa 150 Meter langen Kamin: der unterste Absatz ist rinnenartig, der zweite schon bedeutend näher der Senkrechten, der dritte ein regelmäßiger glatter Stemmkamin mit lustigem Emporklimmen wie über ein Feuerwehrleiter, eine vier Meter hohe Eisenleiter und hoch droben eine zweite, die den Kamin überspreizt.'

‚Die dritte Wegetappe umzieht den abenteuerlich verwitterten, zersägten Grat des seltsamen Piz Chiavazzes — das verhältnismäßig längste und müheloseste Wegstück. Die vierte und letzte Etappe gewinnt den südlichen Kulminationspunkt der oberen Sellaterrasse, den Piz Selva, über dessen 211 Meter hohe Westwand. Dann eine Gratrippe übersteigend mündet man auf das Gipfelplateau des Piz Selva.'

‚Der Pößnecker Weg ist die neue Type eines versicherten alpinen Steiges in höchster Vollendung, eines „Klettersteiges", der dennoch den jähen Wänden, durch die er führt, soviel Naturtrotz übrig läßt, daß jeder, der einige Erfahrung im Fels besitzt, seine wahre Freude daran haben wird!' schrieb Hans Kiene 1912.

Bei schönem Sommerwetter, besonders an Wochenenden, läßt sich auch ohne Fernglas — dreiviertel Jahrhundert später — am Sellajoch der Einstieg zur Pößnecker „Genußtour" ausmachen. Kopf an Kopf stehen sie da, Einzelgänger, Pärchen und ganze Bergsteigerschulen, und ihre bunten Schutzhelme ringeln sich hinauf wie eine Kette aus Plastikperlen.

174

Die Helden und ihr Werkzeug

*Saas Fee und Santa Fe sowie
Berühmtheiten hier wie da sind
Gegenstand der nun folgenden
Betrachtung. Auch von Lassos
und Seilen, von Scouts und
Guides und unerschrockenen
Frauen ist die Rede. Und von
den ersten Gipfelbezwingern im
amerikanischen Felsengebirge.*

Man sollte meinen, mehr als den wohlklingenden Namen haben Santa Fe und Saas Fee nicht gemein. Absurd ist der Vergleich beider Orte jedoch nicht.

Hier wie dort, in New Mexiko und im Schweizer Kanton Wallis dominiert das Gebirge. Die Hauptstadt des amerikanischen Bundesstaates — mit gut 40 000 Einwohnern mehr ein Provinznest — liegt 2130 Meter hoch an den südlichen Ausläufern der Rocky Mountains vor der Kette der Sangre de Christo, was soviel heißt wie „Blut Christi". Ihre Gipfel sind 4000 bis 5000 Meter hoch und bei Sonnenuntergang blutrot gefärbt.

Die Leute von Saas Fee haben sich in einer 1790 Meter hohen, von urzeitlichen Gletschern ausgewaschenen Mulde angesiedelt. Im Halbkreis seiner 4000er-Gipfel Dom, Täschhorn, Alphubel und Allalinhorn kann es der bekannte Ferienort getrost mit dem Sangre de Christo aufnehmen, wenn seine Gletscher im Frühlicht sanft rosa leuchten.

Santa Fe entzückt die Touristen mit Bauten im Pueblo-Stil und seiner indianischen Vergangenheit. In Saas Fee, ähnlich wie Zermatt für Autos gesperrt, ist noch nachzuempfinden, wie gottverlassen dieses Alpendorf einst im Winter gewesen sein muß. Beide Ferienhochburgen sind stolz auf ihre Museen. In New Mexiko zeugt es von mexikanischer und indianischer Kultur und Kunst, und das über dem Saaser Tal von kargen, bäuerlichen Existenzen und den Anfängen des Alpinismus.

Chamonix, „Kitz", „Moritz", Pontresina, Lech, Zürs und Garmisch-Partenkirchen können sich mit der Popularität von Laramie, Dogde City,

Abilene, Ellworth und Wichita messen. Die einen verdanken sie, über den Kontinent hinaus, 1000en Western-Filmen, die anderen einer zunächst kleinen Schar ehrgeiziger Wissenschaftler und fanatischer, häufig ruhmsüchtiger Bergsteiger, bis die „Freizeitgesellschaft" und die Medien sie vereinnahmten. Ihre Zukunft begann, in der alten und der Neuen Welt, etwa gleichzeitig ab Mitte des vorigen Jahrhunderts.

Hüben wie drüben hatten sie ihre Helden. Nach Kit Carson (1809—1868) nannte man sogar eine Stadt: Carson-City, Hauptstadt von Nevada. Kit kam mit einem Wagentreck nach Santa Fe und war einer der berühmtesten Mountain Men, jener „Bergmänner", die in der Wildnis ihre Lebensträume von Freiheit verwirklichen wollten.

Der Hesse Eduard Desor, Geologe und Zeitgenosse von Kit (1811—1882), erforschte als junger Mann auf dem Lauteraargletscher am Grimselpaß das Phänomen der Eisströme, später lehrte er fünf Jahre an einer amerikanischen Universität. Zwar wurde nach ihm keine Stadt, aber immerhin der von ihm entdeckte Gletscherfloh, Desoria glacialis, benannt...

Auch für Daniel Boone (1734—1820), der als Erschließer Kentuckys in die Western-Geschichte einging, Held unzähliger Legenden und faszinierter Biographen, findet sich eine vergleichbare Legendengestalt, nämlich Gian Marchet Colani (1778—1837), der als Büchsenmacher im Oberengadin, in Pontesina lebte. Seinen Ruhm begründete die Jagdleidenschaft. Er soll mehr als 3000 Gemsen, auch Wölfe und Bären erlegt haben, ‚stark und mutig in der Gefahr, herzensgut, stets hilfsbereit gegen sein Nachbarn, ehrlich und gerecht, wenn auch mitunter etwas herrisch, stolz, leidenschaftlich und aufbrausend', gewesen sein, schreibt sein Biograph; einer von dem Holz also, aus dem Helden gemacht sind. Der Schriftsteller Jakob Christoph Heer nahm ihn als Markus Paltram romantisch verfärbt zur Hauptfigur seines Romans „König der Bernina". Neben dem Kirchlein Santa Maria findet man immer noch sein Grab.

Gute und böse Helden im Wilden Westen: Wyatt Earp, Billy the Kid, Jesse James, Wild Bill Hickok und Tom Dooley alias Tom Dula, die man kennt, seit der Western als Kunstform seinen Siegeslauf durch die Kinos der Welt antrat.

Weniger bekannt dagegen sind die Helden der Alpen. In den Legenden, die Alpinisten-Biographen um die Gipfelsieger woben, hinter denen ‚das Stundenglas in der Knochenhand, die Sense über dem Rücken, der Tod wandelt, der nur auf den Augenblick lauert, wo du trunken von Schönheitsfreude oder erschöpft vom harten Ringen den verhängnisvollen Fehlschritt tust...' — wie einer der Fels- und Eismänner sich und die Gefährten sah — gibt es keine bösen Helden, denn der Bergsteiger ist an sich ein guter Mensch, das gehörte zu den Regeln. Das andere Geschlecht kommt überhaupt nicht oder nur selten vor — erst der Achttausendsassa Reinhold Messner brach radikal mit diesem Tabu.

Ihre Zahl ist Legion. Mit Sicherheit können es die Verwegendsten mit den Stars des amerikanischen Westens aufnehmen. So Julius Payer aus Teplitz in Böhmen, der als k. u. k. Offizier und Kartograph am Ortler und in der Adamello-Gruppe auch alpinen Lorbeer gewann und an zwei Nordpol-Expeditionen teilnahm. Die letzte, mit dem vom Eis eingeschlossenen Schiff „Tegetthoff", erregte 1874 beträchtliches Aufsehen. Daß Payer auch als Kunstmaler reussierte und die Prager Ortler-Hütte nach ihm benannt wurde, sei nur beiläufig erwähnt.

Emil Zsigmondy, gerade als Arzt approbiert, wagte mit Bruder Otto und Freund Karl Schulz aus Leipzig zuviel in Hochsavoien an der Meije und stürzte ab — Seilriß, Legende wie die von Whymper am Matterhorn. Vom Juristen und Tiroler Landtagsabgeordneten Theodor Christomannos berichtete Hans Kiene, der dem Pößnecker Steig so beredt die Laudatio hielt, daß der Wiener vom Meraner Kurhaus aus in Frack und Lackschuhen auf den Ortler stieg — eine Anekdote? Julius Kugy, berühmt durch seine Abenteuer in den Julischen Alpen und an der Monte-Rosa-Ostwand, war im Seilerhotel von Zermatt Augenzeuge einer Wette. Ein junger Engländer wollte sich den rechten Arm hinterm Rücken festbinden lassen und mit diesem Handicap das Matterhorn besteigen —was er auch getan haben soll — 1889.

Hermann von Barth, unvergeßlich als Scout im Karwendelgebirge, endete in Westafrika als Landesgeologe in portugiesischem Regierungsauftrag. Er nahm Gift, weil er die Heilungschancen einer tropischen Krankheit realistisch einschätzte, nach einer Expedition mit zwei schwarzen Dienern und 17 Negern als Träger. Hermann Buhl, der im Alleingang mehr tot als lebendig den Nanga Parbat bezwang und endlich, in dieser gerafften Aufzählung, die jüngeren Silberlorbeer-Träger Reinhard Karl, Michael Dacher, Günter Sturm und Fritz Zintl vom Deutschen Alpenverein, die man als Expeditions-Bergsteiger und bewährte Lehrer des Kletter-Handwerks ehrte. Reinhold Karl starb wenig später am Cho Oyu...

Nicht zu vergessen die Scouts der Helden, solange sie nicht „führerlos" gingen. Gründliche Historiker verfolgen die Spuren der Alpen-Kundschafter und Pfadfinder rückwärts bis zu den „Maronniers" am Großen St. Bernhard im 12. Jahrhundert. Wir begnügen uns mit jenen, deren Namen mit den Taten unserer Helden verquickt sind und von denen viele sogenannte „Führer-Dynastien" bildeten. Nicht alle teilten die Ideale ihrer Herren, ‚Hunger- und Durstgefühle zu ertragen, Schmerzempfindungen nicht übermäßig nachzugeben — denn Leid wird Lust'! Aber wer sich hervortat, erlangte Ebenbürtigkeit und Freundschaft, hatte teil an der ‚Sendung des Bergsteigers: dem einen Old Shatterhand, dem anderen die himmelnahe Höhe der Berge', erlangte sogar Unsterblichkeit.

Sie hießen, quer durch die Alpen, Klotz, Andermatten, Carrel und Hans Graß, der mit Güßfeld als erster den Biancograt beging, Imseng, Burge-

Johann Grill vulgo Kederbacher-Vater (1835—1917), mit Kundschaft Erstbesteiger der Watzmann-Ostwand 1881 („Kederbacherweg"), war nicht nur der berühmteste Berchtesgadener Führer, sondern die Nummer eins in den Ostalpen

ner, Pinggera, Groder und Ranggetiner aus Kals, nach dem im Monte-Rosa-Stock ein Joch benannt wurde, oder Albert Lorenz, der Kaukasus-Expeditionen begleiten durfte, Innerkofler natürlich und der alte Kederbacher von der Watzmann-Ostwand. 1881 meldeten die Bergsteiger-Gazetten erschrocken, daß in Grindelwald Peter Bohren, der „Gletscherwolf", am Wetterhorn nahe der Gleckstein-Hütte vom Schlag gerührt wurde und plötzlich starb. Unfaßbar, plauderte man beim Hüttenfeuer, dieser Hüne von Kerl, Jahrgang 1826...

Cowboys waren sie nicht. Vielleicht glichen sich die Supermänner der Wildwest- und der alpinen Szene am auffälligsten darin, daß sie ihr Image sorgfältig pflegten. In ihrem Auftreten zum Beispiel und ihrem Spezial-Kauderwelsch — gibt es doch eine Bergsteiger- und Skiläufersprache! — besonders auch in ihrer Garderobe. Speckiges Leder und exotische Sporenstiefel dort, schwere Nagelschuhe und ramponiertes Loden hier, salopp und bequem beide.

Bestimmt aber gleichen sich Mountain Men, Scouts und Cowboys einerseits, Alpinisten und Guides andererseits im mystischen Verhältnis zu ihrem Werkzeug. Kein Viehtreiber ohne Lasso, kein echter Alpinist ohne Seil. Seilermeister W. Lümmel aus Liebertwolkwitz bei Leipzig annoncierte 1875 ,Gletscherseil von roher Seide, leicht und äußerst widerstandsfähig; auf 12 m Seil 1 Zollpfunde Seide — 36 bis 40 Mark deutscher Reichswährung', R. Thümel versprach ,Eispickel nach Tucketts Modell, Länge gewöhnlich bis zum Ellenbogen, 18 Mark deutscher Reichswährung, Bestellungen nach Leipzig, Poststraße 5'.

Da aber war die innige Beziehung zwischen Pickel und „Eismann" schon von Bestand, gab es spezielle Pickelschmieden zum Beispiel im Tiroler Fulpmes, hatte die alte Eisaxt ausgedient. Um die Zeit ungefähr ließ sich Jim Bowie ein Kampfmesser, das Bowie-Messer schmieden. Als Colt und Winchester erfunden wurden, kultivierte man in den Alpenländern Steigeisen, raffiniert verfeinerte „Fußeisen", mit denen seit je Bergbauern ihre Wintergeschäfte erledigten oder Wildheu von den steilsten Wiesenhängen holten. Und die Meister Goethe 1779 auf dem Mer de Glace am Montenvers bei Chamonix an den ,Kristallklippen' schmerzlich vermißte: ,... doch wollt es uns nicht länger auf dem schlüpfrigen Boden gefallen, wir waren weder mit Fußeisen, noch mit beschlagenen Schuhen gerüstet.'

Schneereifen schließlich, als „circuli flexibiles" für Mensch und Tier seit Frühzeiten bekannt und von einem schwedischen Pfarrer im 16. Jahrhundert auf das genaueste beschrieben, waren bei Bauern und Jägern gang und gäbe, bis sich der Schneeschuh zunächst im Flachland, dann aber auch in den Alpen durchsetzte. In den Rocky Mountains halfen sie dem Heer von Glücksrittern, die nach Funden in Kalifornien, in Montana und den Black Hills, im Goldrausch westwärts ziehend, das amerikanische Felsengebirge ohne Rücksicht auf die Jahreszeiten zu überwinden versuchten.

Goldrausch in Amerika, Gletscherrausch in den Alpen! Seit Beginn des vorigen Jahrhunderts verfielen zunächst Forscher, dann zunehmend auch die Pioniere im „Goldenen Zeitalter des Alpinismus" dem Geheimnis der Eisströme. Einer der frühesten Glaciologen, Professor Louis Agassiz, ließ sich sogar auf einem von Seilen gehaltenen Brett in ein Eisloch — eine Gletschermühle — hinabgleiten, um der Sache akribisch auf den Grund zu gehen.

Die Berchtesgadener Bergführer um 1885, ohne Ausnahme Männer von Saft und Kraft

Die Faszination des blanken Eises hält an. Gletschertouren, nicht mehr an Hanf —, sondern an Nylonseilen mit Pickel, Steigeisen und Gletscherbrillen als Assessoires gehören zum Schicksten, was die auf Abenteuer spezialisierte Touristikbranche zu bieten hat.

Selbst die Erfindung der Jeans, mit denen man seit einigen Jahren anstelle von Loden und Cord auch klettert und wandert, verbindet uns doppelt genäht mit Wildwest. Levi Strauss stammt aus der Nähe von Bamberg und schiffte sich 1847 nach Amerika ein. Bei den Goldwäschern in San Francisco fanden seine Röhrenhosen aus schwerem Segeltuch reißend Absatz.

Mit den Frauen tat man sich schwer, schon immer, wenn Männer glaubten, daß sie ebenbürtig sein oder als Konkurrentinnen ihrem Ansehen gefährlich werden könnten. Washington Irving, amerikanischer Schriftsteller, der sich auch Geoffrey Crayon nannte und das höchst merkwürdige Pseudonym Diedrich Knickebocker annahm (1783—1859), bemerkte in seiner — deutschen Sagen nachempfundenen — Story von Rip van Winkle, ‚westwärts ziehen bedeutet in Amerika, die Domäne der Frau zu verlassen‘. Sein Held ging weg und fand seine Frau nach seiner Rückkehr ‚glücklicherweise verstorben‘ vor.

Auch hierzulande verließen sie zeitweilig nicht ungern Weib und Kind, um in einer Art Männlichkeitswahn sich und den Knochenmann herauszufordern, ihre Seelen reinzuwaschen vom Staub des Alltags, sich von fleischlichen Begierden zu befreien. Einer von den asketischen, elitären Eis-und Felsgehern zu sein verlieh ihnen, heimgekehrt ins bürgerliche Milieu, eine besondere Aura.

Leider wissen wir viel zu wenig von den Männern, die sich im vorigen Jahrhundert als Scouts in den Bergen Nordamerikas umsahen: Von Dr. W. F. Tolomie, der 1833 den ersten Versuch auf den Mount Rainier (4392 m), den höchsten Gipfel des Kaskadengebirges bei Tacoma im Staate Washington unternahm, von Leutnant Valentin Kautz, der es 1863 noch einmal versuchte oder von General H. Stievens, der es endlich mit seinem Partner B. B. van Trump 1870 schaffte. Wer war jener G. H. Eldredge, der eine amerikanische Expedition für die geologische Aufnahme von Nordamerika leitete und — wie die Bostoner Zeitung „Evening Transcript" 1899 meldete — den höchsten Berg Alaskas fand, der mit 6100 Meter über Meereshöhe den Mount Elias wesentlich zu überragen scheine. Er taufte ihn Bullshoe, kann aber damit nur den Mount Mc Kinley (6119 m) gemeint haben.

Fühlten sich diese amerikanischen Bergnarren ähnlich exklusiv wie die unseren? Betrachteten auch sie sich als Auserwählte, ‚die durch die Tat unwiderruflich in die Walhalla des Absoluten eintreten‘, wie einer ihrer kühnsten, Eugen Guido Lammer behauptete?

Das andere Geschlecht gab sich realistischer. Frauen, allen voran Engländerinnen, standen den Männern an Energie und Leidensbereitschaft beim Kampf um Gipfel in nichts nach. Sie bewegten sich extrem in hochgeschürzten Flanellröcken, denn Hosen waren nicht schicklich. Die erste Dame stieg 1838 auf den Montblanc, und auf der Spitze des Matterhorns stand 1871 als erste Frau die Britin Lucie Walker, sechs Jahre nach der umstrittenen Whymper-Seilschaft, deren Tour katastrophal endete und jahrelang die Gerichte beschäftigte. Auch am anderen Ende der Welt erwiesen sie sich als ebenbürtig: Hettie Dyhrenfurth im Himalaya und Cenzi von Ficker als Uschba-Mädchen im Kaukasus.

Große Sprüche machten sie nicht.

Auch der Wilde Westen hatte seine Heldinnen. Da hielten die Frauen der Trekker und Farmer unter unsäglichen Strapazen die Familien zusammen; engagierte und unerschrockene Damen aus dem vornehmen Osten folgten dem Aufruf „The Duty of American Women Their Country" (1845: Die Pflicht amerikanischer Frauen für ihr Land) und zogen als Schullehrerinnen gen Westen, um sich der Siedler-Kinder anzunehmen, die dort ohne Aufsicht und Unterricht zu verwildern drohen, hieß es in diesem Beecher-Manifest. 1869 verlieh das Territorium Wyoming als erstes in Nordamerika und weltweit seinen über 18jährigen Bürgerinnen das Wahlrecht.

Diese Chancengleichheit bot man den Alpinistinnen nur zögernd. Der älteste Alpenverein der Welt, der Londoner Alpine Club, litt keine Frauen als Mitglied, ähnlich der Schweizer Alpenclub. So machten sich die Damen selbständig. Erst 1975 fusionierten in London The (men) Alpine und The Ladies Alpine Club; seit 1978 nehmen auch die Schweizer ihre Frauen auf. Aber hierzulande gibt es noch als Relikt vergangener Zeiten zwei oder drei störrische, lupenreine Männerbünde.

Schwer, heute Held zu werden. Es sei denn, die Natur fordert zum Kampf ums Überleben heraus, bei Blizzards oder im Schneesturm, im weißen Meer von Lawinenbrüchen oder in den Wirbeln ausbrechender Wassermassen.

Scouts braucht man nicht mehr. Durch den Wilden Westen führen Highways, und die Freiheit in den Bergen orientiert sich an roten Farbklecksen entlang von Pfaden und Gipfelwegen.

Als ob es sie nie gab...

*Ein trauriges Kapitel. Wir
wandern in Gedanken an der
Oder-Neiße-Linie entlang und
passieren dabei fünf geteilte
Städte, links sind sie DDR-
deutsch, rechts tragen sie
polnische Namen. Und wir
erinnern an passionierte Hütten-
und Wegebauer aus Zittau,
Görlitz, Guben, Cottbus,
Frankfurt/Oder, Stettin und
Rostock, an Magdeburger von der
Elbe und Hallensern an der Saale.*

Draußen blies sausend der Wind. Gelegentlich preßten Sturmböen Schneewolken gegen die Fensterscheiben. Wie wetterwendisch sich diesmal wieder die Natur zeigte! Vor ein paar Stunden noch Krokusse und Leberblümchen unten im Tal, überall lag an den Südhängen schon der Frühling auf der Lauer. Und nun tiefster Winter.

Erich hatte ordentlich eingeheizt. „Was soll's denn sein?", fragte er, „Schnaps oder heiße Suppe zum Aufwärmen?" Geduldig stand er vor uns und wartete. Noch hatte er Zeit, niemand sonst war da. „Zwei Suppen, gut", sagte er, „Frieda hat sie schon fertig." Er klopfte an die Durchreiche zur Küche, wo sogleich das gutmütige Gesicht seiner Frau erschien. „Es gibt Gemüsesuppe!", rief sie uns zu, „ich bringe sie gleich..."

Frieda und Erich Grießler aus Umhausen im Ötztal sind brave Hüttenwirte. Sie erfüllen gewissenhaft ihre Pflichten als Pächter und geraten mit den strengen Vertragsbestimmungen nicht in Konflikt. Lange schon wirtschaften sie an Ostern für Skiläufer, und dann den Sommer über hier am Schnittpunkt der Hornbach- und Zwieselbäche, wo die Gubener von der Lausitzer Neiße einst ihre Hütte und viele Verbindungswege bauten.

Draußen ging nichts mehr, keine Tour, kein Weitergehen. Die Spuren vom Vortag wehten langsam zu. Bei dichtem Schneetreiben weiß man bald nicht mehr, was oben und unten ist. Also muß man in der warmen Stube die Zeit totschlagen.

Jeder Wirt ist auf diese verdrießliche, sich langsam ausbreitende Langeweile vorbereitet. Schnell räumte Erich die Teller fort und legte ein paar zerlesene Hefte auf den Tisch, „Gubener Heimatbriefe".

Was also tun? Wir blätterten lustlos herum. Zusammen über den Tisch gebeugt lasen wir ‚Rund um den dicken Turm' mit Bildern von damals und heute: ‚... die Bäume sind groß und schattig geworden. Sie und ihre Grünflächen mußten keinem Verkehr weichen. Jeder Baum kündet von einem Landsmann, der ihn pflanzte...' Zwischen den Heften fanden wir eine Nummer „Gubener Humanisten" mit dem Beitrag ‚Gubener Mundart darf nicht sterben' und eine Geschichte: Unkraut varjecht nich...

Guben — wo ist das eigentlich?

Zwischen den Seiten lag eine Kartenskizze. Da sahen wir, daß die alte Tuch- und Spinnereistadt von der Oder-Neiße-Linie mittendurch zerteilt wird. Links blieb sie als Wilhelm-Pieck-Stadt deutsch, und rechts der Lausitzer Neiße wurde sie als Gubin polnisch.

Später stellte der Wirt drei Obstler auf den Tisch und setzte sich zu uns. „Kommen eigentlich noch Leute von drüben?" Erich dachte nach. „Na ja, die vor dem Ersten Weltkrieg hier gebaut haben sind alle tot", sagte er endlich mit Bedacht. „Sonst kommen noch zwei oder drei, die sind sehr alt, die letzten Vorsitzenden der Sektion Guben. Jedesmal bringen sie Zeitschriften und Bilder mit. Eigentlich sind sie immer ein bißchen traurig", fand Erich.

Selbst wenn er sich sonst in Grenzfragen nicht besonders auskennt, so wußte er doch von den alten Männern, daß ihre Heimatstadt, was den Namen angeht, amtlich nicht mehr existiert. Nur die Hütte trägt ihn noch, wenn auch mit einem Anhängsel. Guben-Schweinfurter Hütte heißt sie jetzt. Schweinfurter Bergfreunde vom Deutschen Alpenverein sind ihre Paten, weil die zusammengeschmolzenen Gubener das Haus nicht mehr am Leben halten konnten.

„Hattet Ihr sonst noch interessante Gäste hier?" Wieder dachte der Wirt angestrengt nach. Dann fiel ihm ein, daß der Kreisky, als er noch Bundeskanzler war, hier mit einem Staatsgast während einer Jagd Jause hielt. „Das war der polnische Außenminister!" Mehr wußte er nicht, denn die Grießlers kümmern sich nicht um Sensationen.

Es war nicht schwer zu erfahren, daß Emil Wojtaszek Ende der 70er Jahre Staatsgast des Ex-Bundeskanzlers war. Das Kanzleramt am Wiener Ballhausplatz teilte auf Anfrage bedauernd mit, es gäbe weder Berichte noch Fotos vom Treffen Kreisky-Wojtaszek im Archiv.

Ob dem Minister aus Warschau der Name ‚Guben' an der Hüttentür auffiel, und ob er sich was dabei dachte?

*

Schau sie an, wie sie vergnügt durch die Bergwelt wandern und abends auf der Hüttenbank dem Alpenglühn zusehen! Wenn das Wetter umschlägt, schützt sie das Hüttendach, wird es wieder gut, gehen sie im Morgenrot weiter.

Was sollen da die Gedanken über Oder und Neiße? Was haben diese Flüsse bitteschön mit Fels- und Eismännern, mit der Erschließung der Alpen und der Geschichte des Alpinismus zu tun?

Woher sollen sie es wissen? Nirgendwo ist diese Vergangenheit beschrieben, denn Politik belastet. Deshalb läßt man sie besser ruhen.

*

Von einem jüdischen Mystiker aus dem 18. Jahrhundert stammt der Satz: „Das Vergessenwollen verlängert das Exil, und das Geheimnis der Erlösung heißt Erinnerung."

Wandern wir also in Gedanken an dieser Grenzlinie entlang.

Ganz im Süden beginnt sie in Zittau, links an der Lausitzer Neiße. Der Fluß trennt die DDR hier von Polen, das heißt: vom ehemals deutschen, nun unter polnischer Verwaltung stehenden Land. Die Zittauer haben einst als hochwillkommene „Töchter" der wohlhabenden Sektion Warnsdorf des deutsch-österreichischen Alpenvereins die Zittauer Hütte in den Krimmler Tauern gebaut, in unmittelbarer Nähe des alten Tauernüberganges von Salzburg nach Tirol, wir berichteten darüber.

Schlendern wir weiter flußabwärts, so erreichen wir als nächste große Stadt Görlitz links vom Fluß, der hier „Görlitzer Neiße" heißt, DDR. Auch sie ist durch das Wasser geteilt. Ihre ehemalige „Neißevorstadt" steht unter polnischer Verwaltung und heißt nun Zgorzelec. Per Vertrag zwischen Ministerpräsident Cyrankiewicz (Polen) und Otto Grotowohl (DDR) wurde am 6. Juli 1950 diese Abtrennung besiegelt. Die Sektion Görlitz hat einst geholfen, die Zittauer Hütte gemütlich auszustatten. Außerdem baute sie den Lausitzer Höhenweg in den Krimmler Tauern mit der Lausitzer Hütte auf dem Glockenkarkopf und einer Schutzhütte auf dem Rauchkofel; beide sind verfallen.

Nächste Stadt an der Neiße ist Forst, geteilt wie Guben. Westlich vom Fluß gehört zum Bezirk Cottbus/DDR, östlich heißt sie Zasieki, unter polnischer Verwaltung. Die Forster hatten keinen eigenen Club, sie hielten sich an das nahe Cottbus. Dort bemühte man sich jahrzehntelang vergebens um einen Platz in den Stubaier Alpen. Aber erst in den 20er

Jahren landete die Sektion schließlich im Pitztal der Ötztaler Alpen, baute den Cottbuser Höhenweg zur Kaunergrat-Hütte und weiter bis ins Verpeiltal. Endlich, mit Baugenehmigung der Tiroler Landesregierung vom 28. November 1928 gingen ‚24 Ar und 91 m²‘ Baugrund (das sind 2491 qm) mit ‚Grunddienstbarkeit‘ für Quellfassung und Wegerecht in den Besitz der Niederlausitzer über — mit finanzieller Beteiligung von Bergfreunden aus Höchst bei Frankfurt/Main. Mitten im Krieg eröffnete sie endlich die Cottbuser-Hütte. Das Haus wurde nie komplett. Erst als sich die Verhältnisse wieder normalisierten, übernahm die starke Sektion Frankfurt/Main das Erbe der Cottbuser als Riffelsee-Hütte und vollendete den Bau. Die kirchliche Weihe vollzog im September 1959 ein Mitglied, der Bischof von Limburg Dr. Dr. h. c. Wilhelm Kempf.

Mit der Lokalbahn die paar Kilometer zurück nach Forst, wieder an die Neiße. Flußabwärts wird nun das geteilte Guben passiert. Bald mündet die Neiße in die Oder, und es folgt wieder eine amputierte Stadt, Frankfurt an der Oder: westlich behielt sie ihren guten, alten Namen, nicht aber am östlichen Ufer. Die sogenannte „Dammstadt" steht als Slubice unter polnischer Verwaltung.

Vor 100 Jahren gründeten die Frankfurter unter der Stabführung von Oberstaatsanwalt Chuchul ihren Verein. Man weiß wenig von ihnen, hier und da eine Notiz in alten Büchern. Ihre Clubabende verbrachten sie in Jurich's Restaurant, für die große Sommerreise ins Gebirge machten sie sich fit mit „Alpenläufen" über 30 Kilometer und mehr im Umkreis ihrer Stadt; weiß Gott, sie hatten Humor. Mit einem Stützpunkt wurde nicht

lange gefackelt. Kaum mit dem Segen der zentralen Vereins-Strategen in die „hohe Alpenwildnis" des Stubaier Sulztales entlassen, entfalteten sie preußisch-gründlich ihre organisatorischen Gaben und weihten 1901 die Winnebachsee-Hütte ein. Herr Chuchul — inzwischen zum Landesgerichtspräsidenten avenciert — entwarf schwungvoll die geplanten Wegbauten zum Hausberg Gänsekragen und auf die nahen Joche. Wieder daheim, erklärten sie vor der Lokalpresse: ‚Das war ein Fest, wie es unsere norddeutsche Flachlandsektion noch nie erlebt hat...'

Beschlagnahmt und nach Kriegsende verwaist, übernahm die DAV-Sektion Hof die Partnerschaft für die Hütte am Winnebachsee, bis sie schließlich endgültig mit Kaufvertrag 1972 in ihren Besitz überging. Schaust du in das Vereins-Hüttenbuch, so deutet nichts darauf hin, daß dieses Haus am See einst von der Sektion Frankfurt/Oder erbaut wurde. Es ist so, als hätte es sie nie gegeben.

Oderabwärts bringt uns die Erinnerungstour nun nach Küstrin.

Hier mündet die Warthe in die Oder. Auch diese Stadt ist amputiert: in der DDR heißt sie Kietz bei Küstrin, östlich des Flusses, polnisch verwaltet, Kostrzyn.

Etwa 40 Kilometer weiter östlich der Oder-Neiße-Grenze hatten einst die Alpenfreunde von Landsberg an der Warthe als „Sektion Neumark" von einem Neumark-Haus geträumt. Anscheinend haben sie sich dieses Wagnis nicht zugetraut, obwohl sie nahezu vier Hundertschaften auf die Beine brachten, denn das Haus wurde nie gebaut.

Landsberg heißt nun Gorzow.

Aber zurück an die Oder. Ohne Aufenthalt geht es jetzt bis an das Stettiner Haff, wo die Oder-Neiße-Linie bei Swinemünde (polnisch verwaltet als Swinoujscie) endet. Stettin an der Odermündung ließen die Alliierten bei der Aufteilung Deutschlands rechts liegen. Die Stadt heißt nun Szczecin. Hier konstituierte sich 1886 die Sektion Pommern des DuOeAV. Ihren Vorstand beherrschten Professoren. Als betont „völkischer" Flachlandverein bot sie fast 1500 Mitglieder auf, was bei der großen Entfernung zu den Alpen ein erstaunliches Interesse am Bergsteigen beweist.

Die pommersche „Stettiner Hütte" am Eisjöchl wurde noch im vorigen Jahrhundert fertig. Sie verband das Pfossental mit dem Pfelderertal in den Ötztaler Alpen. Noch war die Texelgruppe unentdeckt, lediglich am Gurgler- und Schnalskamm turnten Hochtouristen herum. Auf den sommerlichen Hochalmen hielten die Bauern ihr Vieh und trieben es gegen Herbst wieder ins Tal. Der Winter dauerte lange — daran hat sich nichts geändert — und setzte den Einheimischen früher hart zu. Oft waren sie lange von der Außenwelt abgeschlossen. Heute führt bis zum Talschluß eine richtige Straße, und ein paar Lifte bringen mit den Skiwedlern eine zweite Saison. Im Pfossental reicht die ausgebaute Straße bis in die Mitte.

Die Stettiner scheuten weder Kosten noch Mühe, glaubten sie doch, im Paradies gelandet zu sein. Mit den Zwickauer Freunden in der nahen Hütte am Planferner hielten sie brüderliche Nachbarschaft. Bald verband ein komplizierter Steig beide Stützpunkte.

Ein ganzes Jahrhundert mit Kriegen, Naturkatastrophen, Touristenströmen und Blechlawinen sind inzwischen vergangen, trotzdem haben die Täler zwischen Timmelsjoch und Schnalstal ihren Zauber nicht verloren. Der Südtiroler Fremdenverkehrsverband nahm das Passeier und den Naturpark Texelgruppe mit den Hütten des Alpenvereins in sein attraktives Urlaubsangebot. Zwei der schönsten sind Bergsteigern aus dem deutschen Osten zu verdanken: Rifugio Petrarca all' Altissima = Stettiner Hütte (2876 m), und Rifugio Plan = Zwickauer Hütte (2980 m). Beide Sektionen haben den letzten Krieg nicht überdauert. Das schafften zwölf Jahre Diktatur.

Mit der Oder-Neiße-Grenze, an der wir in Gedanken von Zittau bis zum Stettiner Haff entlangwanderten, leben wir seit den Potsdamer Erklärungen von 1945 und ohne Friedensvertrag — seit mehr als 40 Jahren — in einer amputierten Heimat. Das macht traurig. Die nach uns kommen, wissen nichts von dem, was davor war. Sie können Geographie zwar erlernen, aber sich in diesem vergangenen Deutschland heimisch zu fühlen, das schaffen sie nicht. Geschichtszahlen können Heimatverbundenheit nicht ersetzen.

Auch wer das Land noch mit ungeteilten Flüssen und Städten kennt, wird müde und vergeßlich.

Saul Steinberg, ein als Österreicher in Prag geborener Historiker, der in Tel Aviv lebt, schrieb zur 40sten Wiederkehr der Vertragsbesiegelungen von Potsdam und Jalta:

‚Mir scheint, daß allein glaubwürdig und achtbar eine Haltung ist, die hinnimmt, daß wir nun einmal mit den unlösbaren Problemen einer vielleicht auf immer unverständlichen Vergangenheit leben müssen; daß wir den Phantomen nicht entgehen können, die uns verfolgen und dazu zwingen, ohne Unterlaß dieselben quälenden Fragen zu stellen. Diese Haltung hat ihre Stimmen gefunden in Deutschland, bei Menschen der älteren wie der jüngeren Generation... Das Wiedererwachen um die deutsche Frage in Deutschland und im Westen beweist, daß diese Frage Teil der politischen Realität ist.‘

*

Heimatstunde in Rostock, DDR. Die Werften- und Reederstadt, deren Überseehafen sie mit der Welt verbindet, hat mit Walter Kempowski ihren literarischen Bewältiger gefunden. Darin gleicht sie dem oberschlesischen Gleiwitz, das von Horst Bienek zum Literatur-Denkmal erhoben wurde. Kempowski trug in manischer Sammelmanier alles zusammen, was für seine Geburtsstadt je von Bedeutung war. Ein biographischer TV-Film zeigte ihn in seinem mit Stadtplänen, Büchern, Schreibplänen und alten Fotos vollgestopften Arbeitszimmer. All about Rostock, hieß es im Kommentar.

Wir fragten also an, ob auf seinem Schreibtisch vielleicht auch ein Hinweis auf die Alpinisten seiner Stadt und ihr Büro in der Augustenstraße 16 gelandet sei. Immerhin hätten die Leute von der Küste schon anno 1889 die Alpenvereins-Sektion „Seestadt Rostock" gegründet und mehrere 100 Anhänger aufgeboten. Leider ließ der erfolgreiche Schriftsteller nichts von sich hören. Die Einladung, zusammen mit seiner Frau der Rostocker Hütte in Osttirol einen Besuch abzustatten, fand keine Gegenliebe.

Ungleich sensibler als der populäre „Tadellöser & Wolff"-Autor hat Uwe Johnson, Student an der Universität Rostock vor dem ‚deutsch-deutschen Wohnwechsel' in die Bundesrepublik, seine Schulzeit in der mecklenburgischen Heimat beschrieben. ‚Wir vertrauten einander etwas an über die Unentbehrlichkeit der Landschaft, in der Kinder aufwachsen und das Leben erlernen', heißt es in seinem Jugendwerk. Johnson starb allein und tragisch in England; vielleicht wäre er der Einladung nach Osttirol an den Venediger gefolgt?

Beim Errichten ihrer Hütte im Maurertal beschäftigten die Rostocker 73 Träger, die zweimal am Tag mit ihren Lasten von Hinterbichl, dem letzten Ort im Virgental, bis zum Bauplatz unterwegs waren. Ida, die Tochter des ersten Hüttenwirts Andrä Mariacher, lief als kleines Zopfmädchen zwischen den Männern bei den Einweihungsfeierlichkeiten im Sommer 1912 herum. Sie blieb den Rostockern bis zu ihrer Pensionierung 1980 treu und hat — die Zeit als Küchenhilfe mitgerechnet — 60 Sommer ihres Lebens als Wirtin — nach ihrer Heirat „Mutter Steiner" — unter dem Hüttenberg Rostocker Eck (2749 m) zugebracht. Sie starb im Frühjahr 1985.

Nach dem Krieg fanden sich genug Flüchtlinge, die Sektion im Deutschen Alpenverein wieder aufleben zu lassen. Für die Sanierung und Erweiterung des Schutzhauses taten sich die Mecklenburger mit der „Roten Erde" aus dem Ruhrgebiet zusammen. Nach großzügigen Zubauten steht sie nun als „Essener und Rostocker Hütte" in den Wanderkarten. Die letzten Rostocker schlossen sich der bayerischen Sektion Marktheidenfeld an.

Den „Schweriner Weg" über das Türmljoch zur Johannis-Hütte spendierten ihnen die Freunde aus Schwerin, die seit 1891 zwar einen eigenen Club, aber keine Hütte unterhielten. In der Payer-Hütte am Ortler verewigten sie sich mit der Ausstattung eines „Schweriner Zimmers".

Hier wie dort haben die Mecklenburger Spuren hinterlassen.

Rostocker Hütte (2208 m) nach der Einweihung 1912

„Mutter Steiner"
(1904—1985) betreute
60 Jahre lang das Haus
der Mecklenburger und
war als Zopflise schon
bei der Eröffnung
dabei

Eines Tages kam ein Brief aus Sterzing an, Absender: Club Alpino Italiano Sezione di Vipiteno, Presidente Piero Rossi. ,... kommen wir sicher mit einer ungewöhnlichen Bitte. Wir haben das Rifugio Cremona, ehemals Magdeburger Hütte unter der Schneespitze, vollständig wieder hergerichtet und saniert. Dabei bemühten wir uns, das Haus äußerlich wieder in den Zustand zu versetzen, wie die Vorbesitzer es im vorigen Jahrhundert übergaben. Dürfen wir Sie bitten, uns für die Eröffnung ein paar Zeilen über die Geschichte der Hütte, von der wir nichts wissen, zu schreiben?'

Wir taten den Italienern den Gefallen, hocherfreut über ihren Wunsch, an die Vergangenheit anzuknüpfen als Zeichen der Versöhnung in Südtirol, von denen es mehr geben sollte. Ist es doch bisher nicht einmal gelungen, die Bergwacht des Südtiroler Alpenvereins mit der Bergwacht des Club Alpino Alto Adige (CAI Südtirol) unter einen Hut zu bringen!

Wir schickten den Italienern den gewünschten Text: ,Hochwürden hielt sich in komischer Verzweiflung die Ohren zu, als am 17. August 1887 im Widum von Pflersch Böllerschüsse gezündet wurden. Dann erklangen vor seinem Pfarrhaus Hochrufe auf die Kaiser in Wien und Berlin. Alle waren gerührt: die gastgebenden Bergsteiger aus Magdeburg an der Elbe, und die Freunde von den alpinen Vereinen aus Deutschland und Österreich, aus Italien und der Schweiz.

,Unter der Schneespitze hörte Zimmermeister Kelderer aus Gossensaß die Böller und dachte, jetzt gehen sie los, in drei Stunden sind sie da! Stolz betrachtete er die 29. Schutzhütte des Deutschen und Oesterreichischen Alpenvereins auf 719 Quadratmetern sektionseigenem Grund, die er über einem Steinsockel für die Magdeburger Alpinisten gebaut hatte — 8,53 Meter lang und 5,92 Meter breit, mit zirbengetäfelten Schlafplätzen für vier Damen und knapp zehn Herren, Kostenpunkt runde 3200 österreichische Gulden, nach kaiserdeutschem Geld ungefähr 6400 Mark.

,Elf Jahre später, am 22. August, wurde die Vergrößerung der Magdeburger Hütte gefeiert, diesmal bei einem Gabelfrühstück und abends mit Festbankett in Gossensaß. Vor dem Wielandhof spielte die Feuerwehrkapelle auf. Mit dem Glockenschlag zwischen neun und zehn Uhr zischten Raketen in die klare Nacht, unten im Tal und oben auf der Hütte.

,Zwanzig Jahre später war alles vorbei. Der Erste Weltkrieg hatte die Menschen verändert, und die Berge. Es gab neue Grenzen. Fast 100 Hütten des Vereins wurden italienisch. Das tat weh.

,Ohne Böller und Raketen eröffnete man 1925 die Neue Magdeburger Hütte über dem Zirler Berg bei Innsbruck in Österreich. Die Zeiten waren schlecht, bis die großdeutsche Ära begann — und mit dem totalen Krieg endete.

Bergmesse vor der Magdeburger Hütte nach der Sanierung durch den Italienischen Alpenclub im September 1980

‚Die Sektion Magdeburg erlosch 1945 in der sowjetisch besetzten Zone durch Kontrollratsbeschluß. Eine Neugründung im Westen ging, mit den alten Bergsteigern, an Auszehrung ein.

‚Lediglich die Hütten, in den südlichen Stubaiern und im Karwendel, erinnern noch daran, daß es Magdeburg gibt, eine Stadt an der Elbe, im anderen Deutschland.'

Die italienischen Einweihungsfeierlichkeiten 1980 fanden unter einem strahlenden Septemberhimmel statt, an die 300 Gäste waren durch das Pflerschtal hinaufgestiegen. Die Sterzinger Bläserkapelle hatte in ihren bunten Trachten Aufstellung genommen und begleitete den Pfarrer, der feierlich die Bergmesse zelebrierte. Unter der Prominenz nicht nur Dr. Gaetano Taormina, hoher Beamter im Ufficio Technico Erariale und oberster Alpinist im Alto Adige, sondern auch der zweite Bürgermeister von Sterzing und Sektionschef des Südtiroler Alpenvereins Kurt Leitner, der — selten genug — seine Ansprache zweimal hielt, einmal in deutscher und als Wiederholung in italienischer Sprache.

Mit ähnlichem Elan wie die Böhmen aus Teplitz, ein Tal weiter südlich in Ridnaun, hatten sich seinerzeit die Männer von der Elbe auf das ihnen zugewiesene Arbeitsgebiet am Brennerkamm der Stubaier Alpen kon-

193

zentriert. Fünf Jahre nach dem ersten Haus unter der Schneespitze eröffneten sie das zweite am Fuße des Pflerscher Tribulaun und verbanden die Magdeburger und die Tribulaun-Hütte mit einem Steig, der mehrmals durch komplizierten Fels führte und versichert werden mußte. Beide Hütten — die zweite auf italienisch „Rifugio Cesare Calciati al Tribulaun" — und der Pflerscher Höhenweg kümmerten nach dem Ersten Weltkrieg vor sich hin und waren zeitweilig von Finanzern und Grenzsoldaten besetzt. Erst seit 1971 das „Paket" den Minderheitenschutz für Südtirol regelte, und ein von den Regierungen in Rom, Wien und Bozen abgesegnetes Statut die Provinz Bozen in zwei autonome Landesteile zerlegte — Südtirol = Alto Adige im Norden und das Trentino im Süden — kehrten Ruhe und Frieden ein.

Schauen wir doch einmal, wie heute die Erschließertätigkeit jener Bergsteiger aus der ehemaligen Hauptstadt der preußischen Provinz Sachsen ihren Niederschlag findet! In einem Wanderführer lesen wir: ‚Magdeburger Hütte (2423 m), auch für weniger erfahrene Bergsteiger leichte und überaus lohnende Tour im hintersten Pflerschtal. Das Schutzhaus (auch als Schneespitzhütte in den Karten) liegt in fast unmittelbarer Gletschernähe und bietet eine prächtige Aussicht'. Und über die Tribulaun-Hütte (2368 m): ‚Landschaftlich überaus schöne, in jeder Hinsicht leichte Bergwanderung zu einer der schönstgelegenen Schutzhütten im Sterzinger Gebiet'. Der Pflerscher Höhenweg: ‚Prachtvolle, wenn auch lange, anstrengende und teilweise ausgesetzte Tour, bei der die Südseite des Tribulaunmassivs durchquert wird. Nur für erfahrene, absolut schwindelfreie Bergsteiger'.

Fürwahr, sie waren tüchtige Berggeher, die Männer von der Elbe, und taten sich nicht nur im Stubai um. Manchmal riskierten sie zuviel. So meldeten sie im August 1892 verstört, daß ‚Herr Geheimer Oberregierungsrat von Rocholl, unser verehrtes Vorstandsmitglied, auf dem Weg zum Lavazzejoch von einer Steinlawine überrascht wurde. Während seine Tochter mit dem Schrecken davonkam, erlitt Herr von Rocholl Brüche an Schenkel und Arm. Sein Zustand ist jedoch nicht hoffnungslos, allerdings ist der Verlust von drei Fingern an der rechten Hand zu beklagen'.

Weniger Glück hatte zwei Jahre nach diesem Unglück ein anderes Sektionsmitglied, Staatsrat Balduin von Chaumanet. Mit seinem Träger Johann Gruber aus Ginzling traf er wohlbehalten im Zillertal auf der Berliner Hütte ein und brach anderntags, nur von Gruber begleitet, zum Schwarzenstein auf. Nach fünf Stunden erreichten sie den Gipfel und hielten Brotzeit. Für den Abstieg band sich Chaumanet mit dem Tiroler zusammen. ‚Als wir eine Gletscherspalte überschritten, gab die Schneebrücke nach. Mein Herr sank schnell und lautlos in die Tiefe. Ich versuchte das Seil zu halten, aber es rieb sich an einer Eiskante und wurde allmählich durchgeschnitten', meldete Gruber verzweifelt. Erst am folgenden Tag wurde die Leiche des Magdeburgers geborgen. Vor Touren ohne Führer wird gewarnt, so das Fazit des trauernden Clubs.

∗

Der Österreichische Alpenverein, seit Ende des letzten Krieges nach jahrzehntelanger Partnerschaft von der deutschen Zwillingsschwester getrennt und wie der BRD-Club nun Solist, machte in den „Mitteilungen" seinen Lesern „Leichte Dreitausender in der Ortlergruppe" schmackhaft. Da hieß es: ‚Höhepunkt wird wohl stets der Monte Vioz (3645 m) sein. Es wird kaum einen anderen Gipfel dieses Ranges in den Alpen geben, der auf angelegtem Steig (noch vom 1. Weltkrieg her) so leicht ersteiglich ist. Knapp unter der Gipfelkuppe steht die Schutzhütte Rif. Mantova al Vioz (3536 m).'

Da war rein gar nichts von der ehemaligen Zusammengehörigkeit oder Treue zur Vergangenheit zu spüren. Ein Brief sollte klarstellen, daß es sich bei dem Hall'schen Weg nicht um ein Relikt aus dem Gebirgskrieg handelt und bei der Hütte um keinen italienischen Bau. Adressat: Alpenvereinshaus Innsbruck, Wilhelm-Greil-Straße:

‚Liebe Bergfreunde im OeAV, mit Interesse las ich den Beitrag ‚Leichte Dreitausender'. Weil unsere Generation leider zur Vergeßlichkeit neigt, möchte ich im Namen meiner Landsleute im abgetrennten, östlichen Teil Deutschlands daran erinnern, daß der Weg zum Rif. Mantova al Vioz nicht noch vom Ersten Weltkrieg her stammt, sondern in den Jahren 1909/10 von der DuOeAV-Sektion Halle an der Saale mit beträchtlichem Aufwand gebaut wurde. Ihre Hütte, die Vioz-Hütte, weihten die Hallenser 1911 ein. Sie verloren nach dem ersten Weltkrieg nicht nur diese, sondern auch die nach Beschuß abgebrannte Hütte auf dem Eisseepaß über dem Suldenferner.'

Dieser Rückblick auf die Geschichte der Alpenerschließung, datiert vom 1. Juni 1983, zeigte keine Wirkung. Die österreichischen Bergfreunde reagierten auf die freundliche Erinnerung an das Engagement einer mitteldeutschen Sektion nicht. Dabei durften sich die Hallenser rühmen, in edlem Wettstreit mit den Berlinern die höchsten Stützpunkte in den Ostalpen gebaut zu haben: die im Krieg zerstörte Ortlerhochjoch-Hütte (3536 m) und die südlichste aller Hütten des DuOeAV an der welsch-tiroler Seite des Monte Vioz. Auf dem Eisseepaß beim Übergang von der Schaubach-Hütte bei Sulden zum Rifugio Cevedale sind von der ehemaligen „Hall'schen Hütte" nur noch ein paar Trümmer zu besichtigen.

Die tüchtigen Wege- und Hüttenbauer brauchten lange, bis sie diese Verluste verschmerzten. Dann aber wagten sie entschlossen erneut ein großes Abenteuer. Für 59 800 Rentenmark erwarben sie anno 1925 ein wegen seiner extremen Lage und wissenschaftlichen Bedeutung vielbere-

195

detes und bewundertes Bauwerk: das Zittel-Haus auf dem Hohen Sonnblick in der Goldberggruppe. 3000 Mark war ihnen der Besitz der Rojacher-Hütte zu Füßen des Berges wert.

Urheber der Idee, auf dem von Gletschern umschlossenen, sturmumtosten Tauerngipfel eine meteorologische Station zu errichten, war seinerzeit Ignaz Rojacher, der Besitzer des Goldbergwerks Kolm-Saigurn. Im damaligen Präsidenten des Alpenvereins, Alfred von Zittel, der zugleich den Lehrstuhl für Geologie und Paläontologie an der Universität München innehatte, fand er einen Fürsprecher. Moralisch unterstützt von der „Österreichischen Gesellschaft für Meteorologie" entstand schließlich das Gemeinschaftswerk „Zittel-Haus" als kombinierter Forschungs- und Bergsteiger-Stützpunkt. Er wurde 1886 eröffnet und in die Obhut der Salzburger Sektion entlassen, die den Belastungen auf Dauer nicht gewachsen war. So kam es zum Verkauf.

Dieses Objekt entsprach nun ganz dem Ehrgeiz der neuen Besitzer. Die Station in Schuß zu halten kostete Engagement und Geld. Sie war und ist im Winter immer noch von Meteorologen besetzt mit der Auflage, Skibergsteiger einzulassen. Das tun heute Wetterfrösche von der „Station 1. Ordnung der Österreichischen Zentralanstalt für Meteorologie und Geodynamik Wien".

Das Schicksal aller ost- und mitteldeutschen Bergsteiger-Gruppen blieb den Hallensern nicht erspart, sie wurden verboten, aufgelöst und enteignet. ‚Aber wir werden nach Wiederaufnahme unserer Tätigkeit in der Bundesrepublik tapfer vorwärts schreiten, bis einmal in hoffentlich nicht zu ferner Zeit die Arbeit in Halle wieder aufgenommen werden kann‘, so schloß unter dem Datum vom Mai 1961 das Einladungsschreiben zu einer Gedenkfeier im Zittel-Haus.

Sie haben es nicht geschafft. Nach 25 Jahren kam es zum Verkauf der „Liegenschaft Sektion Halle des DAV, Ezl. 96 KG. Bucheben, Meteorologische Beobachtungsstation und alpines Unterkunftshaus Nr. 117 auf dem Hohen Sonnblick" mit der Löschungserklärung des Notars Dr. Karl Hacker vom 21. 5. 1984 an die „Österreichische Alpenvereins-Sektion Rauris um den Gesamtkaufpreis von DM 40 000".

Telefonat mit dem letzten Vorsitzenden Max Zesch in Frankfurt/Main: „Geben Sie nun auf, stirbt auch die Sektion Halle ab?" Der Mann am anderen Ende der Leitung räusperte sich.

„Aber nein", sagte er schließlich, „wir bleiben unserem Haus auf dem Sonnblick weiter verbunden. Wir haben immer noch 112 Mitglieder. Das reicht aber nicht, so ein kostspieliges Unternehmen bei den heutigen Ansprüchen und Auflagen halten zu können!"

Seit Pfingsten 1985 hat das Zittel-Haus einen neuen Wirt, Christian Gerstgrasser aus Rauris. „Eigentlich bin ich ja technischer Zeichner", erzählte uns der sympathische junge Mann. „Aber irgendwann muß man im Leben auch mal was wagen. Wir in Rauris haben alle gespendet, damit wir den Kauf schafften. Ignaz Rojacher war ja eigentlich unser Mann!" Mit ihm ging Helga auf den Berg, seine Verlobte.

In der Gaststube herrschte jene schummrige Gemütlichkeit, die nur noch in alten Unterkunftshäusern zu finden ist. An der Wand ein Aquarell vom Domplatz in Halle mit der Widmung „Gestiftet vom Magistrat der Stadt Halle (Saale)". Zwischen den Doppelfenstern niedliche Spitzen. „Sind die noch von den Vorbesitzern?" Helga, die flink und freundlich servierte, lächelte verlegen. „Nein, die habe ich gehäkelt, wenn keine Gäste da waren..."

Bei Nebel und Sturm waren wir am Tag zuvor zum Hohen Sonnblick aufgestiegen, uns gegen den Sturm und ohne Sicht von einer Schneetange zur anderen vorarbeitend. Der folgende Morgen überraschte mit einem märchenhaft schönen Sonnenaufgang. Unter uns der Zackengrat zum Goldzechkopf, das Fleißkees, die brutalen Abbrüche zur Rauriser Seite und vis-à-vis der Hochgarn. Und im Westen von der Morgensonne angestrahlt der Großglockner.

Was aber gestern dichter Nebel gnädig verbarg, gab nun der glasklare Morgen preis. Der Sonnblick war eine einzige Baustelle. Stahlgerüste verdeckten die vertraute Silhouette, ein hypermoderner Stahlkubus er-

Das sanierungsbedürftige Zittel-Haus auf dem Hohen Sonnblick (3105 m) wurde 1985 innen modernisiert und zeigte sich ein Jahr später zur 100-Jahr-Feier festlich herausgeputzt

setzt die alte Wetter-Station. Das Wahrzeichen des alten Zittel-Hauses seit 1886, der aus Bruchsteinen gemauerte Beobachtungsturm, verschwand hinter Gerüsten und Baumaterial. Ob man sich entschließen kann, ihn als Zeugnis alpiner Forschungsgeschichte stehen zu lassen? Die sechs Jahrzehnte des Hall'schen Zwischenspiels auf dem Hohen Sonnblick wurden schnell museumsreif. Im August 1985 zeigte das Heimatmuseum Spittal/Drau in der Abteilung „Bergsteigen" das abmontierte Hüttenschild „Zittel-Haus, Sektion Halle (Saale)" als Exponat. Ein Jahr nach dem Besitzerwechsel.

Inzwischen ist eine über die Alpenrepublik hinaus beachtete 100-Jahr-Feier auf dem Sonnblick über das Zittel-Haus hinweggegangen. Bücher sind erschienen, die den wissenschaftlichen Stellenwert der Station würdigen, und die Baustelle wurde tadellos aufgeräumt. Der alte Turm ist noch da...

*

Bleibt noch, von einer nicht minder respektablen Herrenrunde in der Nachbarschaft der Hallenser zu berichten, die sich ihre Niederlassungen im Gebirge etwas kosten ließen. Die Sektion Anhalt-Dessau wurde gegründet, als ihr Land noch Fürstentum war, nämlich 1895. Nach der Abdankung der hohen Landesherren anno 1918 kam es als Freistaat zum Deutschen Reich; und nun ist es in die DDR-Bezirke Halle und Magdeburg aufgeteilt.

Ihre Versuche, im Karwendelgebirge auf der Pfeisalpe heimisch zu werden, scheiterten schon beim Handel um Grund und Boden. So nahmen die Dessauer dankbar das Angebot der Gemeinde Imst aus dem Inntal an, auf einem 1500 Quadratklafter unentgeltlich zur Verfügung gestellten Grundstück am Kromsee eine „Anhalter Hütte" in den Lechtaler Alpen zu bauen. Die Gemeinde Tarrenz wollte sich nicht lumpen lassen und stiftete flugs das Gelände für ein Wetterhäuschen an der Heiterwand. In beide 1912 feierlich eingeweihte Unterkünfte wurde mächtig investiert — allein für die Anhalter Hütte brachte die Sektion 35 500 deutsche Kaisermark auf. Nicht minder kostenaufwendig gestaltete sich die Anlage der „Anhalter"- und „Heiterwandwege" — und eines Saumweges aus dem Tal auf die Höhe von 2225 Meter am Steinjöchl — in ihrem Arbeitsgebiet-„Planquadrat."

In Kirchheim/Teck versuchten einige nach Westen ausgewichene Anhalter, ihren Club wieder zu beleben. Aber sie waren bald klug genug, sich mit der DAV-Sektion Oberer Neckar zu verbünden. Mit vereinten Kräften gelang es, beide Stützpunkte zu sanieren und nach dem Verlust der Heiterwand-Hütte — durch eine Lawine 1970 — schon im Jahr darauf mit dem Bau eines neuen, prächtigen Hauses zu beginnen.

Edelweiß und Ordenskreuz

*Dieses Kapitel erklärt, warum
die Danziger Hütte auf der
Fanes-Alpe in den Dolomiten nie
gebaut wurde. Aber das
Ostpreußen-Haus in den
Salzburger Alpen hat
überdauert. Nicht nur Danziger
und Königsberger, auch
Alpinisten aus Tilsit, Elbing,
Posen und Bromberg, aus
Stargard, Stolp, Köslin und
Schneidemühl in Pommern
haben beigetragen, die Alpen
wohnlich zu gestalten.*

In der Schule lernten wir aus „Gehl, Deutsche Geschichte in Stichwor-
ten", Seite 192 unter dem Abschnitt „Diktat von Versailles" (Zitat):
Die Verstümmelung des deutschen Reichs- und Volksbodens
Danzig, als „Freie Stadt" dem Völkerbund unterstellt, dem polnischen
Zollgebiet angeschlossen.
Memelland „zugunsten der Alliierten und assoziierten Mächte" abgetrennt,
später (1923) von Litauen „erobert".
Posen und Westpreußen fast ganz an Polen, dazu Teile von Ostpreußen,
Brandenburg und Niederschlesien. Abstimmungsgebiet Marienwerder und
Allenstein mit 92,8 und 97,8 v. H. für Deutschland gerettet. Polen hat durch
„Weichselkorridor" (größer als Belgien) einen rund 100 km breiten Zugang
zum Meer. Grenze verläuft östlich der Weichsel... (Zitat Ende).
Wir waren sogenannte Jungmädchen in der Hitlerjugend im Alter von
zehn bis zu zwölf Jahren, paukten im Lyzeum ungern Geschichtszahlen
und besuchten nachmittags ganz gern Heimabende, an denen gesungen
und vorgelesen wurde. Das war 20 Jahre nach dem verlorenen Krieg und
unmittelbar vor Beginn des zweiten. Der „polnische Korridor" war
etwas, das im „Gehl" stand und gelernt werden mußte, ohne Beziehung
zu den Ereignissen. Auch die späteren Okkupationsberichte aus dem
Generalgouvernement und dem Warthegau lösten keine Assoziationen

aus, denn die Geschichte, die wir als Kinder sträflich ideologisch verbogen lernen mußten, war keine erlebte Geschichte.

Nun fragen wir uns: Was empfinden heute zehn- bis zwölfjährige Schüler 40 Jahre nach dem zweiten, verlorenen Krieg, wenn sie in BRD-Oberschulen lernen, daß die DDR einst zu Gesamtdeutschland gehörte und durch eine Demarkationslinie seit 1945 abgetrennt ist?

Was ist das, Gesamtdeutschland, Herr Oberstudienrat?

Daß Landschaften wie das Samland an der Bernsteinküste, die Pommersche Schweiz und der Warthebruch östlich der DDR-Grenze bis 1937 auch zu Gesamtdeutschland gehörten, daß diese Grenze Oder-Neiße-Linie heißt und daß alles, was dahinter liegt nun unter polnischer und russischer Verwaltung steht?

Die Vermutung liegt nahe, daß die Schüler der 80er und 90er Jahre ein ähnlich unschuldiges Verhältnis zur deutsch-deutschen Geschichte haben werden wie wir seinerzeit zum polnischen Korridor, zum Memelland, Litauen, Lettland, Estland und Oberschlesien nach dem Ersten Weltkrieg und dem „Diktat von Versailles".

Sie haben allerdings das Glück, in der Schule und auf „Heimabenden" nicht ideologisch einseitig getrimmt zu werden.

Wenn wir den jungen Leuten nun erzählen, wie es dazu kommt, daß sie im Gebirge in gemütlichen Häusern Brotzeit halten mit ungewohnten Namen wie Greiz, Asch, Gleiwitz und Prag, vermitteln wir ihnen im nachhinein erlebte Geschichte, und die gepaukten Daten bekommen für sie — vielleicht — „Background". Ein Grund, dieses Buch zu schreiben.

Lilli Palmer, die sympathische Schauspielerin, starb im Januar 1986. Ihre Biographie beginnt in Posen am 24. Mai 1914 — damals war ihre Vaterstadt noch königlich-preußische Residenzstadt und Hauptstadt der preußischen Provinz Posen. Nach Versailles verließen rund 1,1 Millionen Deutsche dieses Gebiet, auch die Eltern der „Dicken Lilli — gutes Kind". 1933 zog Lilli vor, von Deutschland fortzugehen. Sie machte Karriere mit britischem Paß. 1979 wurde Frau Palmer Schweizer Staatsbürgerin; ein deutsches Schicksal, das in Posen begann.

Ein Posener Haus hat uns die 1897 gegründete Sektion Posen des deutsch-österreichischen Alpenvereins nicht hinterlassen, obwohl sie sich redlich bemühte, mit den Club-Ablegern in Bromberg (gegründet 1901), Danzig (1888) und Königsberg (1890) einschließlich der „Tochter" Elbing eine „Ostmark-Hütte" zustande zu bringen. Den Plan, im Fersental bei Trient zu bauen, vereitelte der Erste Weltkrieg. Als Posen Hauptstadt des „Reichsgaues Wartheland" wurde, lebte der Club als „Zweig" des Alpenvereins — den inzwischen der NS-Reichsbund für Leibesübungen an die Leine genommen hatte — mit gleich 100 Anwesenden bei der Gründungsversammlung am 19. Juni 1942 wieder auf.

Bitteschön: Sind wir Revanchisten, wenn wir in dieser Alpensaga unver-
bogen die Geschichte der Alpenerschließung aus diesem Gesichtswinkel
referieren?

*

Günter Grass kennt jeder, nicht nur, weil er als Markenzeichen einen besonders charakteristischen Schnauzbart trägt. Man weiß mindestens seit
der Verfilmung seines Erfolgsromans „Die Blechtrommel", daß der no-
belpreisverdächtige Schriftsteller und Graphiker aus Danzig stammt.
Dort wurde er — nach dem Munzinger-Archiv Nr. 14/83 K 009590 Gr-
Me — im Oktober 1927 als Kind deutsch-polnischer Eltern geboren. Sein
Zuhause war ein Kolonialwarenladen.

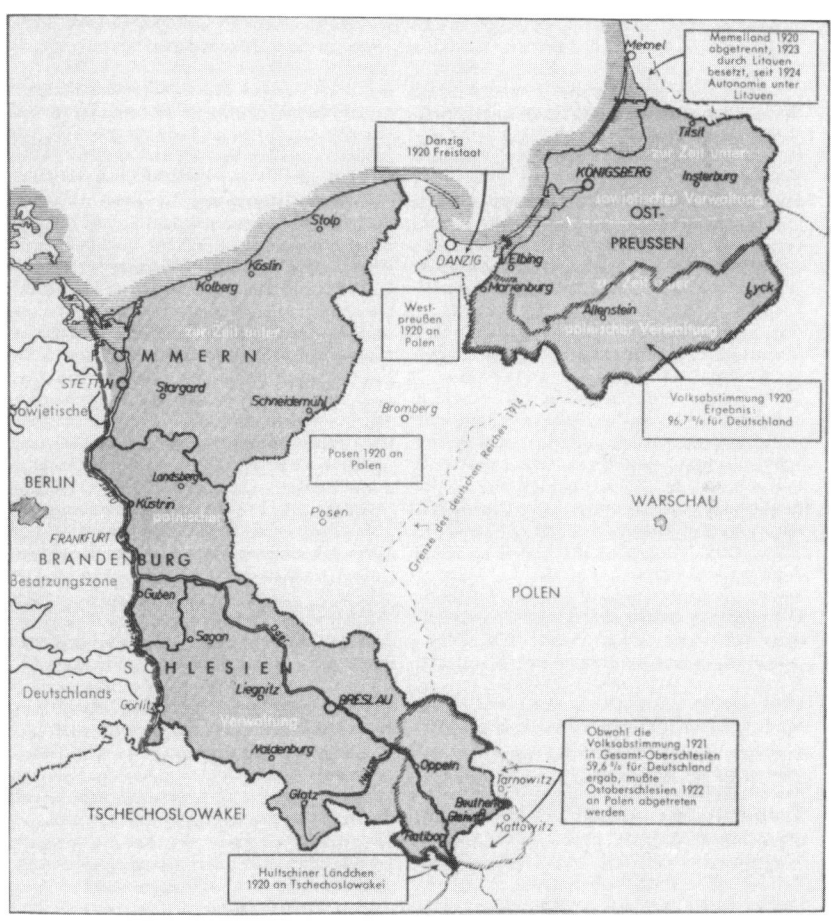

Just zu dieser Zeit stand die Stadt unter dem Schutz des Völkerbundes. Und die Sektion Danzig des Deutschen und Österreichischen Alpenvereins bereitete ihr 40. Stiftungsfest vor, zu dem sie in das „Hotel zum Englischen Haus" am Langermarkt einlud. Zu den Ehrengästen gehörten Abordnungen der Clubs von Königsberg und Elbing, die schon lange vorher den Dreierbund „Verband Ordensland" besiegelt hatten. Ihr Erkennungsabzeichen: Im weißen Schild das schwarze Deutschordenskreuz mit aufgelegtem silbernen Edelweiß und Gravur „Ordensland". Von da, wo die hohen Berge sind, schickte man an die Ostseeküste ein Telegramm:

‚Es ist hocherfreulich, daß trotz politischer Abtrennung die Sektion Danzig ein treues und eifriges Mitglied des DuOeAV geblieben ist und in Zukunft bleiben wird dank dem guten alpinen Geist, der sie beseelt. Bergheil der Sektion Danzig und dem Verband Ordensland!'

Der alpine Geist beseelte die Küstenbewohner schon ungebrochen seit 1888, nicht zuletzt weil Landeshauptmann und Geheimer Regierungsrat Friedrich Kruse seine Männer zu motivieren verstand. ‚Gerade in einer so weit vom Gebirge entfernt gelegenen Flachlandsektion stellte die erfolgreiche Lösung der Aufgabe, nicht nur den naturgemäß kleinen Kreis von Bergsteigern zu sammeln, die alljährlich das Hochgebirge aufzusuchen vermögen, sondern auch in weiteren Kreisen die Anteilnahme und die Liebe zu Bergen wachzuhalten, eine bedeutende Leistung dar', hieß es 1930 in der Laudatio an seinem Grab.

Der Regierungsrat hinterließ 297 trauernde Flachland-Alpinisten. Sie blieben dem Club treu, zuletzt als eingegliederte Deutsche während des Krieges. Ende März 1945 kamen die Russen. Über 100 000 Flüchtlinge konnten im Hafen noch eingeschifft und über die Ostsee in Sicherheit gebracht werden; für die anderen begann die Zeit der Leiden.

Der alpine Geist war gebrochen, für immer.

Inzwischen hat Reinhold Messner, Philosoph und Klettergenie, den Alpinismus ins Gerede gebracht. Bergsteigen beschäftigt selbst dem aktiven Sport abgeneigte Intellektuelle. Auch Günter Grass wird sich gelegentlich Gedanken über den Südtiroler gemacht haben. Aber sicher weiß er nicht, daß es in seiner Heimatstadt an der Danziger Bucht Alpinisten gab, die alles daransetzten, in den Dolomiten eine „Danziger Hütte" zu bauen. Die Sektion beschloß einstimmig, das Haus auf die Klein-Fanes-Alpe an den Grünsee zu setzen. Sie haben sich redlich bemüht, scheiterten aber letztlich daran, daß sie nicht als Pächter, sondern auf eigenem Grund in den Bergen heimisch werden wollten.

Hätten sie 1896 anders entschieden, gäbe es die Hütte vielleicht noch. Als es jedoch nicht gelang, den Baugrund als Eigentum zu erwerben, wurde das Projekt bedauernd vertagt. Auch die folgenden Verhandlungen mit den privaten Besitzern blieben ohne Erfolg, bis durch Tausch ein Hüttenplatz am Limosee unweit der Fanes-Alpe von der k. u. k. Forst- und Domänenverwaltung Brixen gepachtet werden konnte. Inzwischen schrieb man 1912. Als die Planung baureif war, brach der Krieg aus, die Dolomiten wurden Kampfgebiet.

So blieb den Danzigern wenigstens erspart, ihre „Danziger Hütte" in Südtirol an Italien zu verlieren. Später stellte ein Bauer aus der Gemeinde Ennberg, mit der sie seinerzeit vergeblich um den Grund verhandelt hatten, eine Alm an den Grünsee. Grundstock der Lavarella-Hütte, die heute ein stattliches Haus mit 16 Zimmern und zwei Gasträumen ist.

Erst zwei Jahre nach den Alpenfreunden von der Weichselmündung versammelten zwei vom alpinen Geist beflügelte Professoren einige gleichgesinnte Seelen um den Königsberger Bergsteiger-Stammtisch. Die beiden waren dem Ruf an die Albertina gefolgt, die 1544 in der Residenzstadt des Herzogs von Preußen eingerichtete Universität, zu deren berühmtesten Lehrern Immanuel Kant gehörte. Dr. Alfons Kißner kam aus Würzburg, Geheimer Justizrat Dr. Carl Gareis aus Gießen. Beide hatten Sektionserfahrung, letzterer sogar als Begründer der Vereins-Sektion Gießen. Ihnen standen vier weitere Professoren und zwei Ärzte zur Seite, das war zusammengenommen ein nobler Clubvorstand. Unter dem Datum vom 9. Juli 1890 schrieb Dr. Kißner, kgl. Universitätsprofessor ‚Dem verehrlichen Centralausschuß in Wien... so erlaube ich mir ergebenst mitzuteilen, daß sich gestern eine Section Königsberg konstituiert hat. Für den Anfang habe ich 28 Mitglieder zusammengebracht...' 1914 hatte sein Nachfolger 214 zusammen; die Spitze erreichten sie in den 30er Jahren mit knapp 600 Gefolgsleuten.

Die Seßhaftwerdung in den Alpen ließ zunächst noch auf sich warten, auch zerschlug sich der Plan, mit den benachbarten Freunden die „Ostmark-Hütte" zu bauen. Es war einfach zu zeitraubend, die Entfernungen untereinander und die gewaltige ins Gebirge zu überbrücken. So beschränkte man sich zunächst darauf, mit dem Gegebenen vorlieb zu nehmen und sorgfältig die großen Sommerreisen vorzubereiten. Zum Gegebenen gehörten der gediegene Umgang miteinander und Ausflüge ins weite, ostpreußische Land: nach Rossiten und Sarkau an die kurische Nehrung, nach Tolkemit und Balga mit der alten Ordensburg ans Frische Haff. Und zu Orten, deren Namen heute keiner mehr kennt, die nicht einmal im Ostpreußen-Lexikon stehen: Rehberge, Walschtal, Wilderhofer Schloßberg, zur Elbinger Hütte am Blisanenberg und am 2. Juni 1908 die Wanderung von Thierenberg über Groß-Hausen nach Warnicke.

Die Herrenabende in besseren Lokalen wie dem Theater-Restaurant oder der Centralhalle, später im Hotel Berliner Hof und Hotel Kreutz waren sowohl dem Geschäftlichen, vornehmlich aber der Einstimmung auf den

Alpensommer vorbehalten. Referenten berichteten über ihre Erfahrungen im Wettersteingebirge, am Ortler, im Montafon oder im Wilden Kaiser und machten Tourenvorschläge. Große Beachtung fand der Vortrag eines Gastes aus Leipzig, Dr. Magnus Fritsch, der zum Thema „Ist der Alpinismus den Künsten zuzurechnen"? sprach. Die anschließende Diskussion wurde heftig und auf höchstem Niveau geführt, wie man sich denken kann.

Nach Weltkrieg I mußten die Ostpreußen den polnischen Korridor durchfahren und hatten immer noch keinen Stützpunkt in den Bergen. Den Ausschlag gaben schließlich die begeisterten Erzählungen eines ihrer Herren von seinen Touren in den Salzburger Alpen, wo ein Höhlenführer namens Justus ihm bedeutete, bei Werfen bräuchte man noch dringend eine Schutzhütte für den Aufstieg zum Hochkönig.

Kurzentschlossen wurde Eduard Justus nach Königsberg eingeladen. Vor einem aufmerksamen Auditorium zeigte er Lichtbilder von den „Wundern der Eisriesenwelt im Tennengebirge". Damit war das Eis gebrochen. Eine sachkundige Delegation ließ sich von dem Werfener an Ort und Stelle in die Problematik der arearischen, der Witterungs- und Wassergegebenheiten einführen. Das Urteil fiel günstig aus, zumal der ins Auge gefaßte Hüttenplatz zu preußischem Grundbesitz gehörte und sich dem Erwerb kaum Hindernisse in den Weg stellen dürften.

Die Kundschafter hatten ihre Chancen richtig eingeschätzt. Mit gebotener Bescheidenheit um die käufliche Überlassung des in Aussicht genommenen Baugrundes vorstellig werdend, erlebten sie jedoch eine Überraschung. Denn man legte ihnen nicht etwa einen Kauf-, sondern einen Schenkungsvertrag vor, in dem unmißverständlich stand, daß . . .

„Seine kgl. Hoheit Friedrich Leopold Prinz von Preußen (Vater) als Geschenkgeber einerseits, der Sektion Königsberg in Preußen als Geschenknehmerin andererseits, die mit 944/2 Alpe bezeichnete neu gebildete Parzelle aus dem Gutsbestande der Liegenschaft ‚Rettenbachalpe' E.

Auf preußischem Grund — ein Geschenk des Preußen-Prinzen Friedrich Leopold — bauten die Königsberger 1928 ihre Ostpreußen-Hütte (1630 m). Sie wurde für manchen alten Bergsteiger ein Zufluchtsort nach der Vertreibung

Zl. 14 des Grundbuches Reitsam der Herrschaft Imlau'... mit allen Wasserrechten überläßt. Notariell besiegelt und unterschrieben von der preußischen Hoheit sowie dem Senatspräsidenten Boy, seinerzeit Vorsitzender der preußischen Bergsteiger, am 9. November 1926.

Nun gab es keine Verzögerungen mehr. Aus dem Land der dunklen Wälder kommend, landeten sie aufatmend unter der Übergossenen Alm, dem großen Firnfeld am Hochkönig. Zwei Jahre nach der denkwürdigen Vertragsunterzeichnung war die Ostpreußen-Hütte fertig. Eduard Justus zog als erster Hüttenwirt ein.

Der Höhlenführer erwies sich als gute Seele des Hauses, bis er, k. u. k. Reserveoffizier des Ersten Weltkrieges, sogleich bei Beginn des Zweiten zur Deutschen Wehrmacht einrücken mußte.

Andere traten an seine Stelle. Wie überall in Österreich wurde auch hier deutsches Vermögen beschlagnahmt und enteignet. Das Haus bekam einen neuen Namen, es firmierte nun als „Blienteck-Hütte".

Ostpreußen war abgeschrieben, erledigt. Die treue Seele Justus hatte der Krieg umgetrieben. Wer weiß, ob man von den Königsbergern je wieder einen sehen, und ob Trümmerdeutschland jemals wieder auf die Beine kommen würde...

*

Frau Dannowski, deren Hof unmittelbar an der Autobahn Elbing-Königsberg im Kreis Heiligenbeil lag — jetzt russisch verwaltet — berichtete (stark gekürzte Fassung aus dem Bundesarchiv Ost-Dokumentation):

‚Man erinnert sich nicht gern dieser schicksalsschweren Zeit. Wir haben das Elend der Flucht schon seit dem Spätsommer 1944 gesehen, als die ersten Flüchtlinge aus Litauen und später aus den nordöstlichen Landesteilen unserer Provinz kamen. Ihr Ziel: Über die Weichsel. Fast jeder sagte zu uns: ‚Bleiben Sie, wo Sie sind; denn wenn Sie erst auf der Straße sind, ist's aus und vorbei'. Damals ahnten wir noch nicht, daß uns das gleiche bevorstand. Ende Januar hörten wir den Beschuß auf Königsberg. Unsere Flucht verschob sich noch immer, da unsere Tochter erst am 12. 2. von ihrem 2. Kind entbunden wurde. So haben wir unsere Heimat schweren Herzens, gegen Kälte wohlgerüstet, am 19. Febr. 1945 verlassen. Fuhren mit 2 Wagen, hatten ein festes Dach darüber. Doch nach 5 Tagen waren wir schon auseinander. Wir sind dann nur schrittweise bis Leysuhnen zum Haff gefahren, und gegen Mittag erreichten wir das Eis. Der Russe hatte schon lange durchgegeben, daß er ab 15. 2. die Flüchtlinge auf dem Eis unter Beschuß nehmen wolle. Hier und da traf es Menschen und Pferde, und das Eis krachte auseinander. Über brüchige Stellen waren Brücken gebaut. Von einem Fuhrwerk zum anderen sollte immer ein größerer Abstand sein, wegen der Einbruchgefahr. Dann kam eine stockfinstere, grausige Nacht, dauernd Bordwaffenbeschuß. Die Geschosse und Eisstücke krachten auf dem Blechdach des

Wagens. Schießen, Schreien und Gekreische durchbrach die Stille der Nacht. Im Morgengrauen kam nun erst der fürchterlichste Anblick: Leichen über Leichen, Menschen und Pferde. Oft stachen nur noch die Wagendeichseln aus dem Eis. Am 8. April bei Letzkau mußten die (verwundeten, Anm. d. Autorin) Pferde getötet werden. Nun blieb auch uns nichts anderes übrig, als noch den Rest unserer Habe stehenzulassen und uns mit dem Handgepäck verschiffen zu lassen. Das war am 12. April vor Einlage (Weichsel). Bei Hela auf offener See nahm uns der Dampfer Urundi auf. So trafen wir am 12. April in Kopenhagen ein. Von hier gings in das große Lager Ansage zur Aufteilung. Dann kamen wir in dem größten Lager Oksböl an der Westküste Jütlands unter, in welchem 35 000 bis 38 000 Flüchtlinge waren. Endlich November 1948 sahen wir Deutschland wieder.'

Aus der Luft wurde die Königsberger Innenstadt am 30. August 1944 fast vollständig zerstört. Auch die Buchhandlung von Gräfe & Unzer am Paradeplatz, wo sich einige Sektions-Getreue bei Otto Paetsch gelegentlich zu treffen pflegten, überstand die Angriffe nicht. Möglicherweise verbrannte in jener Nacht auch ein Gemälde, das auf der Kunstausstellung Berlin 1878 erworben wurde und in den Besitz des Königsberger Museums überging: Franz von Defreggers „Das letzte Aufgebot" vom Tiroler Freiheitskampf. Es gilt als verschollen wie das berühmte Bernsteinzimmer, das König Friedrich I einst für das Charlottenburger Schloß anfertigen ließ; Friedrich Wilhelm I schenkte das „Kabinett" Zar Peter dem Großen. Vom Schloß in Zarsko Sselo wurde es 1941 nach Königsberg gebracht und, soweit noch erhalten, im Prussia-Museum ausgestellt. Mitte Januar 1945 wartete der Bernsteinschatz in Stahlkisten verpackt auf den Abtransport nach Westen und niemand weiß, wo er blieb.

Lew Kopelew, Germanist und russischer Schriftsteller, hat als Offizier der Roten Armee den Einmarsch in Ostpreußen miterlebt. Seine Menschlichkeit machte ihn verdächtig. Wegen „Mitleids mit dem Feind" wurde er verhaftet und jahrelang gefangen gehalten. In seiner Biographie berichtet er vom 5. April, dem Tag nach seiner Festnahme:

‚Woran habe ich gedacht an diesem Tag . . . So vieles gab es zu durchdenken. Was geschah in Ostpreußen! War eine derartige Verrohung der Leute wirklich nötig und unvermeidlich — Vergewaltigung und Raub, mußte das sein? Warum müssen Polen und wir uns Ostpreußen, Pommern und Schlesien nehmen? Lenin hat seinerzeit schon den Versailler Vertrag abgelehnt, aber dies war schlimmer als Versailles. In den Zeitungen, im Radio riefen wir auf zur heiligen Rache. Aber was für Rächer waren das, und an wem haben sie sich gerächt. Warum entpuppten sich so viele unserer Soldaten als gemeine Banditen, die rudelweise Frauen und Mädchen vergewaltigten — am Straßenrand, im Schnee, in Hauseingängen; die Unbewaffnete totschlugen, alles, was sie mitschleppen konnten, kaputtmachten, verhunzten, verbrannten — aus purer Zerstörungswut . . .'

Die Nazi-Führung des Dritten Reiches hatte mit Beginn des Krieges 1939 in Europa „umgesiedelt, eingedeutscht und umgevolkt" — und entjudet, wie im Falle der Glorer-Hütte auf dem Bergertörl am Großglockner. Die Vergeltung — und die „Entdeutschung" östlich von Oder und Neiße sowie in Schlesien nach dem Potsdamer Abkommen der alliierten Siegermächte vom 2. August 1945 — traf nicht die Schuldigen sondern jene, die in Panik den Westen zu erreichen versuchten. Später, bei der Volkszählung am 13. September 1950 wurde in den West-Zonen ermittelt, daß der Anteil der Vertriebenen an der Gesamtbevölkerung 16,6 Prozent betrug; 7,9 Millionen insgesamt.

Offizielle Sprachregelung seither: Vertriebene sind Deutsche, die ihren Wohnsitz in den z. Zt. unter fremder Verwaltung stehenden deutschen Ostgebieten (Gebietsstand 31. 12. 1937) oder im Ausland hatten und ihn durch den Zweiten Weltkrieg infolge Vertreibung verloren. Flüchtlinge aus der sowjetisch besetzten Zone sind Deutsche, die nach Kriegsende aus der SBZ oder dem Sowjetsektor von Berlin in das Bundesgebiet einschließlich Berlin (West) gekommen sind, und ihre Kinder.

Wir beschäftigen uns hier mit jenen Vertriebenen und Flüchtlingen, die sich nach alledem wieder ihrer Hütten in den Bergen erinnerten und dort oft tränenüberströmt ein Stück der verlorenen Heimat wiederfanden. Viele waren es nicht. Es dauerte Jahre und ist ein Kapitel für sich, wie, wann und unter welchen Schwierigkeiten die Leute von drüben dieses ihr Eigentum wieder in Besitz nehmen konnten, um sich erneut wie die Vorgenerationen für seinen Erhalt zu engagieren. Heute profitiert davon eine Gesellschaft, deren Freizeit mit der Automatisierung ständig wächst und deren Unterhaltungsbedarf im Gebirge ein durchorganisiertes Betätigungsfeld vorfindet.

Die Ostpreußen-Hütte — umgetauft in Blienteck-Hütte — überstand die Wirren der ersten Nachkriegsjahre. Eduard Justus kam, zum Oberstleutnant aufgestiegen, gesund heim. Der neue, früher als der deutsche wieder zugelassene Österreichische Alpenverein, dem man die Fürsorge aller enteigneten deutschen Schutzhäuser übertragen hatte, setzte ihn schon für die Saison 1949 wieder als Hüttenwirt ein. Aber es geschah noch mehr: Justus gelang es, einen der alten Königsberger in Göttingen ausfindig zu machen, den letzten Sektionschef Oberlandesgerichtsrat Zippel. Dort wagten ein paar ehemalige „Ordensländer" einen neuen Start.

So standen am Anfang der Dramaturgie dieser Geschichte Justus und die kgl. Hoheit Prinz Friedrich. Ihren Kulminationspunkt erreichte sie im Inferno des Zusammenbruchs. Zum guten Schluß war wieder Justus da, der sie einst mit seinem Lichtbildervortrag in Königsberg über „Die Wunder der Eisriesenwelt im Tennengebirge" ins Rollen brachte.

Andere traten, als er und Rat Zippel zu alt wurden, an ihre Stelle. Die ost- und westpreußischen Außenseiter mit der großen Liebe zum Gebirge und allem, was da kreucht und fleucht, brauchen keine Paten, und absterben werden sie auch nicht. Denn ihre Kinder und Enkel bleiben in der Tradition, auch wenn sie die grausamen Erfahrungen jener Fluchtjahre irgendwann nur noch als Geschichtszahlen pauken werden. Denn da ist ja noch das Haus unter der Übergossenen Alm, das den Namen der Heimat ihrer Vorfahren trägt.

*

Auch Tilsit, die Stadt an der Memel, hatte ihre Bergnarren. Dort versuchte Königin Luise von Preußen 1807 nach verlorenem Krieg, Napoleon bei den Friedensverhandlungen für ihr Land milde zu stimmen. ‚Wer nie sein Brot mit Tränen aß, wer nie die kummervollen Nächte auf seinem Bette weinend saß, der kennt euch nicht, ihr himmlischen Mächte‘, schrieb sie während der Flucht nach Königsberg in ihr Tagebuch...

1912 baten die östlichsten Alpinisten des Reiches ergebenst, als 397. Sektion in den bedeutenden deutsch-österreichischen Club aufgenommen zu werden und schickten fortan, getreu der Satzung, ihre Schärflein für die großen Aufgaben des Vereins an den Zentralausschuß. Viel hörte man nicht von ihnen, ebensowenig von den Sektionen „Grenzmark", die 1923 in Schneidemühl Einstand feierte, und Graudenz im Kulmerland, wo 1909 Professor Dr. Hans Henning mit illustren Beisitzern aus der besseren Gesellschaft und 44 Interessenten den Wunsch anmeldete, künftig am alpinen Geschehen teilzuhaben. Mangels Gebirge trafen sich die Herren wöchentlich zum Kegeln.

Aus Hinterpommern meldeten sich Alpenfreunde in Stolp (1914), Köslin (1909) und Stargard (1917) und wünschten von der hochgeachteten Alpenvereins-Mutter aufgenommen zu werden.

Der Vollständigkeit halber sei auch erwähnt, daß 1941 Reichssportführer von Tschammer und Osten höchstpersönlich den alten, verdienten Vorkriegszweig Straßburg neu gründete und unter Mitwirkung der vom Krieg überraschten Teilnehmer der Andenkrundfahrt 1939 in Peru ein Zweig Peru ins Leben trat, und daß während des Krieges von dem „Vereinsführer" Otto Kaufmann in Litzmannstadt — Warthegau — und in

Original-Handschrift von Agnes Miegel in der Gaststube. Mit dem Gedicht „Meinen Salzburger Ahnen — Das schwere Blut der Niederung / Das sachte Blut von Werft und Deich / Durch Euer Blut ward's wieder jung..." erinnerte die große Ostpreußin (* 1879 in Königsberg, † 1964 in Bad Salzuflen) an die Landesverweisung von 20 000 oder mehr Protestanten aus dem Erzbistum Salzburg anno 1731/32, unter ihnen nicht wenige aus den Gebirgstälern der Hohen Tauern. Sie wurden unter dem Protektorat von König Friedrich Wilhelm I. von Preußen in Ostpreußen und Litauen angesiedelt und erreichten bei hoher Sterblichkeitsrate ihre neue Heimat zu Fuß. Trecks nach Osten vor einem Vierteljahrtausend...

Meinen Salzburger Ahnen

Das dank ich Euch!
Das schwere Blut der Niederung,
Das sachte Blut von Wörth und Deich,
Durch Euer Blut ward's wieder jung
Und liederfroh und weich und reich!
Und nahm mein Land, –
Das herdenbunte Wiesenland
Um das der raunende Seewind strich, –
Als schmiegte einem Rande sich
Schmeichelnd ein Fohlen in die Hand.

Das dank ich Euch!
Daß tief in meiner Seele Hut,
Lang, ich mein Aug der Tauern nah,
Der Fernerkette Bild geruht.
Im Morgenglanze stand sie da,
Viel strahlender als Wolkenflug
Über dem grünen Wiesental
Um das der Föhn die Schwingen schlug, –
O Bild, das Blut und Seele trug
So, wie es aus raunender Brüder Zug
Der Ahne sah zum letztenmal, – –

Agnes Miegel

Krakau — Hauptstadt des Generalgouvernements — im Juni 1942 „Zweige" des Fachamtes Bergsteigen im Deutschen Reichsbund für Leibesübungen gegründet wurden, letztere mit dem erklärten Ziel, ihr Arbeitsgebiet nordseitig in die Hohe Tatra zu verlegen.

Es ist müßig, alle diese Flachland-Ableger aufzählen zu wollen. Von den meisten gibt es weder Dokumente noch sonstige Unterlagen. Sie gingen schon in Weltkrieg I, vor allem aber in Weltkrieg II verloren. Auch die Bomben taten das ihre. Selten blieben Sektionsbüros in den großen Städten mit ihren wertvollen Bibliotheken, Karten und Bildern verschont; auch das Alpenvereinshaus in München auf der Praterinsel erhielt Treffer bei einem Luftangriff auf die Isarmetropole.

Und die Zeitgenossen sterben. Dr. Karl Doranth aus Aussig verschied im hohen Alter von 87 Jahren und konnte sein Versprechen, für das vorliegende Buch Erinnerungen beizusteuern, nicht mehr wahrmachen.

Mit aufwendigen und oft mühsamen Recherchen gelang es, für den Zeitraum von 1869 bis 1942 insgesamt 126 regionale Alpenclubs aus Mittel- und Ostdeutschland zu registrieren, die in den Ostalpen 99 Schutzhütten bauten, einige kauften und wenige pachteten, viele davon in Südtirol und den Dolomiten. Die Dokumentation im Anhang legt davon Zeugnis ab.

*

Während Polen und die Tschechoslowakei die von ihnen seit 1945 verwalteten ehemals deutschen (bzw. habsburgischen) Gebiete bald für die Tourismus öffneten, blieb der nördliche, von der Sowjetunion verwaltete Teil Ostpreußens heremetisch verschlossen. Erst im September 1987 durfte — im Zeichen der Gorbatschow-Ära mit Perestroika und Glasnost — die erste Reisegruppe aus der Bundesrepublik nach Memel einreisen, an die Kurische Nehrung. Das Memelland mußte 1919 im Versailler Vertrag von Deutschland an Litauen abgetreten werden, wurde 1945 von der Roten Armee besetzt und gehört seitdem zur Union Sozialistischer Sowjetrepubliken. Planziel der Veranstalter schon 1988: 2500 bundesdeutsche Memelland-Touristen.

Von einer in Aussicht genommenen Öffnung des russischen Sperrgebietes in der Nordhälfte Ostpreußens wußte Anfang 1988 ein Sprecher des Innerdeutschen Ministeriums in Bonn zu berichten. Zunächst seien nur Einzelreisen bis zu Familienstärke zulässig, wenn die Einladung eines Sowjetbürgers vorliege, die jedoch von der zuständigen Miliz abgestempelt sein müsse — mit Einreisevisa bis zu drei Monaten ohne Zwangsumtausch von DM in Rubel.

Ab etwa 1990, nach dem Bau von Hotels, sollen diese Bestimmungen für deutsche Touristen gelockert werden.

210

Ein Kapitel für sich

*Zum Schluß erfahren wir, daß
auch Alpenhütten zum
Streitobjekt von Großmächten
werden können und viel
Diplomatie auf höchster Ebene
nötig war, die Angelegenheiten
der ost- und mitteldeutschen
Bergsteiger zu einem halbwegs
guten Ende zu bringen. Eine der
letzten noch lebenden, seinerzeit
handelnden Personen ließ sich in
der österreichischen Hauptstadt
zum Thema interviewen.*

Wiener Innenstadt am Stubenring, Termin in seiner Wohnung bei Dr. Franz Hiess.

Merkwürdig, diese Vertrautheit. Der ausladende, repräsentative Treppenaufgang mit den dekorativen Jugendstil-Fenstern — das war alles irgendwie bekannt. Während wir hinaufstiegen, tauchten blitzartig aus dem Erinnern Szenen aus „Der dritte Mann" mit Orson Welles auf: Wie Amerikaner mit MP-Armbinde über eben solch ein vornehmes, aber durch Bombenschäden verwüstetes Entree in die oberen Stockwerke emporstürmten. Wien, damals eine viergeteilte Stadt ...

Wir wurden erwartet. „Preußisch pünktlich, Verehrteste! Seien Sie willkommen", sagte Dr. Hiess, der zu diesem Gespräch in die österreichische Hauptstadt eingeladen hatte. Er führte uns durch die großräumige, mit Kunstverstand und kostbaren Möbeln eingerichtete Altbauwohnung in sein Herrenzimmner und bat uns an einen sorgfältig gedeckten, zierlichen Tisch. „Bittschön, Verehrteste, etwas Tee und Gebäck? Lassen Sie uns erst warmplaudern, bevor Sie Ihr Tonbandgerät aufbauen."

Wir musterten uns neugierig, er ein charmanter älterer Herr. Erstaunlich und beneidenswert, wie viele dieser bejahrten Bergsteiger sich bis ins höchste Alter Elastizität und Frische, in diesem Fall zudem ein exakt und penibel funktionierendes Gedächtnis erhalten. Dr. Hiess — Jahrgang

1907, seinerzeit jüngster Juris-Doktor Österreichs, 42 Jahre Assekuranz, Hauptbevollmächtigter der „Winterthur", Pensionist — lächelte, als er seine Vita mit der Bemerkung abschloß: „Und außerdem bin ich eine Alpenvereins-Mumie. Die Berge waren in meinem Leben immer dabei, aber administrativ aktiv ins Präsidium bin ich erst nach dem Krieg berufen worden." Wegen seiner nichtsdestotrotz beträchtlichen Verdienste wurde er 1987 zum OeAV-Ehren-Mitglied ernannt.

„Der Grund, weshalb ich Sie hergebeten habe: Was da alles passiert ist und was für Kämpfe es um den millionenschweren und für unseren österreichischen Fremdenverkehr so immens wichtigen Hüttenbesitz des Alpenvereins gab, wurde noch nie detailgetreu beschrieben und sollte nicht dem Vergessen anheimfallen."

Rein aktenmäßig handelte es sich um die Beschlagnahme von 177 Hütten des DAV als deutsches Eigentum auf Anordnung des Alliierten Kontrollrates und des österreichischen Bundesgesetzes vom 27. Juli 1946 (BGBL 157/1946).

Nicht ohne Koketterie fuhr unser Gastgeber fort: „Wir Alte treten langsam ab. Ich bin einer der letzten und war bei dem komplizierten Hin und Her die intrigierende Person im Hintergrund und will mein Wissen weitergeben, bevor es zu spät ist..."

Als Dr. Hiess die Bühne des jahrzehntelangen Vexierspiels betrat, gab es den alten deutsch-österreichischen Alpenverein, der seit dem Anschluß von 1938 als „Deutscher Alpenverein" firmierte, nicht mehr. Die Überstaatlichkeit war nach Ende des Krieges nicht aufrechtzuerhalten, so traten die Österreicher als „Alpenverein" — ohne Zusatz — mit Sitz in Innsbruck unter Ausschluß der deutschen Sektionen seine Rechtsnachfolge an. Dies wurde durch Entscheidung des Verfassungsgerichtshofes 1947 anerkannt.

„Sie wissen ja, die Alliierten hatten alles deutsche Eigentum in unserem Land beschlagnahmt, und zwar das öffentliche und private, darunter auch die Hütten." Das waren von insgesamt 410 des DuOeAV (1938) — also deutsche und österreichische — nach der Aufstellung des späteren DAV-Geschäftsführers Dr. Karl Erhardt 191 deutsche in Österreich. (Aber im folgenden tauchen aus unerklärlichen Gründen in den Akten immer wieder andere Zahlen auf.)

Wir hatten inzwischen Porzellan und Silberkännchen auf einem Beitisch abgestellt und das Tonbandgerät eingeschaltet. Nach jeder Frage erbat der alte Herr eine Konzentrationspause und sprach dann druckreif und präzise seine Antwort in das Mikrofon.

„Der ursprüngliche Kerngedanke war ja der einer Reparation, und tatsächlich hat das russische Besatzungselement eine ganze Menge von deutschem Eigentum verschleppt. Die Westalliierten haben aber das deutsche Vermögen dem österreichischen Staat quasi in der Form geschenkt, daß damit Mittel für den Wiederaufbau gewonnen werden konnten. Daraufhin hat mein Land das Bundesministerium für Vermögenssicherung und Wirtschaftsplanung eingerichtet und bald ein Gesetz zur Verwaltung dieses Vermögens erlassen. Diese Verwaltung war stark politisch beeinflußt und paritätisch parteipolitisch besetzt."

Unser Gegenüber blickte uns forschend an und meinte dann leicht zweifelnd: „Ihnen wird ja nicht unbekannt sein, daß wir uns in bewährter Bergkameradschaft dieser Sache angenommen haben? Uns war vor allem klar, daß ein definitiver Weg gefunden werden mußte, denn die Alpenhäuser waren ja kein Wirtschaftsbetrieb im üblichen Sinne. So beauftragte die Tiroler Landesregierung den Landesschulinspektor für Turnen, Professor Martin Busch, mit der Betreuung der dortigen deutschen Hütten in Tirol. Nur unter großen Schwierigkeiten gelang es, ihn mit dieser Aufgabe für ganz Österreich zu bestellen."

Während beim deutschen Nachbarn die Sorgen den Millionen Flüchtlingen und der Versorgung der Bevölkerung mit dem Nötigsten galten, wurde in der Alpenrepublik einerseits von den schon 1934 verbotenen und enteigneten (sozialistischen) „Naturfreunden" versucht, alte Rechnungen mit dem Alpenverein zu begleichen, und andererseits vom Salzburger Landesverkehrsdirektoriat versucht, die Vereinsbauten privat dem Tourismus zuzuführen. Ging es den Österreichern besser, hatten sie weniger Sorgen? Wie war ihre Situation, als der Krieg zu Ende ging?

In einer Hinsicht hatten sie es tatsächlich besser, denn durch das Londoner Abkommen vom 4. Juli 1945 über Österreichs Unabhängigkeit, mit Wiedereinsetzen der Verfassung von 1920, blieb ihnen vorerst die peinigende Konfrontation mit der Vergangenheit und ihre Bewältigung erspart. USA, Großbritannien und die UdSSR beschlossen schon 1943 in Moskau („Moskauer Deklaration"), die Republik Österreich wiederherzustellen. Trotzdem wurde ihre Vierteilung in Besatzungszonen (in Jalta, Februar 1945) beschlossen: Nordtirol und Vorarlberg wurden französische, die Steiermark, Kärnten und Osttirol englische, Salzburg und Oberösterreich amerikanische und Niederösterreich, Burgenland und das Mühlviertel nördlich der Donau russische Zone. Somit hatten unsere Nachbarn es trotz deklarierter Unabhängigkeit nicht viel besser, zumal auch sie mit Hunger, zerstörten Städten und Flüchtlingselend fertig werden mußten.

Das also war die Situation. „Und wie haben Ihre deutschen Vereinsfreunde Einfluß auf das Geschehen um den grundbuchlich abgesicherten, aber beschlagnahmten Besitz nehmen können?"

Dr. Hiess rückte sich das Mikrofon parat. „Das war recht kompliziert, denn jede Verbindung mit Deutschland war unter dem Aspekt ‚Naziverdacht' gestellt — und die Grenzen abgesperrt. Man hat mit allergrößter

Vorsicht und sehr vertraulich den Vertretern der deutschen Sektionen einen gewissen Einfluß auf praktische Maßnahmen in den Hütten eingeräumt, bis es dann aufgrund des Verständnisses in unserer hohen Beamtenschaft gelungen ist, eine eigenartige, adäquate juristische Basis zu schaffen in Form eines sogenannten Bestandvertrages, der den gesetzlosen Zustand beendete."

Als Bestandgeber dieses Vertrages zeichnete das österreichische Bundesministerium für Vermögenssicherung und Wirtschaftsplanung (vertreten durch Martin Busch) und als Bestandnehmer der inzwischen neugegründete Deutsche Alpenverein. Er regelte in elf Abschnitten die Rechte am Bestandgegenstand — den deutschen Bergsteigerhütten wie sie der Bestandgeber auszuüben berechtigt war. Abschnitt IX bestimmte ihn für sofort aufgelöst, „wenn sämtliche Bestandobjekte von einer Besatzungsmacht in Anspruch genommen werden sollten. Bezieht sich die Inanspruchnahme nur auf einzelne Hütten, so gelten diese als ohne weiteres aus dem Bestandverhältnis ausgeschieden. Im Falle der alliierten Inanspruchnahme verzichtet der Bestandnehmer auf alle wie immer gearteten Ersatzansprüche aus diesem Bestandverhältnis, die sich auf die beanspruchten Hütten beziehen".

So lagen nun die Verhältnisse. Dr. Hiess tat ein übriges und gab uns eine Korrespondenz zur Einsicht, die Vorgeschichte dieses Vertrages, aus der hervorging, daß selbst das Bundesaußenministerium damit befaßt wurde.

„Alles funktionierte prachtvoll", erinnerte sich die ‚intrigierende Person im Hintergrund' und griff wieder nach dem Tischmikrofon, „nur das russische Besatzungselement und damit auch die Kommunistische Partei haben diese Entwicklung mit Argwohn verfolgt. Der Abschluß des Vertrages führte zu einer erbitterten Pressekampagne."

Die Deutsche Presse Agentur (dpa) meldet am 19. Mai 1954 aus Wien, daß die Übergabe der Verwaltung von 179 ehemals deutschen Hütten in Österreich an den DAV, die am 1. Juni in Kraft trat, von den Sowjets abgelehnt und von der „Österreichischen Zeitung" und dem KP-Zentralorgan „Österreichische Volksstimme" behauptet wurde, ‚diese Hütten seien vor 1938 Treffpunkt der Nationalsozialisten gewesen und würden nun wiederum zum Mittelpunkt österreichfeindlicher Propaganda werden. Die Übergabe der Hütten durch die österreichische Regierung liegt ganz auf der Linie der wohlwollenden Billigung großdeutsch-faschistischer Propaganda auf anderen Gebieten des gesellschaftlichen Lebens'.

In einem Abteilungs-Bericht zu dieser Kampagne an den Bundesminister in Wien stand unter anderem auch, daß aufgrund dieser Artikel und eines Berichtes im „Abend" das französische Hochkommissariat Auskünfte über den Bestandvertrag verlangt und darauf hingewiesen habe, daß die Angelegenheit möglicherweise im Alliierten Rat zur Sprache kommen werde. „Das schreckte uns auf!", erzählte Dr. Hiess weiter.

... Wenn du jetzt abends vor der Hüttentür sitzt und so recht zufrieden über deine gelungene Tageswanderung nachdenkst, wenn du dich am Alpenglühn freust und findest, daß der Wirt hier ein gutes Essen auf den Tisch bringt, ahnst du nicht, daß dieses gemütliche Quartier einst Streitobjekt von Großmächten war...

„Eine kritische Situation, nicht wahr? Wie sind Sie da rausgekommen?" Dr. Hiess nickte. „Weiß Gott! Es gab nun sehr dramatische Momente, sogar in Moskau anläßlich der berühmten Verhandlungen, die letztlich den Staatsvertrag vorbereiteten. Denn kurz vor Ende wurde bekannt, daß das russische Element auf einer Klausel besteht, wonach deutsches Eigentum auf gar keinen Fall in den Besitz der früheren Eigentümer zurückkommen darf. Und da gelang es auch wieder in einer heute fast nicht mehr glaubhaften Blitzaktion im letzten Augenblick, den Begriff des kulturellen Eigentums zu schaffen, was angesichts der kulturellen Leistung des Vereins bei der Erschließung der Alpen seit Mitte des vorigen Jahrhunderts durchaus berechtigt war. Nämlich ‚Kulturelles Eigentum' war von diesem Rückgabeverbot ausgeschlossen. Die Russen — das muß man deutlich sagen — haben kulturelles Eigentum akzeptiert. Was sich auch darin äußerte, daß sie ganz entschieden dafür waren, an den österreichischen Denkmalen ein jeweils blauweißes Schild ‚Denkmalgeschütztes Objekt' anzubringen — nicht zuletzt ein Ergebnis dieser Vereinbarungen. Es hat dann keine Schwierigkeiten mehr gegeben..."

Blauweiß auf schwarzem Grund ist das von den russischen Besatzern in Österreich eingeführte Symbol für Kulturdenkmale. Es galt auch für die beschlagnahmten Hütten des ehemals deutsch-österreichischen Alpenvereins

In schneller Folge kam es nun diesseits und jenseits der gemeinsamen Staatsgrenze zu wichtigen Ereignissen:

Am 5. Mai 1955 wurde die Bundesrepublik Deutschland souverän. Wenig später segneten die Westalliierten — im Juristen-Deutsch unseres Interview-Partners französische, britische und amerikanische Elemente — spezielle sowjetisch-österreichische Vereinbarungen ab, die das Land zu Neutralität verpflichteten. Dieser nach zähen Verhandlungen zustande gekommene Staatsvertrag wurde am 15. Mai 1955 unterschrieben. Österreich war frei. Am 17. September verließen die letzten Besatzungstruppen Wien. Die sowjetischen Militärbehörden übergaben das Hotel Imperial an der Ringstraße, ihre Residenz seit 1945, der Wiener Stadtverwaltung.

Aber erst am 27. November 1958 kam es in Innsbruck zu einem feierlichen Staatsakt: Staatssekretär Dr. Withalm übergab als Beauftragter des Wiener Ministeriums 143 deutsche Hütten dem DAV und ihren Eigentümern. Diesem vorerst letzten Kapitel waren diplomatische Kontakte zwischen den Auswärtigen- und Finanzministerien hüben und drüben vorausgegangen. Einige symbolisch gemeinte Urkunden, einige ausgewählte Sektions-Vertreter unter den maßgeblichen Herren von DAV und OeAV — viele feierliche Reden. Professor Martin Busch, offizieller Treuhänder und Dirigent des Unternehmens, wurde von Bundespräsident Heuss mit dem Großen Kreuz des Deutschen Bundesverdienstordens geehrt; die deutschen Vereinsfreunde gaben einem neuen Berghaus in den Ötztaler Alpen den Namen „Martin-Busch-Hütte".

Das war's. Aber war das alles?

„Uns fällt auf, daß bisher weder in Ihren Ausführungen noch in den Festreden anläßlich des Übergabe-Staatsaktes und auch nicht im Rückblick ‚Zur jüngsten Geschichte des DAV' aus der Feder des seinerzeitigen DAV-Vorsitzenden Alfred Jennewein auch nur ein Wort über die Hütten der ost- und mitteldeutschen Sektionen gefallen ist. Aber gerade das interessiert uns natürlich!"

Der seinerzeit jüngste Doktor-Jurist der Ersten Republik lehnte sich in die Polster seines Sessels zurück. „Ja, Verehrteste", meinte er zögernd und bat, zunächst einmal zum Nachdenken das Gerät abzuschalten, „das ist eine verteufelt komplizierte Sache und ein Kapitel für sich!"

Die Arbeitsgemeinschaft der betroffenen Vereins-Untergruppen hatten seinerzeit jene Sektionen aufgelistet, die sich im Westen neu konstituieren konnten und nun in den Besitz ihrer Liegenschaften in Österreich zu gelangen trachteten: 21 mitteldeutsche, 5 ostdeutsche, 11 Berliner und 13 sudetendeutsche. Jedoch tauchte in den folgenden Verhandlungen immer nur die Zahl 27 auf, was darauf zurückzuführen ist, daß sich einige dieser Sektionen in Österreich dem OeAV anschlossen — zum Beispiel Warnsdorf, Reichenberg, Gablonz —, die naturgemäß keine Probleme mit ihrem meist schon 1954 rückerstatteten Haus- und Grundbesitz hatten.

Wir setzten das Tonbandgerät in Aktion, Dr. Hiess nahm wieder das Wort.

„In der Bundesrepublik hatte man aus höchst begreiflichen Gründen ein Gesetz über die Möglichkeit einer Sitzverlegung juristischer Personen aus der DDR nach Westdeutschland erlassen. Es wurde seinerzeit international nirgends akzeptiert, weil es Eigentum der inzwischen völkerrechtlich anerkannten DDR verletzt haben könnte. So war es also aus österreichischer Sicht undenkbar, den mittel- und ostdeutschen Sektionen die Hütten in der gleichen Form zurückzugeben wie den westdeutschen. Sie blieben unter dem Bestandvertrag. Aber eines Tages kam uns zu Ohren, daß sich die DDR für sie interessiert. Die Information stammte aus absolut einwandfreien diplomatischen Quellen und löste natürlich die Sorge aus, in welche Situation unser Staat kommen könnte, wenn die ihm formell noch gehörenden Hütten nun von dieser Seite beansprucht werden sollten. In dieser kritischen Situation wurde der Gedanke geboren, daß man mit dem ostdeutschen Hüttenbesitz genauso verfahren könnte wie mit dem sonstigen deutschen Eigentum, nämlich es verkaufen. Und nach entsprechender Vorbereitung war der DAV einverstanden, eine Summe von 100 000 Mark in Form eines Darlehens an den OeAV zu geben, der dann als ‚Österreicher‘ treuhändig den deutschen Hüttenkomplex vom eigenen Staat kaufen sollte.“

Trickreich war das, zugegeben, nickte Dr. Hiess, aber auch korrekt und legal. Männer auf höchster Ebene, die nicht mit dem AV zu tun hatten, engagierten sich und bewiesen sachlichen und politischen Weitblick. Im Ministerium für Vermögenssicherung und Wirtschaftsplanung gab es zwei Referate für deutsches Eigentum, a) von Staat und Partei, b) für Wirtschaftsunternehmen, an denen Deutsche in Österreich in irgendeiner Form beteiligt waren. Da hinein fielen die Ost-Hütten.

„Wir hatten ständig Probleme und wurden aus politischen Gründen gebremst, um den allerletzten Akt, nämlich irgendwann den definitiven Verkauf an den DAV, nicht zu gefährden. Aber schließlich gelang es, einige vernünftige Zusammenarbeit mit den ‚Naturfreunden‘ in die Wege zu leiten.“

„Wie lief nun dieser vorletzte Akt ab?“

„Risikoreich, Verehrteste, aber zuletzt doch erfolgreich. Ganz nach Vorschrift schrieb das Ministerium dieses deutsche Vermögen in der Amtlichen Wiener Zeitung aus, en bloc als Bedingung. Es meldete sich nur der OeAV. Auch ein Einzelbewerber trat, wenn auch ohne Chancen, auf, ein Hotelier aus Vent, der lebhaftes Interesse an der Breslauer Hütte zeigte. Ich muß zu meinem Bedauern sagen, daß zeitweilig vereinzelte Gruppen die Hütten der deutschen Flüchtlinge und Vertriebenen als herrenloses

Gut behandelt hatten. Dieser Zustand war nun beendet. Wir betrachteten uns als Kuratoren dieses Gutes."

Die alten Eintragungen in den Grundbüchern wurden gelöscht, die neuen OeAV-Besitzer anstelle der früheren eingetragen.

So ergab sich die kuriose Situation, daß die einstigen Hausherren in ihren heruntergekommenen und veralteten Besitz unter Opfern neu investierten, lediglich in der Hoffnung, irgendwann vielleicht wieder in ihre Rechte eingesetzt zu werden. Das letzte Stück Heimat blieb gefährdet und zweifelhaft. Ungeduld und Verbitterung breiteten sich aus. Sie, die Gedemütigten und Geschundenen, traf es doppelt. Ein langer, zäher Marsch durch die Instanzen begann. Niemand ahnte, daß er zwei Jahrzehnte in Anspruch nehmen würde.

*

Den Auftakt bildete ein fachkundig erarbeitetes Rechtsgutachten.

Aber hatten wir das nicht schon einmal? So kurios es auch ist, aber die Geschichte holt sich gelegentlich ein wie im Fall des deutschen und österreichischen Vermögens nach Weltkrieg I. Das Kaiserreich hatte damals sein „Versailles" und die Donaumonarchie den „Frieden von Saint-Germain-en-Laye" (1919), wonach Österreich auf den Anschluß an das Deutsche Reich verzichten, die Trennung Ungarns akzeptieren und die neuen Staaten CSR, Polen und Jugoslawien sowie die entstandenen Gebietsverluste anerkennen mußte — auch, daß Südtirol an Italien fiel. Ein namentlich nicht bezeichneter Staatsrechtler erarbeitete um diese Zeit für den DuOeAV eine umfassende Denkschrift, die schlüssig bewies, daß ...

,das Recht der Inanspruchnahme deutschen Eigentums einer alliierten oder assoziierten Macht nur zusteht hinsichtlich solchen Eigentums, das sich bei Inkrafttreten des Versailler Vertrages im Bereich ihrer Jurisdiktion (Rechtssprechung) befindet, das also in einem Gebiet gelegen ist, das in jenem Zeitpunkt Jurisdiktionsgebiet (Hoheitsgebiet) der betreffenden alliierten oder assoziierten Macht ist, nicht in solchem Gebiet, das dieser Macht erst später zuwächst'.

Vergebens! Der Gesamtverein mußte insgesamt 95 Häuser mit Grundbesitz in Süd- und „Welschtirol", in den Julischen, den Steiner Alpen sowie in den Karawanken abschreiben.

Nach Weltkrieg II erarbeitete Landgerichtspräsident a. D. Dr. Otto Reichel eine nicht minder umfassende Denkschrift über die „Rechtslage der Hütten der sitzverlegten Sektionen des DAV" (Februar 1958). Er bestätigte die geplante taktische Überschreibung der noch nicht retournierten 27 Berghäuser auf den OeAV, bat jedoch, daß sie nach Ablauf einer Respektsfrist den früheren Eigentümern, die inzwischen vollgültig in bundesdeutschen Vereinsregistern „sitzverlegt" eingetragen seien, wieder zu übertragen, weil im Österreichischen Staatsvertrag von 1955

‚... in Ziffer 6 die Sowjetunion an Österreich alle Rechte, Vermögensschaften und Interessen, die sie als deutsche Vermögenswerte innehat oder beansprucht, an Österreich übertragen hat', und unter Ziffer 12 wurde zusammengefaßt, daß

‚... die Ansprüche der Alliierten und assoziierten Mächte hinsichtlich ehemaliger deutscher Vermögenswerte in Österreich, die sich auf die Beschlüsse der Berliner Konferenz vom 2. August 1945 gründen, als voll befriedigt anzusehen sind'.

In einem ebenfalls Februar 1958 datierten, internen Papier der Arbeitsgemeinschaft ost- und mitteldeutscher Sektionen äußerten sich die Betroffenen weniger rücksichtsvoll:

‚Unverständlich, warum dem DAV nicht alle — auch die 27 restlichen — AV-Hütten aufgrund der Heimfallklausel zurückgegeben worden sind. Ebenso unverständlich ist, daß der österreichische Finanzminister die Gültigkeit der inzwischen etwa 22 Sitzverlegungen in die BRD anzweifelt; seine Argumentation, daß bis 8. Mai 1945 keine Sektion die Sitzverlegung vorgenommen hat und deshalb nicht anerkannt werden darf, ist in Anbetracht der damaligen Situation absurd. Unter Kulturstaaten werden gerichtliche Entscheidungen anerkannt; die Eintragung eines Vereins in das Vereinsregister ist eine solche rechtsetzende Entscheidung. In vielen 100 Fällen sind die handelsgerichtlichen Eintragungen der Sitzverlegung von Handelsgesellschaften auch in Österreich voll anerkannt worden. Dazu liegen auch eine Anzahl grundsätzlicher Entscheidungen des Obersten Bundesgerichtshofes in Karlsruhe vor. Gerade in den letzten Tagen ist für die weltbekannte Firma Zeiß-Ikon (Jena) eine solche Bestätigung ergangen.'

Weiter notierte der Berichterstatter, daß die im letzten ‚Sommer vorbereitete Eingabe an das österreichische Finanzministerium noch nicht eingereicht worden sei, da angeblich das Bundeskanzleramt gegen die Rückgabe der 27 Hütten ist, weil die DDR dazu Ansprüche angemeldet habe, die aber nicht offiziell behandelt werden, weil sie noch nicht als selbständiger Staat von der BRD anerkannt ist. Damit ist die Angelegenheit auf die politische Ebene geschoben worden'.

Warum nur?, fragt er und weist darauf hin, daß die ‚DAV-Sektionen durch die Befehle Nr. 124 und 126 der sowjetrussischen Militärbefehlshaber schon im Oktober 1945 aufgelöst und daraufhin in den Vereinsregistern gelöscht wurden. Damals existierte die DDR noch gar nicht. Die Beschlagnahmebefehle der Russen können sich — und sind auch — ausdrücklich nur auf das von den Russen besetzte Gebiet erstreckt worden. Also sind die 27 Hütten in Tirol (ehemals französische Besatzungszone) niemals von der russischen Beschlagnahme erfaßt worden...'.

Von Dr. Hiess hörten wir ja schon, daß sich der Staat dieser Unannehmlichkeiten entledigte, indem er die problematischen Immobilien mit

Grundbesitz zum Verkauf ausschrieb und der OeAV das Paket mit Darlehen vom DAV per „Kaufvertrag zwischen der Republik Österreich und
dem Österreichischen Alpenverein Innsbruck" vom 17. 10 / 2. 11. 1961
mit anschließenden grundbücherlichen Umschreibungen erwarb.

Man atmete auf, endlich war etwas geschehen. Die verbrüderten Vereine
hatten immerhin ein dreiviertel Jahrhundert, von 1873 bis 1945, überdauert. Kein Grund also, den Freunden in der Alpenrepublik mit Miß-
trauen zu begegnen, zumal der Transaktion die Absichtserklärung zugrunde lag, den ganzen Komplex zu gegebener Zeit wieder, sobald es mit
Rücksicht auf die politischen Verhältnisse in Österreich möglich sei, zu
einem Anerkennungspreis von einem Schilling an den deutschen Verein
zu verkaufen.

Zuversicht breitete sich aus. In unzähligen freiwilligen Arbeitsstunden
wurde in den Bergen gehämmert, geflickt, angebaut, wurden das Mobiliar ersetzt, Materialseilbahnen zur besseren Versorgung erstellt und Ge-
neratoren zur Stromerzeugung angeschafft, denn die Trimmwelle
schwappte zunehmend auch ins Gebirge. Um so erregter reagierten die
Betroffenen, als sich anläßlich einer Tagung in Bamberg (6. 10. 1962) der
Geschäftsführer des DAV, Dr. Karl Erhardt, auf den Standpunkt stellte,
‚daß die sitzverlegten Sektionen keinen Rechtsanspruch auf die AV-Hütten hätten, sondern diese dem DAV insgesamt zum Eigentumsgebrauch
zu überlassen seien'.

Das war ein Schuß aus dem Hinterhalt, ein Dolchstoß! Hatte doch schon
Erich Brozek, österreichischer Hüttenbetreuer der Dresdner Hütte in
den Stubaier Alpen von 1947 bis 1974, den Dresdnern empört berichtet,
daß Dr. Erhardt auf seine Bitte um Zuschüsse für die Instandsetzung des
von einer Staublawine zerstörten Daches erwiderte: „Für die Dresdner
Hütte keine Mark!"

Dr. Nitze, Erfurter Sektionschef, berichtete seinem Beiratsmitglied, dem
ehemaligen Oberbürgermeister von Erfurt Walter Kießling: ‚Man hat das
Gefühl, daß einige westdeutsche Sektionen ohne viel Geld und Mühe
heimatlose Hütten annektieren und womöglich dann auch noch die
Namen ändern wollen. Man muß bedenken, daß die Ostzone früher etwa
ein Drittel aller Mitglieder des DAV gestellt hat — man hätte deshalb
wohl mehr Interesse und Entgegenkommen in München erwarten können.'

Und dem österreichischen Betreuer der Erfurter Hütte, Max von Korff,
schrieb er: ‚ . . . es tut mir leid sagen zu müssen, daß ich aufgrund unserer
Erfahrungen München nicht so recht traue. In München hüllt man sich
immer in Schweigen und läßt sich auf sachliche Erörterungen des ganzen
Fragenkomplexes nicht ein. Es ist uns einfach unverständlich, daß man
von allem Anfang an den ostzonalen Sektionen bei ihrem Aufbau
Schwierigkeiten gemacht hat. Darauf ist auch nach unserer festen Über-

zeugung zurückzuführen, daß die ostzonalen Hütten noch nicht zurückgegeben sind.'

Wir sind sicher, daß die Münchner Zentrale überhaupt nicht begriff, warum sich ihre geflüchteten und vertriebenen Bergfreunde benachteiligt und hintergangen fühlten. Man mühte sich hier doch redlich, politische Verwicklungen zu vermeiden und unter Berücksichtigung aller Eventualitäten, vor allem im Interesse dieser Mitglieder aus dem verlorenen Osten und der DDR, zu taktieren! Es hatte sich nun einmal herausgestellt, daß mit den Sektionen aus den ehemaligen Ostgebieten und der Tschechoslowakei keine eigentumsrechtlichen Probleme zu erwarten waren. Ganz anders bei solchen mit mitteldeutschen Namen...

Möglicherweise haben es die leitenden Herren des DAV am nötigen Fingerspitzengefühl, an Sensibilität fehlen lassen. Waren sie doch in der Regel „Heimatbesitzer" geblieben, während die anderen zum Heer der Flüchtlinge (3 631 700; Vertriebene 11 193 000 = Volkszählung 1970) gehörten.

Die Rechtslage war eindeutig. Daran änderte auch eine Intervention der polnischen Regierung nichts wegen der Hütte der Sektion Kattowitz in der Ankogelgruppe, das geschah 1965. Kattowitz ging schon nach dem Vertrag von Saint Germain 1919 an Polen verloren; seitdem waren niemals Ansprüche an dieser Liegenschaft erhoben worden.

Das Jahr 1968 war insofern bedeutsam, als endlich der OeAV die umstrittenen Häuser dem DAV zum Pauschalpreis von DM 100 000 verkaufte, mit dem Verwaltungskosten und Aufwendungen seit dem Ankauf vor sieben Jahren abgegolten werden sollten.

Eigentlich hätte nun alles ausgestanden sein müssen, aber wieder vergingen Jahre ohne greifbare Ergebnisse. Die Arbeitsgemeinschaft war indes nicht untätig. 1970 teilte ihr Beauftragter Dr. Gretzinger der Münchner Zentrale mit, daß „die Geheimhaltung der Verhandlungen über die Rückgabe der Hütten an die Erbauer-Sektionen überhaupt nicht erforderlich sei, weil nach Auskunft der zuständigen Ministerien (Zitat) ‚auch nicht die geringsten politischen und außenpolitischen Bedenken gegen eine Rückgabe von Alpenhütten an sitzverlegte Sektionen bestehen' (Zitat Ende)".

Noch im Oktober 1972 standen anläßlich einer Hauptausschuß-Sitzung unter Punkt 3/c die mitteldeutschen Hütten auf der Tagesordnung, nachdem zuvor Dr. Hiess als Vertreter des OeAV laut Protokoll vorgeschlagen hatte, endlich klare Verhältnisse zu schaffen. Es wurde berichtet, daß acht Objekte von nicht mehr existierenden Vereins-Sektionen an westdeutsche Sektionen veräußert wurden; daß fünf Objekte von zu schwachen sitzverlegten Sektionen an Betreuer weitergegeben worden seien mit der Verpflichtung, das Traditionsgut und den Hüttennamen zu wahren; daß die restliche Gruppe nicht bereit sei, die mitteldeutschen Hüttennamen zu ändern, und auf Rückgabe bestehe.

Ende März 1973 lag dem Hauptausschuß wieder ein Antrag auf Rückübereignung von diesmal zwölf namentlich aufgeführten Objekten vor mit der Begründung, daß...

,die vom Hauptausschuß angegebenen politischen Gründe, die gegen die Rückgabe der Hütten an die noch lebensfähigen Sektionen angeführt wurden, als unrealistisch und nicht mehr haltbar zurückgewiesen werden, nachdem einige von sich aus Vorstöße in Bonn und Wien unternommen haben und von dort anderslautende Bescheide als die uns angegebenen erhalten haben'.

Im einzelnen erläuterte die Arbeitsgemeinschaft, daß der Minister für Gesamtdeutsche Frage erklärt habe, gegen eine Übertragung der Hütten bestünden keine politischen Bedenken, weil es sich eindeutig um privatrechtliche Angelegenheiten handele.

Weiter heißt es in der Antragsbegründung, daß 27 Jahre nach Kriegsende von der DDR keine rechtlichen Ansprüche mehr auf die Hütten geltend gemacht werden könnten. Es sei dabei gleichgültig, ob sie mitteldeutsche oder andere Namen hätten. Da die Hütten, wenn sie endlich zurückgeeignet werden sollten, drei Verkäufe hinter sich hätten (1. vom österreichischen Staat an den OeAV, 2. vom OeAV an DAV, 3. von DAV an die ursprünglichen Besitzer), dürften sich in Rechtsstaaten wie Österreich oder BRD kein Richter oder Paragraph finden, der diese Kaufverträge für null und nichtig erklärt...

Noch einmal war die leidige Sache öffentliches Thema, nämlich anläßlich der 7. Sitzung des DAV-Verwaltungsausschusses im Juli 1975, wobei kurioserweise Wert darauf gelegt wurde, das Wort „sitzverlegt" nicht zu verwenden, weil der österreichische Staat Sitzverlegungen angeblich nicht anerkennt. Aber das war eindeutig Schnee von gestern.

*

Zu guter Letzt waren mehr als 30 Jahre seit Kriegsende ins Land gegangen, bis das leidige Thema abgehakt werden konnte. Flüchtlinge und Vertriebene hatten sich inzwischen in ihrer neuen Heimat eingerichtet, die DDR internationale Anerkennung gefunden. Die Ostverträge waren unterzeichnet, und diesseits und jenseits der deutsch-deutschen Grenze Verständigungsbereitschaft zu erkennen.

Nachdem er zuvor schon seine vom OeAV erworbenen Rechte auf Besitz und Nutzung der Hütten und Liegenschaften den benachteiligten Sektionen vertraglich überlassen hatte, kam es endlich auch zu notariell beglaubigten Kaufverträgen zwischen dem DAV und den betreffenden Sektionen, zum Beispiel mit der Breslauer im September 1972 bei einem Kaufpreis von DM 12 300, woraufhin ein Jahr später das Bezirksgericht Silz die Eintragung ihres Eigentumsrechtes an der Breslauer Hütte im Grundbuch von Sölden bewilligte. Vom August 1976 datieren die Kaufverträge mit der Sektion Halle für das Zittel-Haus auf dem Hohen Sonnblick (110 000 Ö.S.) und mit der Sektion Leipzig für ihre Sulzenau-Hütte (120 000 Ö.S.) in den Stubaier Alpen — das war die letzte! Die grundbuchliche Umschreibung für die Leipziger wurde laut Beschluß der Bezirkshauptmannschaft Innsbruck im September 1977 bewilligt. Aber da war nach dem Abgang einer Lawine von ihrem Berghaus auf der Sulzenau nicht mehr als ein Trümmerhaufen übriggeblieben. Der Neubau kostete sie auf den Pfennig genau DM 1 033 000, mit Materiallift knapp 1,3 Millionen. Die stattliche Versicherungssumme für die zerstörten Gebäude, viel Eigenleistung, ein Darlehen des Alpenvereins, ein üppiges Geldgeschenk der Lübecker Freunde und viele Spenden machten es möglich.

Im Juni 1979 wurde die neue Sulzenau-Hütte eingeweiht.

*

Und wieder verging Jahr um Jahr, nun schon — seit dem Ausbruch des letzten Krieges —, fast ein halbes Jahrhundert. Die Zeitzeugen sterben einer nach dem anderen, viele mit dem bitteren Gefühl, von den nachfolgenden Generationen zu Unrecht als stupide Mitläufer verurteilt worden zu sein. Auch die Gedenkreden und Rückblicke zum 50sten Jahrestag des Anschlusses der „Ostmark" an das Deutschland Hitlers konnte dem, was 1938 in vielen gutgläubigen Bürgern der Alpenrepublik vorging, nicht immer gerecht werden.

Jahrzehnte sind vergangen. Aber erst in letzter Zeit scheint auch der Alpenverein, der sich um die Bergbevölkerung gegen Ende des 19. Jahrhunderts unbestritten verdient gemacht hat und heute als Bewahrer des vermarkteten Alpenraumes gefordert ist, unvoreingenommen und souverän seine Vergangenheit zu bewältigen.

Im Juni-Heft 1987 der „Mitteilungen des Österreichischen Alpenvereins" erschien ein Beitrag von Dr. Ernst Ganahl, seinerzeit Rechtsreferent im Verwaltungsausschuß, über den „Kampf um den Bestand des Alpenvereins und die Erhaltung des Hüttenbesitzers und sonstigen Vermögens". Nach unserer Bitte um gekürzten Nachdruck hörten wir jedoch von dem Vorbehalt, daß angeblich immer noch zwischen dem Staat Österreich und der DDR Verhandlungen über gegenseitige Forderungen und Entschädigungszahlungen im Zusammenhang mit dem „Anschluß" und der Gründung der DDR anhängen sollen. Ein Ondit?

Die Verklemmung hält an — hüben wie drüben. Das Tausendjährige Reich geht als historische Erblast auf unsere Kinder und Kindeskinder über. Sie werden schwer daran zu tragen haben.

*

Zugegeben, was hier auf vielen Buchseiten erzählt und im Anhang erstmals dokomentiert wurde, ist nicht mehr und nicht weniger als ein winziger Aspekt deutscher Geschichte. Aber Geschichte ist schließlich die Summe tausendfältigen Geschehens, mit dem Flucht und Vertreibung seit altersher einhergehen.

„Heimatlosigkeit", heißt es in einem ‚lh' gezeichneten Kommentar der Süddeutschen Zeitung vom Dezember 1986, „stellt nicht den Ausnahmezustand, sondern die Grundbefindlichkeit des Menschen dar. Heimat ist immer mehr Ziel als Ort. In einem Jahrhundert der Vertreibungen, der Emigrationen, der Exile, der Gastarbeiterwanderungen sollte das allen klargeworden sein. Wir kennen mittlerweile die Heimat als Klischee und als Hoffnung. Das Nicht-zu-Hause-Sein, das Unruhiglbeiben bis zum Ende, ist am Ende die wirkliche Schule des Lebens".

Trotzdem: Warum überkommt die Kriegsgeneration beim Anhören des Liedes „Heimat — deine Sterne, sie strahlen mir auch an fernem Ort ...", und der samtenen Stimme des Wunschkonzert-Interpreten Wilhelm Strienz immer noch eine unerklärliche Gänsehaut? Der Einwand, hier handle es sich um ein Durchhalte-Sentimentel des NS-Propaganda-Apparates speziell für „Landser" an der Front, zählt wider besseres Wissen nicht.

Das und mehr zu ergründen wäre doch ein dankbares Thema für die Wissenschaft, etwa als „Psychologie der Flüchtlinge und Heimtvertriebenen von 1945 bis heute".

Dokumentation

Daten zur Geschichte der Alpenvereins-Sektionen seit Weltkrieg I

Verband der Deutschen Alpenvereine im Tschechoslowakischen Staat
... gegründet 1920 von den aufgelösten Sektionen des DuOeAV, die aber als selbständige deutsche Vereine zugelassen waren; laut Verhandlungsschrift einer Besprechung in Starnberg, Hotel Bayerischer Hof, vom 15. 5. 1954 Eingliederung in den Verein Sudetendeutsche Hütte

Verein Sudetendeutsche Hütte
... gegründet 1927 von den 18 Sektionen der Deutschen Alpenvereine in CSR; am 6. 12. 1953, laut Verhandlungsschrift einer Hauptversammlung in Augsburg, Hotel Union, neu konstituiert. 1954 Eintragung ins Vereinsregister München. Auflösung 1978

Verband Sudetendeutscher Alpenvereine
... gegründet 1950, seit 1977 als DAV-Sektion Sudeten in Esslingen, BRD

Gauverband der Thüringischen Sektionen im DuOeAV
... gegründet 1920 mit Apolda, Hildburghausen, Jena, Meiningen, Pößneck, Rudolstadt, Saalfeld, Schleiz, Schmalkalden, Weimar

Thüringer Sektionenverband
... gegründet 1955 unter Vorsitz der sitzverlegten Sektion Jena in Oberkochen, BRD, in der 1964 nach Löschung des Verbandes im Vereinsregister Aalen alle thüringischen Sektionen aufgehen. 1965 Umbenennung in DAV-Sektion Oberkochen

Mitteldeutsche Sektionen des DuOeAV
... wurden „ohne Rücksicht auf ihre Rechtsfähigkeit" mit „Verordnung über die Neuregelung des Vereins- und Genossenschaftswesens", z. B. in Halle/Saale am 22. 5. 1946 für die Provinz Sachsen (jetziger DDR-Regierungsbezirk Magdeburg, Merseburg und Anhalt) aufgelöst. Erlaß gleichlautender Verordnungen in allen Provinzen bzw. jetzigen Regierungsbezirken vor 1950

DuOeAV — Mittel- und Ostdeutschland bis zu Weltkrieg II
... Mitglieder 45 892
    Sektionen   126 (davon 1 ÖTK)
    Hütten   99 (davon 1 ÖTK)

Zeichenerklärung
zum Sektionsverzeichnis

Ortsnamen in **Fettdruck** = nach 1945 aus Mittel-und Ostdeutschland in die BRD sitzverlegte Alpenvereins-Sektionen

Kursivdruck = von „Ost-Sektionen" erbaute Hütten

(+) = Hütte besteht noch (siehe Hüttenverzeichnis)

(–) = Hütte zerstört

(?) = keine Unterlagen

M. = Mitglieder (nach Bestandslisten von 1930, 1948, 1943)

E. = Einwohner (nach Meyers Neues Lexikon 1980 u. a.)

(x) = Aussiedlung der Bevölkerung nach Weltkrieg II

DAV = Deutscher Alpenverein, gegründet 1869

OeAV = Österreichischer Alpenverein, gegründet 1862

DuOeAV = Vereinigung beider Vereine von 1873 bis 1945, jedoch nach „Anschluß" Österreichs von 1938 bis 1945 gleichgeschaltet als Deutscher Alpenverein zum Fachamt Bergsteigen im Deutschen Reichsbund für Leibesübungen. Nach 1945 wieder selbständig als DAV und OeAV

ÖTK = Österreichischer Touristenklub

DDR = Deutsche Demokratische Republik

BRD = Bundesrepublik Deutschland

CSR = Ceskoslovenska Republika (seit 1918 slawischer Nachfolgestaat der östr.-ung. Monarchie)

CSSR = Ceskoslovenska Socialisticka Republika (Tschechoslowakei, Volksdemokratie seit 1945)

UdSSR = Union der Sozialistischen Sowjetrepubliken

Sektionsverzeichnis

Adorf — Stadt im Elstertal, Vogtland, jetzt Kreis Ölsnitz, DDR (1910 = 6328 E.). Seit 1903 Sektion des DuOeAV (37 M.).

Altenburg — ehemals Hauptstadt des Herzogtums Sachsen-Altenburg, Thüringen, jetzt Kreisstadt im Bezirk Leipzig, DDR (50 000 E.). Seit 1907 Sektion „Sachsen Altenburg" im DuOeAV (282 M.). 1931 Einweihung der *Rastkogel-Hütte* (+), Tuxer Voralpen (siehe auch Werdau). Sitz verlegt zum Thüringer Sektionenverband nach Oberkochen, BRD.

Annaberg — Stadt am Pöhlberg im Erzgebirge, jetzt Bezirk Karl-Marx-Stadt (Chemnitz), DDR (26 000 E.). Seit 1887 Sektion im DuOeAV (150 M.).

Apolda — Stadt in Thüringen, jetzt Kreisstadt im Bezirk Erfurt, DDR (28 000 E.). Seit 1901 Sektion im DuOeAV (145 M.). Sitz verlegt zum Thüringischen Sektionenverband nach Oberkochen, BRD.

Arnstadt — an der Gera in Thüringen, jetzt Kreisstadt im Bezirk Erfurt, DDR (29 000 E.). Seit 1925 Sektion im DuOeAV (114 M.).

Asch — Stadt im böhmischen Fichtelgebirge, nach Weltkrieg I „As", CSSR (1930 = 18 525 E.). Seit 1878 Sektion im DuOeAV (247 M.). 1896 Einweihung der *Ascher Hütte* (+), Samnaungruppe (x). Sitz verlegt nach München, BRD.

Aue — an der Göltzsch im Vogtland, jetzt Kreisstadt im Bezirk Karl-Marx-Stadt (Chemnitz), DDR (31 000 E.). Seit 1907 Sektion im DuOeAV (231 M.).

Auerbach — an der Göltzsch im Vogtland, jetzt Kreisstadt im Bezirk Karl-Marx-Stadt (Chemnitz), DDR (17 500 E.). Seit 1906 Sektion im DuOeAV (181 M.).

Aussig — an der Elbe und Biela („böhmisches Hamburg"), nach Weltkrieg I „Usti nad Labem", CSSR (75 000 E.). Seit 1904 Sektion im DuOeAV (396 M.) (x). Sitz verlegt zum Verband Sudetendeutscher Alpenvereine nach Esslingen, BRD.

Bautzen — an der Spree in der Oberlausitz, jetzt Kreisstadt im Bezirk Dresden, DDR (45 000 E.). Seit 1902 Sektion im DuOeAV (257 M.).

Berlin — siehe Anhang (BRD)

Bodenbach — siehe Tetschen

Breslau — an der Oder, ehemals Hauptstadt der Provinz Niederschlesien, jetzt „Wroclaw", Polen (569 000 E.). Seit 1877 Sektion im DuOeAV (1017 M.). 1882 Einweihung der *Breslauer Hütte* (+), Ötztaler Alpen (x). Sitz verlegt nach Ludwigsburg, BRD.

Bromberg — an der Brahe in Westpreußen, nach Weltkrieg I „Bydgoszcz" im „polnischen Korridor", jetzt Hauptstadt des gleichnamigen Regierungsbezirks, Polen (314 000 E.). Seit 1901 Sektion im DuOeAV (144 M.).

Brünn — an der Schwarawa und Zeittawa, Stadt in Mähren (= Moravia), nach Weltkrieg I „Brno" CSSR, jetzt Hauptstadt des Verwaltungsbezirks Südmähren (336 000 E.). Seit 1881 Sektion „Moravia" des DuOeAV (627 M.). 1888 Erwerb der *Brünner Hütte* (+), Dachsteingebirge, 1927 Einweihung der *Wangenitzsee-Hütte* (+), Schobergruppe (x).

Chemnitz — im Erzgebirge, jetzt DDR; 1953 umbenannt in Karl-Marx-Stadt, Hauptstadt des gleichnamigen Bezirks (308 000 E.). Seit 1881 Sektion im DuOeAV (1257 M.). 1895 Einweihung der *Chemnitzer Hütte* (+), am Nevesjoch, Zillertaler Alpen, 1926 *Neue Chemnitzer Hütte* (+), Ötztaler Alpen. Sitz verlegt nach Wuppertal, BRD. Aufgelöst.

Cottbus — an der Spree in der Niederlausitz, jetzt Kreisstadt des gleichnamigen Bezirks, DDR (101 000 E.). Seit 1901 Sektion des DuOeAV (302 M.). 1941 (in Baugemeinschaft mit Sektion Höchst/Main) Einweihung der *Cottbuser-Hütte* (+), Ötztaler Alpen.

Crimmitschau — an der Pleiße, ehemals Kreishauptmannschaft Zwickau, jetzt Stadt im Bezirk Karl-Marx-Stadt (Chemnitz), DDR (27 500 E.). Seit 1930 Sektion im DuOeAV (104 M.).

Danzig — an der Ostsee, ehemals Hauptstadt der Provinz Westpreußen, ab Weltkrieg I Freie Stadt unter dem Schutz des Völkerbundes, jetzt „Gdansk" Hauptstadt des gleichnamigen Verwaltungsbezirks, Polen (378 000 E.). Seit 1888 Sektion im DuOeAV (297 M.) (x).

Dessau — an Elbe und Mulde, jetzt Stadt im Bezirk Halle, DDR (101 000 E.). Seit 1895 Sektion „Anhalt-Dessau" im DuOeAV (547 M.). 1912 Einweihung von *Anhalter* (+) und *Heiterwand-Hütte* (+), Lechtaler Alpen.

Döbeln — an der Freiberger Mulde, jetzt Kreisstadt im Bezirk Leipzig, DDR (27 500 E.). Seit 1903 Sektion im DuOeAV (264 M.).

Dresden — beiderseits der Elbe, („sächsische Bergsteigerstadt"), jetzt Hauptstadt des gleichnamigen Bezirks, DDR (510 000 E.). Seit 1873 Sektion des DuOeAV (3045 M.). 1875 Einweihung *Dresdner Hütte* (+), Stubaier Alpen; 1882 *Zufall-Hütte* (+), Ortlergruppe; 1897 *Pravitele-* (+), *Canali-* (+) und *Franz-Schlüter-Hütte* (+), Dolomiten. Sitz verlegt erst Wuppertal, dann Böblingen, BRD.

Weitere Gründungen:

1901 Akademische Sektion Dresden (104 M.).

1905 Sektion Dresden des Österreichischen Touristenklubs (ÖTK)

(500 M.); 1907 Einweihung der *Wolf-von-Glanvell-Hütte* (–), *Dolomiten.*

1906 Sektion Meißner Hochland (501 M.); 1907 Einweihung der *Tappenkarsee-Hütte* (+), Niedere Tauern.

1906 Sektion Wettin (725 M.).

1910 Sektion Allgemeiner Turnverein Dresden (68 M.).

1911 Sächsischer Bergsteigerbund (1158 M.).

1933 Akademische Alpine Vereinigung (M.?).

Eberswalde — am Finowkanal, ehemals Bezirk Potsdam (Mark Brandenburg), jetzt Kreisstadt Eberswalde-Finow im Bezirk Frankfurt/-Oder, DDR (48 000 E.). Seit 1924 Sektion im DuOeAV (159 M.).

Eger — an der Eger im böhmischen Fichtelgebirge, seit Weltkrieg I „Cheb", Bezirkshauptstadt, CSSR (26 000 E.). Seit 1894 Sektion im DuOeAV (381 M.). 1907 Einweihung der *Egerer Hütte* (+), Pragser Dolomiten; 1925 Erwerb der *Radstädter* („Egerland") *Hütte* (+), Salzburger Schieferalpen (x). Sitz verlegt nach Bubenreuth, BRD, als Sektion Eger-Egerland. 1969 Einweihung der *Bubenreuther Hütte* (+), Schobergruppe.

Eisenach — im Thüringer Wald, jetzt Kreisstadt im Bezirk Erfurt, DDR (49 500 E.). Seit 1887 Sektion „Wartburg" im DuOeAV (270 M.).

Elbing — an der Elbe am Frischen Haff, Westpreußen, jetzt „Elblag", Kreisstadt im Verwaltungsbezirk Danzig, Polen (90 000 E.). Seit 1923 Sektion im DuOeAV (139 M.) (x).

Erfurt — in Thüringen, jetzt Hauptstadt des gleichnamigen Regierungsbezirks, DDR (205 000 E.). Seit 1882 Sektion im DuOeAV (833 M.). 1895 Einweihung der *Erfurter Hütte* (+), Rofangebirge. Sitz verlegt nach Ettlingen, BRD.

Falkenstein — Stadt an der Göltzsch im Vogtland, jetzt DDR (14 000 E.). Seit 1911 Sektion im DuOeAV (120 M.).

Frankfurt — an der Oder, ehemals Hauptstadt der Provinz Brandenburg, jetzt des gleichnamigen Bezirks, DDR (690 000 E.), mit „Slubice", dem Stadtteil jenseits der Oder, Polen. Seit 1885 Sektion im DuOeAV (374 M.). 1901 Einweihung der *Winnebachsee-Hütte* (+), Stubaier Alpen.

Freiberg — im Erzgebirge, jetzt Kreisstadt im Bezirk Karl-Marx-Stadt (Chemnitz), DDR (51 000 E.). Seit 1903 Sektion im DuOeAV (211 M.).

Gablonz — Stadt an der Lausitzer Neiße im nördlichen Böhmen, seit Weltkrieg I „Jablonec nad Nisou", CSSR (34 000 E.). Seit 1903 Sektion im DuOeAV (282 M.). 1934 Einweihung der *Gablonzer Hütte* (+), Dachsteingebirge(x). Sitz verlegt nach Gablonz-Kaufbeuren, BRD; auch OeAV-S. Neugablonz/Enns.

Gera — im Tal der Weißen Elster, ehemals Hauptstadt des Fürstentums Reuß in Thüringen, jetzt des gleichnamigen Regierungsbezirks, DDR (117 000 E.). Seit 1879 Sektion im DuOeAV (611 M.). 1895 Einweihung der *Geraer Hütte* (+), Zillertaler Alpen.

Glatz — an der Glatzer Neiße, ehemals Kreisstadt in Niederschlesien, jetzt „Klodzko", Polen (26 500 E.). Seit Oktober 1911 Sektion „Grafschaft Glatz" im DuOeAV (112 M.) (x).

Gleiwitz — an der Klodwitz, Stadt in Oberschlesien, jetzt „Gliwice", Polen (174 000 E.). Seit 1894 Sektion im DuOeAV (560 M.). 1900 Einweihung der *Gleiwitzer Hütte* (+), Glocknergruppe (x). Vereinigt mit S. Tittmoning, BRD.

Görlitz — Stadt in der Oberlausitz, jetzt im Regierungsbezirk Dresden, DDR (83 000 E.), mit „Zgorzelec", dem Stadtteil am jenseitigen Ufer der Görlitzer Neiße, Polen (30 500 E.). Seit 1883 Sektion „Lausitz" im DuOeAV (304 M.). 1903 Einweihung der *Lausitzer* (Glockenkar-) *Hütte* (–), Krimmler Tauern; 1912 *Rauchkofel-Hütte* (–) und Beteiligung an der *Zittauer Hütte* (+), Zillertaler Alpen

Gotha — in Thüringen, jetzt Kreisstadt im Bezirk Erfurt, DDR (58 500 E.). Seit 1895 Sektion im DuOeAV (257 M.).

Graudenz — an der Weichsel, ehemals im Bezirk Marienwerder, nach Weltkreig I „Grudziads", Polen (77 500 E.). Seit 1909 Sektion im DuOeAV (66 M.) (x).

Greiz — an der Weißen Elster, jetzt Kreisstadt des Bezirks Gera, DDR (36 500 E.). Seit 1882 Sektion im DuOeAV (277 M.). 1893 Einweihung der *Greizer Hütte* (+), Zillertaler Alpen. Sitz verlegt nach Marktredwitz, BRD.

Grimma — an der Mulde, jetzt Kreisstadt im Bezirk Leipzig, DDR (17 000 E.). Seit 1910 Sektion im DuOeAV (87 M.).

Guben — an der Lausitzer Neiße, jetzt „Wilhelm-Pieck-Stadt", Kreisstadt in der Niederlausitz, DDR (35 000 E.). mit „Gubin", dem Stadtteil am jenseitigen Ufer der Neiße, Polen (15 000 E.). Seit 1894 Sektion im DuOeAV (120 M.). 1912 Einweihung der *Gubener Hütte* (+), Stubaier Alpen (x). Sitz verlegt nach Göttingen, BRD; vereinigt mit S. Schweinfurt.

Haida — Stadt im nördlichen Böhmen, nach Weltkrieg I „Bor u Ceské Lipy", CSR; ab 1945 „Novy Bor", CSSR (1915 = 3255 E.). Seit 1887 Sektion im DuOeAV (56 M.).

Halberstadt — an der Holemme im Harz, jetzt Kreisstadt im Bezirk Magdeburg, DDR (47 000 E.). Seit 1909 Sektion im DuOeAV (165 M.).

Halle — an der Saale, ehemals Regierungsbezirk Merseburg, jetzt Hauptstadt des gleichnamigen Bezirks, DDR (1,86 Mill. E.). Seit 1886

Sektion im DuOeAV (1051 M.). 1897 Einweihung der *Hall'schen* (–) und 1911 der *Monte-Vioz-Hütte* (+), Ortlergruppe; 1925 Erwerb des *Zittel-Hauses* und der *Rojacher-Hütte* (+), Sonnblick-Goldberggruppe. Sitz verlegt nach Frankfurt/Main, BRD.

Hildburghausen — an der Werra, Thüringer Wald, jetzt Kreisstadt im Bezirk Suhl, DDR (11 500 E.). Seit 1894 Sektion im DuOeAV (50 M.). Sitz verlegt zum Thüringer Sektionenverband nach Oberkochen, BRD.

Jena — an der Saale in Thüringen, jetzt Kreisstadt im Bezirk Gera, DDR (101 000 E.). Seit 1882 Sektion im DuOeAV (338 M.). 1925 Einweihung der *Thüringer Hütte* (+), Venedigergruppe, ein Bau des Gauverbandes Thüringischer Sektionen.
Weitere Gründung:
1922 Akademische Sektion Jena (97 M.).
Sitz verlegt zum Thüringer Sektionenverband nach Oberkochen, BRD. Seit 1965 Sektion „Oberkochen".

Karlsbad — an der Eger und Tepl, Stadt in Nordböhmen, nach Weltkrieg I „Karlovy Vary", CSSR (43 500 E.). Seit 1902 Sektion im DuOeAV (619 M.) (x). Sitz verlegt nach München, BRD.

Kattowitz — in Oberschlesien, nach Weltkrieg I „Katowice", Hauptstadt des gleichnamigen Verwaltungsgebietes, Polen (319 000 E.). Seit 1909 Sektion im DuOeAV (351 M.). 1930 Einweihung der *Kattowitzer Hütte* (+), Ankogelgruppe (x). Sitz verlegt nach München, BRD.

Klingenthal — im Elstergebirge, Vogtland, jetzt Kreisstadt im Bezirk Karl-Marx-Stadt (Chemnitz), DDR (13 500 E.). Seit 1924 Sektion im DuOeAV (105 M.).

Königsberg — beiderseits des Pregels, ehemals Hauptstadt der Provinz Ostpreußen, jetzt „Kaliningrad", UdSSR (345 000 E.). Seit 1890 Sektion des DuOeAV (561 M.). 1928 Einweihung der *Ostpreußen-Hütte* (+), Berchtesgadener Alpen. (x) Sitz verlegt nach München, BRD.

Köslin — ehemals Hauptstadt der Provinz Pommern, jetzt „Koszalin", Polen (73 000 E.). Seit 1909 Sektion im DuOeAV (41 M.) (x).

Krakau — Stadt an der Weichsel, nach Weltkrieg I „Krakow", Polen (67 500 E.). 1942 Sektion des DAV, im „Generalgouvernement" (130 M.).

Kreuzberg — an der Stober in Oberschlesien, ehemals Regierungsbezirk Oppeln, jetzt „Kluczbork", Polen (1975 = 19 900 E.). Seit 1897 Sektion im DuOeAV (51 M.) (x).

Krumau — Stadt an der Moldau im Böhmerwald, nach Weltkrieg I „Cesky Krumlov", CSSR (12 000 E.). Seit 1933 Deutscher Alpenverein in CSR (11 M.) (x).

Landsberg — an der Warthe, Stadt in Ostpreußen, ehemals Regierungsbezirk Frankfurt/Oder, jetzt „Gorzow", Polen (78 500 E.). Seit 1910
Sektion „Neumark" im DuOeAV (173 M.) (x).

Leipzig — an Elster, Pleiße und Parthe, ehemals größte Stadt Mittel-
deutschlands, jetzt Hauptstadt des gleichnamigen Bezirks, DDR
(565 500 E.). Seit 1869 Sektion im DuOeAV (1727 M.). 1879 Einweihung der *Mandron-Hütte* (+), 1883 *Sachsendank-Hütte* (+), Dolomiten; 1887 *Lenkjöchl-Hütte* (+), Zillertaler Alpen; 1887 *Grasleiten-Hütte* (+), Dolomiten; 1894 *Schwarzenstein-Hütte* (+), Zillertaler Alpen;
1898 *Vajolet-Hütte* (+), 1913 Erwerb des *Ciampedi-Hauses* (+), Dolomiten; 1927 *Sulzenau-Hütte* (+), Stubaier Alpen. Sitz verlegt nach
Wuppertal, BRD; seit 1970 S. „Leipzig in München".

Weitere Gründungen:

1907 Sektion Jung-Leipzig (1397 M.); 1929 Einweihung der *Hauersee-
Hütte* (+), Ötztaler Alpen.

1908 Sektion Nordwestsachsen (1269 M.).

Sektion Hochglück-Leipzig (57 M.).

1881 Akademischer Alpenverein Leipzig (? M.).

Leitmeritz — Stadt an der Elbe in Böhmen, nach Weltkrieg I „Litomeri-
ce", CSSR (20 000 E.). Seit 1920 Deutscher Alpenverein Leitmeritz in
CSR (86 M.); siehe auch Teplitz (x). Aufgegangen im Verband Sudetendeutscher Alpenvereine Esslingen, BRD.

Lengenfeld — Stadt im Vogtland, jetzt im Bezirk Karl-Marx-Stadt
(Chemnitz), DDR (1910 = 480 E.). Seit 1897 Sektion im DuOeAV
(118 M.).

Liegnitz — an Katzbach und Schwarzwasser, Stadt in Niederschlesien,
jetzt „Legnica", Polen (84 000 E.). Seit 1893 Sektion im DuOeAV (135
M.) (x).

Lódź— Hauptstadt des gleichnamigen Verwaltungsbezirks, Polen
(774 000 E.), in Weltkrieg II „Litzmannstadt" im „großdeutschen
Warthegau"; 1942 Gründung einer Sektion im DAV (80 M.).

Magdeburg — an der Elbe, Hauptstadt der ehemaligen Provinz Sachsen,
jetzt des gleichnamigen Bezirks, DDR (279 000 E.). Seit 1882 Sektion
im DuOeAV (863 M.). 1887 Einweihung von *Magdeburger* (+) und
1892 *Tribulaun-Hütte* (+), Stubaier Alpen; 1925 *Neue Magdeburger* (+)
und *Aschbach-Hütte* (–), Karwendel; 1940 Pacht und Ausbau des *Kel-
chalm-Berghauses* (+), Kitzbühler Alpen. Sitz verlegt kurzfristig nach
Hamburg, BRD. Aufgelöst.

Markneukirchen — Stadt am Fuße des Elstergebirges, jetzt Bezirk Karl-
Marx-Stadt (Chemnitz), DDR (8300 E.). Seit 1904 Sektion im
DuOeAV (24 M.).

232

Meerane — Stadt in Sachsen, jetzt im Bezirk Karl-Marx-Stadt (Chemnitz), DDR (1910 = 24 717 E.). Seit 1924 Sektion im DuOeAV (146 M.).

Meiningen — an der Werra, Thüringen, jetzt Kreisstadt im Bezirk Suhl, DDR (26 500 E.). Seit 1889 Sektion im DuOeAV (83 M.). Aufgegangen im Thüringer Sektionenverband Oberkochen, BRD.

Meißen — an der Elbe, jetzt Kreisstadt im Bezirk Dresden, DDR (43 000 E.). Seit 1892 Sektion im DuOeAV (208 M.). 1926 Einweihung des *Meißner Hauses* (+), Tuxer Voralpen. Sitz verlegt nach Frankfurt/Main, BRD.

Mittweida — an der Zschoppau, jetzt Stadt im Bezirk Leipzig, DDR (1910 = 16 118 E.). Seit 1890 Sektion im DuOeAV (133 M.).

Mühlhausen — an der Unstrut, jetzt Kreisstadt im Regierungsbezirk Erfurt, DDR (44 000 E.). Seit 1937 Sektion im DuOeAV (103 M.).

Naumburg — an der Saale, ehemals Regierungsbezirk Merseburg, jetzt Kreisstadt im Bezirk Hallo, DDR (37 000 E.). Seit 1892 Sektion im DuOeAV (145 M.).

Nordhausen — an Zorge und Goldener Aue, jetzt Kreisstadt im Bezirk Erfurt, DDR (45 500 E.). Seit 1941 Sektion im DAV (134 M.).

Ölmütz — an der March, Stadt in Mähren, nach Weltkrieg I „Olomouc", CSSR (83 000 E.). Seit 1937 mit Mährisch-Schönberg (= „Sumperk") „Sektion Nordmähren" im Verband der DAV in CSR (117 M.).

Ölsnitz — an der Weißen Elster im Vogtland, jetzt Kreisstadt im Bezirk Karl-Marx-Stadt (Chemnitz), DDR (1904 = 14 700 E.). Seit 1892 Sektion im DuOeAV (180 M.).

Oppeln — an der Oder, ehemals Hauptstadt der Provinz Oberschlesien, jetzt „Opole", Polen (97 000 E.). Seit 1931 Sektion im DuOeAV (68 M.) (x).

Plauen — an der Weißen Elster, Vogtland, jetzt Kreisstadt im Bezirk Karl-Marx-Stadt (Chemnitz), DDR (79 000 E.). Seit 1882 Sektion „Plauen-Vogtland" im DuOeAV (873 M.). 1899 Einweihung der *Plauener Hütte* (+), Zillertaler Alpen. Sitz verlegt nach Stuttgart, BRD.

Posen — an der Warthe, Hauptstadt der ehemaligen Provinz Posen, nach Weltkrieg I „Poznan", Polen (516 000 E.). Seit 1897 Sektion des DuOeAV (103 M.) (x).

Pößneck — in Thüringen, jetzt Kreisstadt im Bezirk Gera, DDR (19 000 E.). Seit 1907 Sektion im DuOeAV (79 M.). Sitz verlegt zum Thüringer Sektionenverband nach Oberkochen, BRD.

Potsdam — an der Havel, ehemals Hauptstadt des Regierungsbezirks Preußen, jetzt des gleichnamigen Bezirks, DDR (125 000 E.). Seit 1907

Sektion des DuOeAV (353 M.). 1932 Einweihung der *Potsdamer Hütte* (+), Stubaier Alpen. Sitz verlegt nach Dinkelsbühl, BRD.

Prag — beiderseits der Moldau, ehemals Hauptstadt Böhmens, nach Weltkrieg I „Praha", CSSR (1,17 Mill. E.). Seit 1869 Sektion des DuOeAV (1218 M.). Erwerb der *Hofmanns-Hütte* (+), erbaut 1834 und der *Stüdl-Hütte* (+), erbaut 1868, Glocknergruppe sowie der *Johannis-Hütte* (+), erbaut 1857, Venedigergruppe; 1872 Einweihung der *Clara-Hütte* (+) und *Alten Prager Hütte* (+), Venedigergruppe; 1875 *Payer-Hütte* (+), Ortlergruppe; 1878 *Steinbergalm-Hütte* (–), Loferer Steinberge; 1881 *Olperer* (+) und 1883 *Dominicus-Hütte* (+), Zillertaler Alpen; *Höller-* (Carlsbader) *Hütte* (+), Ötztaler Alpen; 1887 *Riffler-Hütte* (–), Zillertaler Alpen; 1904 *Neue Prager Hütte* (+), Venedigergruppe; 1929 Beteiligung am Gemeinschaftswerk aller Deutschen Alpenvereine in CSR, *Sudetendeutsche Hütte* (+), Granatspitzgruppe; 1934 Erwerb der *Mörsbach* — (+) und *Bohemia-Hütte* (+), Niedere Tauern (x). Sitz verlegt nach München, BRD.

Preßburg — an der Donau, nach Weltkrieg I „Bratislava", CSSR (1910 = 301 635 E.). Seit 1930 Deutscher Alpenverein Preßburg in CSR (213 M.) (x).

Reichenbach — im Vogtland bei Zwickau, jetzt Kreisstadt im Bezirk Karl-Marx-Stadt (Chemnitz), DDR (26 500 E.). Seit 1905 Sektion im DuOeAV (308 M.).

Reichenberg — an der Lausitzer Neiße in Böhmen, nach Weltkrieg I „Liberec", CSSR (75 500 E.). Seit 1893 Sektion im DuOeAV (815 M.). 1905 Einweihung der *Reichenberger Hütte* (+), Dolomiten; 1927 *Neue Reichenberger Hütte* (+), Deferegger Alpen; 1935 *Ruperti-Haus* (+), Salzburger Alpen (x). Sitz verlegt nach St. Jakob in Defereggen, als OeAV-Sektion Reichenberg in Österreich, mit Geschäftsstelle in München, BRD.

Rostock — an der Warnow in Mecklenburg, jetzt Hauptstadt des gleichnamigen Bezirks, DDR (221 000 E.). Seit 1889 Sektion „Seestadt Rostock" im DuOeAV (398 M.). 1912 Einweihung der *Rostocker Hütte* (+), Venedigergruppe. Sitz verlegt nach Marktheidenfeld, BRD.

Rudolstadt — an der Saale, Thüringen, jetzt im Bezirk Gera, DDR (31 000 E.). Seit 1905 Sektion im DuOeAV (375 M.). Aufgegangen im Thüringer Sektionenverband Oberkochen, BRD.

Saalfeld — an der Saale, Thüringen, jetzt Kreisstadt im Bezirk Gera, DDR (33 500 E.). Seit 1889 Sektion im DuOeAV (117 M.). Aufgegangen im Thüringer Sektionenverband Oberkochen, BRD.

Saaz — Stadt in Böhmen, nach Weltkrieg I „Zatec", CSSR (1930 = 18 100 E.). Seit 1913 Sektion im DuOeAV (290 M.). Sitz verlegt zum Verband Sudetendeutscher Alpenvereine nach Esslingen, BRD.

Schleiz — in Thüringen, jetzt Kreisstadt im Bezirk Gera, DDR (8200 E.). Seit 1927 Sektion im DuOeAV (74 M.). Sitz verlegt zum Thüringer Sektionenverband nach Oberkochen, BRD.

Schmalkalden — ehemals Regierungsbezirk Kassel, Thüringen, jetzt Kreisstadt im Bezirk Suhl, DDR (15 000 E.). Seit 1904 Sektion im DuOeAV (60 M.). Sitz verlegt zum Thüringer Sektionenverband nach Oberkochen, BRD.

Schneidemühl — an der Küddow, Hauptstadt der ehemaligen Provinz Grenzmark Posen-Westpreußen, nach Weltkrieg I „Pila", Polen (49 000 E.). Seit 1923 als Sektion „Grenzmark" im DuOeAV (54 M.) (x).

Schwerin — ehemals Hauptstadt des Landes Mecklenburg am Schweriner See, jetzt des gleichnamigen Bezirks, DDR (113 000 E.). Seit 1890 Sektion im DuOeAV (161 M.).

Sonneberg — in Thüringen, jetzt Kreisstadt im Bezirk Suhl, DDR (28 500 E.). Seit 1890 Sektion im DuOeAV (258 M.). 1900 Einweihung des *Purtscheller-Hauses* (+), Berchtesgadener Alpen. Sitz verlegt nach Coburg, BRD.

Stargard — an der Ihna in Pommern, jetzt „Szczecinski", Polen (51 000 E.). Seit 1917 Sektion des DuOeAV (157 M.) (x).

Stettin — am Stettiner Haff, ehemals Hauptstadt der Provinz Pommern, jetzt „Szczecin", Polen (381 000 E.). Seit 1886 Sektion im DuOeAV (1352 M.), 1897 Einweihung der *Stettiner Hütte* (+), Ötztaler Alpen (x).

Weitere Gründung:

1911 Sektion Pommern (322 M.).

Stollberg — im Erzgebirge, jetzt Kreisstadt im Bezirk Karl-Marx-Stadt (Chemnitz), DDR (13 000 E.). Seit 1898 Sektion im DuOeAV (127 M.).

Stolp — an der Stolpe, ehemalige Kreisstadt des Regierungsbezirks Köslin, Pommern, jetzt „Slupsk", Polen (82 500 E.). Seit 1914 Sektion im DuOeAV (70 M.) (x).

Stralsund — am Strelasund, in der ehemaligen Provinz Pommern, jetzt Kreisstadt im Bezirk Rostock, DDR (73 000 E.). Seit 1938 Sektion im DuOeAV (28 M.).

Teplitz — Stadt in Nordböhmen, nach Weltkrieg I „Teplice", CSSR (52 000 E.). Seit 1886 Sektion „Teplitz Nordböhmen" im DuOeAV (528 M.). 1887 Einweihung der *Teplitzer* (–), 1889 *Neue Teplitzer* (+) und *Grohmann-Hütte* (+), Stubaier Alpen; 1888 *Leitmeritzer Hütte* (+), Lienzer Dolomiten; 1891 *Müller* (–) und 1908 *Erzherzog-Franz-Josef-Hütte* (+), Stubaier Alpen; 1940 Erwerb der *Glorer-Hütte* (+), Glocknergruppe. Seit 1920 „Deutscher Alpenverein Leitmeritz" in

CSR (x). Sitz verlegt als Teplitz-Schönau" zum Verband Sudetendeutscher Alpenvereine nach Esslingen, BRD.

Tetschen — an der Elbe, Stadt in Nordböhmen, nach Weltkrieg I „Decin", CSSR (46 000 E.). Seit 1938 Sektion „Tetschen-Bodenbach" (= „Podmokly" am jenseitigen Elbufer) im DuOeAV (191 M.) (x).

Tilsit — an der Memel in Ostpreußen, im ehemaligen Regierungsbezirk Gumbinnen, jetzt „Sowtsk", UdSSR (41 000 E.). Seit 1912 Sektion im DuOeAV (17 M.) (x).

Troppau — an der Oppau, ehemalige Landeshauptstadt Sudeten-Schlesiens, nach Weltkrieg I „Opava", CSSR (50 000 E.). Seit 1886 Sektion „Silesia (= Schlesien) im DuOeAV (350 M.). 1895 Einweihung der *Troppauer Hütte* (–), Ortlergruppe. Sitz verlegt zum Verband Sudetendeutscher Alpenvereine nach Esslingen, BRD.

Waldenburg — Kreisstadt im ehemaligen Regierungsbezirk Breslau, jetzt „Walbrzych", Polen (128 000 E.). Seit 1900 Sektion im DuOeAV (115 M.). 1931 Einweihung der *Rastkogel-Hütte* (+), Tuxer Voralpen, in Baugemeinschaft mit Sektion Werdau (+). Aufgegangen im Thüringer Sektionenverband Oberkochen, BRD.

Waldheim — an der Zschopau in Sachsen, jetzt Bezirk Leipzig, DDR (1910 = 12 319 E.). Seit 1912 Sektion im DuOeAV (83 M.).

Warnsdorf — an der Mandau, ehemals Bezirksstadt in Böhmen, nach Weltkrieg I „Varnsdorf", CSSR (1915 = 39 339 E.). Seit 1887 (mit Untergruppe Zittau) Sektion im DuOeAV (629 M.). 1891 Einweihung der *Warnsdorfer* (+), 1897 *Richter* (+), 1901 *Zittauer* (+) und 1907 *Neugersdorfer Hütte* (+), Krimmler Tauern (x). Sitz verlegt zur OeAV-Sektion Oberpinzgau als Gruppe Warnsdorf nach Krimml, Österreich, jetzt Sektion Warnsdorf/Krimml, mit Geschäftsstelle in München, BRD.

Weimar — an der Ilm, ehemalige Landeshauptstadt von Thüringen, jetzt Kreisstadt im Bezirk Erfurt, DDR (63 000 E.). Seit 1884 Sektion im DuOeAV (250 M.). Sitz verlegt zum Thüringischen Sektionenverband nach Oberkochen, BRD.

Weißenfels — an der Saale, im ehemaligen Regierungsbezirk Merseburg, jetzt Kreisstadt im Bezirk Halle, DDR (41 000 E.). Seit 1924 Sektion im DuOeAV (191 M.).

Werdau — an der Pleiße, jetzt Kreisstadt im Bezirk Karl-Marx-Stadt (Chemnitz), DDR (21 500 E.). Seit 1911 Sektion im DuOeAV (siehe Waldenburg) (392 M.).

Wittenberg — an der Elbe, im ehemaligen Regierungsbezirk Merseburg, jetzt im Bezirk Halle, DDR (52 500 E.). Seit 1910 Sektion im DuOeAV (70 M.).

Wittstock — an der Dosse in der Prignitz, jetzt Kreisstadt im Bezirk Potsdam, DDR (11 500 E.). Seit 1925 Sektion „Prignitz-Wittstock" im DuOeAV (20 M.).

Zeitz — an der Weißen Elster, im ehemaligen Regierungsbezirk Merseburg, jetzt Kreisstadt im Bezirk Halle, DDR (44 000 E.). Seit 1896 Sektion im DuOeAV (161 M.).

Zwickau — Stadt im Erzgebirge, jetzt Bezirk Karl-Marx-Stadt (Chemnitz), DDR (122 500 E.). Seit 1874 Sektion „Erzgebirge-Vogtland" im DuOeAV (777 M.). 1899 Einweihung von *Zwickauer* (+) und 1932 *Lehnerjoch-Hütte* (+), Ötztaler Alpen. Sitz verlegt nach Stuttgart, BRD. Aufgelöst.

Anhang

Berlin — an Spree, Havel und Panke, ehemals Hauptstadt Preußens und des Deutschen Reiches, nach Weltkrieg II in vier Besatzungszonen aufgeteilt; ab 1948 gespalten in Berlin-West (2 Mill. E.) und Berlin-Ost (1,10 Mill. E.). Seit 1869 Sektion im DuOeAV (1781 M.). 1879 Einweihung *Berliner Hütte* (+), 1889 *Furtschagl-Haus* (+) und 1927 *Gams-Hütte* (+), Zillertaler Alpen; 1901 *Ortlerhochjoch-Hütte* (–), Ortler-Gruppe; 1898 *Habach-Hütte (–), Hohe Tauern.*

Weitere Gründungen:

1899 Akademische Sektion Berlin (66 M.); 1927 Einweihung der *Gaudeamus-Hütte* (+), Kaisergebirge.

1899 Sektion Mark Brandenburg (3154 M.); 1907 Einweihung von *Alter Samoar — (–),* 1938—1952 Bau der *Neuen Samoar-Hütte* (+), 1909 *Brandenburger Haus* (+); 1927 *Hochjoch-Hospiz* (+), 1910 Erwerb der *Weißkugel-Hütte,* Ötztaler Alpen.

1903 Akademischer Alpenverein Berlin (43 M.).

1906 Sektion Hohenzollern (861 M.); 1924 Einweihung des *Hohenzollern-Hauses* (+), Ötztaler Alpen.

1911 Sektion Charlottenburg (838 M.). 1925 Einweihung der *Tulfer Hütte* (+), Tuxer Voralpen.

1912 Sektion Kurmark (401 M.).

1925 Deutscher Alpenverein Berlin e. V. (? M.); 1928 Einweihung des *Friesenberg-Hauses* (+), Zillertaler Alpen.

Nach Wiederzulassung durch den Berliner Magistrat 1949 Zusammenschluß aller Berliner Sektionen, außer Charlottenburg (Fusion mit Sektion Landau/Pfalz, BRD), zur DAV-Sektion Berlin.

Verzeichnis

der von ost- und mitteldeutschen Bergsteigern seit Beginn der Alpenerschließung Mitte des vorigen Jahrhunderts erbauten Unterkünfte. (Mit Service-Informationen).

Abkürzungen:

DAV	= Deutscher Alpenverein
OeAV	= Österreichischer Alpenverein
ÖTK	= Österreichischer Touristenklub
CAI	= Club Alpino Italiano
S.	= Sektion
Rif.	= Rifugio (Hütte)
Bew.	= Bewirtschaftet
Std.	= Stunden
KK	= Kompaß Wanderkarten
f&b	= freytag & berndt Wanderkarten
AV	= Alpenvereinskarten

Häufig sind zerstörte oder verfallene Unterkünfte in den Kartenwerken noch eingetragen.

Anhalter Hütte
Lechtaler Alpen (2040 m), erbaut 1912 von der Sektion Anhalt, jetzt DAV-S. Oberer Neckar. Talort Elmen im Lechtal bzw. Boden. Bew. 17. Juni bis Ende September. Ab Boden ca. 2 Stunden. KK 24, f&b WK 351.

Aschbach-Hütten
Karwendel (1550 m), erworben von der Sektion Magdeburg 1925. Jetzt privat. Nebengebäude der Neuen Magdeburger Hütte (siehe da).

Ascher Hütte
Samnaungruppe (2256 m), erbaut 1895 von der Sektion Asch, jetzt DAV-S. Asch. Talort See im Paznauntal (bei Landeck). Bew. Anfang Juli bis Mitte September. Ab See 4 Std. KK 34, f&b WK 253.

Berliner Hütte
Zillertaler Alpen (2040 m), erbaut 1879 von der Sektion Berlin, jetzt DAV-S. Berlin. Talort Breitlahner im Dornauberger Tal (bei Mayrhofen). Bew. von Pfingsten bis 1. Oktober. Ab Breitlahner 3 Std. KK 37, f&b WK 152, AV 35/1 u. 35/2.

Bohemia-Hütte
Niedere Tauern (1670 m), erbaut 1934 als Wienerland-Hütte von der Sektion Wienerland, 1937 gekauft von der Sektion Prag, umbenannt in Bohemia-Hütte; 1967 verkauft von der DAV-S. Prag an die OeAV-S. Edelweiß/Wien. Nun Dependance des daneben neu errichteten Rudolf-Wiesmeyr-Hauses. Selbstversorger-Hütte. Talort Obertauern/Tauerpaß. Parken an der Hütte. KK 31

Brandenburger Haus
Ötztaler Alpen (3272 m), erbaut 1909 von der Sektion Mark Brandenburg, jetzt DAV-S. Berlin. Talort Vent. Bew. Anfang Juli bis Mitte oder Ende September. Ab Vent 5—6 Std. KK 43, f&b WK 251, AV 30/3.

Breslauer Hütte
Ötztaler Alpen (2840 m), erbaut
1882 von der Sektion Breslau, jetzt
DAV-S. Breslau. Talort Vent.
Bew. von Ende Juni bis Ende September. Von Vent 3 Std. KK 43,
f&b 251, AV 30/1 u. 30/6.

Brünner Hütte
Dachsteingebirge (1737 m), erbaut
1887 von der Sektion Oberes Ennstal/Gröbming, erworben 1888 von
der Sektion Moravia (Brünn), jetzt
privat. Talort Gröbming. Bew.
Weihnachten/Neujahr, Februar bis
Ostern, Mitte Juni bis 1. Oktober.
Ab Gröbming 4 Std., Mautstr. bis
Steinerhof, dann $1/2$ Std. KK 31,
f&b WK 281.

Canali-Hütte
Dolomiten (Palagruppe, 1631 m),
erbaut 1897 von der Sektion Dresden, seit Weltkrieg I CAI-S. Treviso = Rif. Treviso. Talort Fiera di
Primiero. Bew. Mitte Juni bis
Mitte September. Ca. $1^1/2$ Std. ab
Albergo Gal im Canalital; KK 76.

Chemnitzer Hütte
Zillertaler Alpen (2420 m), erbaut
1895 von der Sektion Chemnitz,
seit Weltkrieg I Rif. Giovanni
Porro alla Forcella di Neves der
CAI-S. Mailand; auch Nevesjoch-Hütte. Talort Luttach (bei Sand in
Taufers). Bew. Juni bis Ende September. 3 Std. ab Weißenbach. KK
82, f&b WK 152.

Chemnitzer Hütte, Neue

Ötztaler Alpen (2323 m), erbaut 1926 von der Sektion Chemnitz, jetzt DAV-S. Rüsselsheim. Talort Plangeroß/Pitztal. Bew. Mitte Juni bis Mitte September. $2^1/_2$ Std. ab Plangeroß. KK 43, AV 30/3, f&b WK 251.

Ciampedie-Haus

Dolomiten (Rosengarten, 2000 m), gekauft von der Sektion Leipzig 1913 aus Privatbesitz, seit Weltkrieg I im Besitz von CAI als Rifugio Ciampedie. Talort Vigo di Fassa. Bew. ganzjährig. Ca. $1^1/_2$ Std. ab Vigo di Fassa. KK 59, f&b WK S5.

Clara-Hütte

Venediger-Gruppe (2038 m), erbaut 1872 von der Sektion Prag, jetzt DAV-S. Essen. Talort Hinterbichl im Virgental. Bew. Mitte Juni bis Ende September. 4 Std. ab Hinterbichl. AV 36, KK 46, f&b WK 123.

Dominikus-Hütte

Zillertaler Alpen (1810 m), erbaut 1883 von der Sektion Prag, 1889 verkauft an privat. Talort Mayrhofen. Bew. im Sommer. Mit Pkw (ab Breitlahner Mautstraße) bis zur (neuen) Hütte am Schlegeis-Speicher; oder 2 Std. ab Breitlahner. KK 37, f&b WK 152, AV 35/1 u. 35/2.

Dresdner Hütte
Stubaier Alpen (2302 m), erbaut 1875 von der Sektion Dresden, jetzt DAV-S. Dresden. Talort Ranalt. Bew. Mitte Februar bis Mitte November, Weihnachten bis 10. 1.; 14 Tage nach Pfingsten geschlossen. 2 Std. ab Mutterbergalm. KK 83, f&b WK 241, AV 31/1.

Egerer-Hütte
Pragser Dolomiten (2350 m), erbaut 1907 von der Sektion Eger, seit Weltkrieg I CAI-S. Treviso als Rif. Biella, auch Seekofel-Hütte. Talort Welsberg/Pustertal. Bew. Ende Juni bis Mitte September. Ab Pragser Wildsee $2^1/_2$ Std. KK 57, f&b WK S3.

Erfurter Hütte
Rofan-Gebirge (1834 m), erbaut 1894 von der Sektion Erfurt, jetzt DAV-S. Erfurt. Talort Maurach. Bew. Weihnachten bis Ostern, Pfingsten bis Mitte Oktober. Seilbahn bis Hütte oder $2^1/_4$ Std. ab Maurach. KK 27, f&b WK 321, AV 6.

Erzherzog-Karl-Franz-Josef-Hütte
Stubaier Alpen (3148 m), ursprünglich 1891 von Sektions-Mitglied Müller privat als Müller-Hütte, 1908 Neubau der „Karl-Hütte" (auch Pfaffennieder-Hütte) der Sektion Teplitz, seit Weltkrieg I als Rif. Cima Libera der CAI-S. Bozen. Talort Sterzing/Ridnauntal. Bew. Anfang Juli bis Mitte September. Ab Parkplatz Erzaufbereitung $7^1/_2$ Std. Gletschertour. KK 44, f&b WK 54, AV 31/1.

Friesenberg-Haus
Zillertaler Alpen (2498 m), erbaut 1928 vom Deutschen AV Berlin e. V., nach 1933 Übernahme durch Alpenverein Donauland/Wien. Seit 1968 DAV-S. Berlin. Talort Mayrhofen. Bew. Mitte Juni bis Ende September. Ab Schlegeisspeicher 2 Std. KK 37, f&b WK 152, AV 35/1.

Furtschagl-Haus
Zillertaler Alpen (2295 m), erbaut 1889 von der Sektion Berlin, jetzt DAV-S. Berlin. Talort Mayrhofen. Bew. Anfang Juni bis Ende September. Ab Schlegeisspeicher $2^1/_2$ Std. KK 37, f&b WK 152, AV 35/1.

Gablonzer Hütte
Dachstein-Gebirge (1550 m), erbaut von der Sektion Gablonz 1934, auch Dachsteinblick-Hütte; jetzt gemeinsam DAV-S. Gablonz und OeAV-S. Neugablonz/Enns. Talort Gosau. Bew. ganzjährig, außer November und Mitte Mai bis Mitte Juni. Seilbahn bis unter die Hütte, oder ab Gosausee $1^1/_2$ Std. KK 20, f&b WK 281, AV 14.

Gams-Hütte
Zillertaler-Alpen (1916 m), erbaut 1926 von der Sektion Berlin, 1984 von DAV-S. Berlin an privat verkauft. Talort Mayrhofen. Bew. Mitte Juni bis Ende September. Ab Ginzling 3 Std. KK 37, f&b WK 152, AV 35/1.

Gaudeamus-Hütte

Kaisergebirge (1267 m), erbaut 1927 von der Akademischen Sektion Berlin, jetzt DAV-S. Berlin. Talort Ellmau. Bew. Mitte Mai bis Mitte Oktober. Ab Going $1^1/_2$, ab Parkplatz Wochenbrunner Alm $^1/_2$ Std. KK 9, f&b WK 30, AV 8.

Geraer Hütte

Zillertaler Alpen (2324 m), erbaut 1895 von der Sektion Gera, jetzt DAV-S. Landshut. Talort Stafflach bei Gries am Brenner. Bew. Mitte Juni bis Ende September. Von St. Jodok 4 Std., ab Touristenrast $2^1/_4$ Std. KK 36, f&b WK 241, AV 35.

Gleiwitzer Hütte

Glockner-Gruppe (2176 m), erbaut 1900 von der Sektion Gleiwitz, jetzt DAV-S. Tittmoning. Talort Fusch. Bew. Mitte Juni bis Ende September. Von Fusch $3^1/_2$ Std. KK 39, f&b WK 22, AV 40.

Glorer-Hütte

Glockner-Gruppe (2642 m), erbaut von Kalser Bergführern 1887, Erwerb von S. Donauland (später Alpenverein Donauland/Wien) 1924, 1938 Enteignung und Umschreibung auf DAV, 1940 Ankauf durch Sektion Teplitz als „Teplitzer Hütte", 1953 wieder Alpenverein Donauland/Wien, 1968 Ankauf durch DAV-S. Eichstätt. Talort Kals. Bew. Ende Juni bis Ende September. Ab Kals 4, ab Luckner-Haus 2 Std. KK 48, f&b WK 122, AV 40 und 41.

Grasleiten-Hütte
Dolomiten (Rosengarten, 2134 m), erbaut 1887 von der Sektion Leipzig, seit Weltkrieg I als Rif. Bergamo al Principe der CAI-S. Bergamo. Talort Tiers. Bew. Mitte Juni bis Ende September. Ab Tiers/Parkplatz Weißlahnbad 3 Std. KK 59, f&b WK S5.

Greizer Hütte
Zillertaler Alpen (2226 m), erbaut 1893 von der Sektion Greiz, jetzt DAV-S. Greiz/Marktredwitz. Talort Mayrhofen. Bew. 20. Juni bis 20. September. Ab Ginzling 4 Std. KK 37, f&b WK 152, AV 35/2.

Grohmann-Hütte
Stubaier Alpen (2254 m), erste Theodor-Grohmann-Hütte erbaut 1887, nach Staublawine Neubau durch Sektion Teplitz 1888, seit Weltkrieg I Rif. Vedretta Piana der CAI-S. Bozen. Talort Sterzing/Ridnauntal. Im Sommer einfach bew. Ab Parkplatz Erzaufbereitung 2 Std. KK 44, f&b WK S4, AV 31/1.

Gubener Hütte
Stubaier Alpen (2034 m), erbaut 1912 von der Sektion Guben, jetzt Guben-Schweinfurter-Hütte der DAV-S.-Gemeinschaft Guben-Schweinfurt. Talort Umhausen/Ötztal. Bew. Mitte Juni bis Ende September, 2 Wochen vor bis 1 Woche nach Ostern. Ab Umhausen 2 Std. KK 43, f&b WK 252, AV 31/2.

Habach-Hütte
Venediger-Gruppe (ca. 2061 m), erbaut 1898 von der Sektion Berlin; Talort Bramberg/Oberpinzgau. Ab Gasthof Habachklause 5 Std. KK 38, f&b WK 121, AV 36. Zerstört.

Hochjoch-Hospiz
Ötztaler Alpen (2413 m), erbaut 1927 von der Sektion Mark Brandenburg, jetzt DAV-S. Berlin. Talort Vent. Bew. Anfang März bis Mitte Mai, Mitte Juni bis Ende September. Ab Vent $2^1/_2$ Std. KK 43, f&b WK 251, AV 30/2.

Hochstubai-Hütte
Stubaier Alpen (3173 m), erbaut 1935 von der Sektion Dresden, jetzt DAV-S. Dresden. Talort Sölden. Bew. Anfang Juni bis Mitte September. Ab Sölden 6 Std. KK 83, f&b WK 241, AV 31/1.

Hohenzollern-Haus
Ötztaler Alpen (2123 m), erbaut 1924 von der Sektion Hohenzollern, jetzt DAV-Sektion Starnberg. Talort Pfunds. Bew. Anfang Juli bis Mitte September. Ab Pfunds 4 Std. KK 42, f&b WK 253, AV 30/4.

Hall'sche Hütte

Ortler-Gruppe (3133 m), erbaut auf dem Eisseepaß 1897 von der Sektion Halle/Saale, in Weltkrieg I zerstört. Talort Sulden. KK 72, f&b WK S6.

Hauersee-Hütte

Ötztaler Alpen (2331 m), erbaut 1929 von der Sektion Jung-Leipzig, März 1947 durch Lawinendruck zerstört; jetzt neu als „Unterkunft am Hauersee" für Selbstversorger der DAV-S. Ludwigsburg. Talort Längenfeld, ab da 4 Std. KK 43, f&b WK 252, AV 30/3.

Heiterwand-Hütte

Lechtaler Alpen (2020 m), erbaut 1911 von der Sektion Anhalt, jetzt (neu) DAV-S. Oberer Neckar. Talort Nassereith. Unbew. Ende Juni bis Ende September, an Wochenenden beaufsichtigt. Ab Nassereith 3 Std. KK 25, f&b WK 252.

Hofmanns-Hütte

Glockner-Gruppe (2438 m), ursprünglich 1832 Bau auf Veranlassung von Erzherzog Johann v. Österreich, seit 1870 (neu) Sektion Prag, 1911 als Geschenk von J. Stüdl und der Hofmann-Familie an OeAV Akad. S. Wien, bis heute. Talort Franz-Josefs-Höhe a. D. Glocknerstraße. Bew. Ende Mai bis Ende September. Ab FJ-Höhe $^1/_2$ Std. KK 39, f&b WK 122, AV 40.

Höller-Hütte

Ötztaler Alpen (2652 m), als „Carlsbader Hütte" 1883 von der Sektion Prag erbaut, 1902 umbenannt; seit Weltkrieg I an CAI-S. Mailand als Rif. di Mazia, 1945 Zerstörung durch Brand. Alpenverein Südtirol arbeitet an Neubau, Eröffnung voraussichtlich 1988. Talort Glurns/Vinschgau; ab Matsch ca. 5 bis 6 Std. KK 52, f&b WK S2.

Johannis-Hütte

Venediger-Gruppe (2121 m), erbaut 1857 auf Kosten von Erzherzog Johann, ab 1871 Sektion Prag, jetzt DAV-S. Prag. Talort Hinterbichl/Virgental. Bew. Anfang Juni bis Ende September. Von Hinterbichl $2^1/_2$ Std. KK 46, f&b WK 123, AV 36.

Karlsbader-Hütte

Lienzer Dolomiten (2260 m), 1888 als „Leitmeritzer Hütte" von der Sektion Teplitz erbaut, seit 1906 Sektion Karlsbad, jetzt DAV-S. Karlsbad. Talort Tristach/Lienz. Bew. Anfang Juni bis Ende September. Ab Ende der Mautstraße an der Lienzer Dolomiten-Hütte 2 Std. KK 47, f&b WK 182, AV 56.

Kattowitzer-Hütte

Ankogel-Gruppe (2360 m), erbaut 1930 von der Sektion Kattowitz, jetzt DAV-S. Kattowitz. Talort Gmünd/Liesertal. Bew. Ende Juni bis Mitte September. Ab Gmünder Hütte (Mautstraße Maltatal) $3^1/_2$ Std. KK 66, AV 44.

Kelchalpe, Berghaus
Kitzbüheler Alpen (1460 m), erbaut 1927 von der Sektion Kitzbühel, 1940 von Sektion Magdeburg übernommen, jetzt DAV-S. Bochum als „Bochumer Hütte". Talort Kitzbühel. Bew. ganzjährig. Ab Haltestelle Wiesenegg (Hechenmoos) $1^1/_2$ Std. KK 29, f&b WK 301.

Lausitzer Hütte
Krimmler Tauern (2911 m), erbaut 1903 auf dem Glockenkar-Kopf (auch Glockenkar-Hütte) von der Sektion Lausitz. Nach Weltkrieg I CAI = Rif. D'Annunzio; verfallen. Am Lausitzer Weg/Birnlücke. KK 38, f&b WK 152, AV 35/3.

Lehnerjoch-Hütte
Ötztaler Alpen (1959 m), erbaut privat; 1930 Ankauf durch die Sektion Zwickau, seit 1973 DAV-S. Ludwigsburg. Talort Zaunhof/Pitztal. Bew. Anfang Juli bis Ende September, Weihnachten/Neujahr, 1 Woche vor, 1 Woche nach Ostern, Pfingsten. Ab Zaunhof 2 Std. KK 43, f&b WK 251.

Lenkjöchl-Hütte
Zillertaler Alpen (2590 m), erbaut 1887 von der Sektion Leipzig, nach Weltkrieg I Rif. Giogo Lungo der CAI-S. Bruneck. Talort Prettau/Ahrntal. Bew. Mitte Juni bis Mitte September. Ab Neuhaus $3^1/_2$ Std. KK 82, f&b WK 152, AV 35/3.

Mörsbach-Hütte
Niedere Tauern (1300 m), erbaut
1921 von der Sektion Reichen-
stein/Wien, 1934 erworben von
Sektion Prag als Skiheim, 1957
verkauft an OeAV-S. Graz. Talort
Donnersbachwald. Bew. ganzjährig außer Mai und November. Ab
Donnersbachwald 1 Std. AV 45/3

Magdeburger Hütte
Stubaier Alpen (2423 m), erbaut
1887 von der Sektion Magdeburg,
nach Weltkrieg I als Rif. Cremona
alla Stua an CAI-S. Cremona, jetzt
CAI-S. Sterzing, auch „Schnee-
spitz-Hütte". Talort Gossensaß am
Brenner. Bew. Mitte Juni bis Ende
Sept. Ab Parkplatz Innerpflersch
$3^1/_2$ Std. KK 44, f&b WK S4, AV
31/1.

Magdeburger Hütte, Neue
Karwendel (1633 m), ehemals
Jagdhütte, 1925 gekauft von der
Sektion Magdeburg, seit 1973
DAV-S. Geltendorf. Talort Zirl.
Bew. Mitte Mai bis Mitte Oktober.
Ab Bahnhof Hochzirl $2^1/_2$ Std.
KK 26, f&b WK 241, AV 5/1.

Mandron-Hütte
Dolomiten (Adamello-Gruppe,
2424 m), erbaut 1879 von der Sek-
tion Leipzig, nach Weltkrieg I Rif.
Mandrone der CAI-S. Brescia.
Talort Pinzolo. Sommerbewirtung.
Ab Alb. Cascata/Val di Genova
ca. 6 Std. KK 71.

Meißner Haus
Tuxer Voralpen (1720 m), erbaut
1926 von der Sektion Meißen, jetzt
DAV-S. Ebersberg-Grafing. Talort
Patsch bei Innsbruck. Bew. ganz-
jährig, außer 10. 11. bis 10. 12. Ab
Mühltal 2 Std. KK 36, f&b WK
241, AV 31/5.

Monte-Vioz-Hütte
Ortler-Gruppe (3536 m), erbaut
1911 von der Sektion Halle/Saale,
nach Weltkrieg I als Rif. Vioz,
auch Rif. Mantova al Vioz, der
CAI-S. Trento. Talort Peio. Sommerbewirtschaftung. Ab Peio 7
Std. KK 72, f&b WK 6.

Neugersdorfer Hütte
Zillertaler Alpen (2600 m), erbaut
1907 von der Sektion Warnsdorf,
seit Weltkrieg I Rif. Vetta D' Italia
des CAI, nach 1945 ausgeplündert
und verfallen; 1984 als italienische
Zollstation neu errichtet. Talort
Prettau/Ahrntal. Nicht für Touristen geöffnet. Von Kasern 3 Std.
KK 82, f&b WK 152, AV 35/3.

Olperer Hütte
Zillertaler Alpen (2389 M), erbaut
1881 von der Sektion Prag, 1911
verkauft an Sektion Berlin, jetzt
DAV-S. Berlin. Talort Mayrhofen.
Bew. Anfang Juni bis Anfang Ok-
tober. Ab Schlegeisspeicher $1^1/_2$
Std. KK 37, f&b WK 152, AV 35/1.

Ortler-Hochjoch-Hütte
Ortler-Gruppe (3536 m), erbaut
1901 von der Sektion Berlin, zerstört in Weltkrieg I (jetzt dort Bi-
vacco Citta di Cantu). Talort Sulden. KK 72, f&b WK S6.

Ostpreußen-Hütte
Berchtesgadener Alpen (1630 m),
erbaut 1928 von der Sektion Königsberg, jetzt DAV-S. Königsberg. Talort Werfen. Bew. ganzjährig außer Anfang November bis
Mitte Dezember. Ab Dielalm 2
Std. KK 15, f&b WK 103, AV 10/2.

Payer-Hütte
Ortler-Gruppe (3020 m), erbaut
1875 von der Sektion Prag, seit
Weltkrieg I Rif. Gulio Payer der
CAI-S. Mailand. Talort Sulden.
Bew. Anfang Juli bis 20 Sept. Ab
Sulden-St. Gertraud $3^1/_2$ Std. KK
72, f&b WK S6.

Potsdamer-Hütte
Stubaier Alpen (2012 m), erbaut
1932 von der Sektion Potsdam,
jetzt DAV-S. Potsdam/Dinkels-
bühl. Talort Sellrain. Bew. Anfang
Febr. bis Sonntag nach Ostern,
Mitte Juni bis Mitte Oktober. Ab
Fotscher Bergheim 2 Std., ab Sell-
rain $3^1/_2$ Std. KK83, f&b WK 241,
AV 31/2.

Pravitele-Hütte
Dolomiten (Pala-Gruppe, 2278 m), erbaut 1897 von der Sektion Dresden, seit Weltkrieg I als Rif. Pradidali der CAI-S. Treviso. Talort Fiera di Primiero. Bew. Mitte Juni bis Mitte September. Ab Canalital/Albergo Gal ca. 2 Std. KK 76.

Plauener Hütte
Zillertaler Alpen (2363 m), erbaut 1899 von der Sektion Plauen, jetzt DAV-S. Plauen-Vogtland. Talort Mayrhofen. Bew. Mitte Juni bis Mitte September. Ab Gasthof Bärenbad/Zillergrund $2^{1}/_{2}$ Std. KK 38, f&b WK 152, AV 35/3.

Prager Hütte, Alte
Venediger-Gruppe (2489 m), erbaut 1873 von der Sektion Prag, nach Lawine neu 1877, jetzt DAV-S. Prag. Talort Matreier Tauernhaus/Felbertauern-Straße. Bew. einfach Ende Juni bis Ende September. Ab Innergschlöß 3 Std. KK 38, f&b WK 121, AV 36.

Prager Hütte, Neue
Venediger-Gruppe (2796 m), erbaut 1904 von der Sektion Prag, jetzt DAV-S. Prag. Talort Matreier Tauernhaus/Felbertauern-Straße. Bew. Ende Juni bis Ende September, Pfingsten. Ab Innergschlöß 4 Std. KK 38, f&b WK 121, AV 36.

Purtscheller-Haus
Berchtesgadener Alpen (1692 m),
erbaut 1900 von der Sektion Sonneberg, jetzt DAV-S. Sonneberg.
Talort Berchtesgaden. Bew. Mitte
Mai bis Mitte Oktober. Ab Berchtesgaden $3^1/_2$ Std. KK 14, f&b WK
102.

Radstädter Hütte
Salzburger Schieferalpen (1770 m),
erbaut privat 1886, von der Sektion Eger 1937 erworben, „Egerland-Hütte", bis 1981 DAV-S.
Eger-Egerland; 1981 verkauft an
privat. Talort Radstadt. Bew.
Ostern bis Mitte November. Von
Radstadt 3 Std. KK 31, f&b WK
281.

Rastkogel-Hütte
Tuxer Voralpen (2124 m), erbaut
1931 von den Sektionen Alten-
burg/Thüringen und Werdau/
Sachsen, jetzt DAV-S. Oberkochen.
Talort Hippach. Bew. 20. 12. bis
10. 1., 10. 2. bis Sonntag nach
Ostern, 1. Juni bis 1. Oktober. Von
Möslwirt $2^1/_2$ Std. KK 28, f&b
WK 152.

Rauchkofel-Hütte
Zillertaler Alpen (2500 m), erbaut
1912 von der Sektion Lausitz,
nach Weltkrieg I an CAI; verfallen. Talort Prettau/Ahrntal. KK
82, f&b WK 152, AV 35/3.

Reichenberger Hütte
Dolomiten (2066 m), erbaut 1905 von der Sektion Reichenberg, nach Weltkrieg I „Rif. Croda da Lago", jetzt Rif. Gianni Palmieri der CAI-S. Cortina D'Ampezzo. Talort Cortina D'Ampezzo. Sommerbewirtschaftung. Von Cortina 3 Std. KK 55, f&b WK S5.

Reichenberger Hütte, Neue
Deferegger Alpen (2586 m), erbaut 1927 von der Sektion Reichenberg, jetzt OeAV-S. Reichenberg. Talort St. Jakob/Defereggental. Bew. Anfang Juni bis Ende September. Ab St. Jakob $3^1/_2$ Std., ab Hinterbichl/Virgental $3^1/_2$ Std. KK 45, f&b WK 123.

Richter-Hütte
Zillertaler Alpen (2374 m), erbaut 1897 von Anton Franz Richter der Sektion Warnsdorf, jetzt DAV-S. Bergfreunde Rheydt. Talort Krimml. Bew. Anfang Juni bis Ende September. Von Krimml $5^1/_2$ Std. KK 38, f&b WK 121, AV 35/3.

Riffelsee-Hütte/Cottbuser-Hütte
Ötztaler Alpen (2300 m), erbaut 1941 von den Sektionen Cottbus und Höchst, jetzt Riffelsee-Hütte der DAV-S. Frankfurt/Main. Talort Plangeroß/Pitztal. Bew. Mitte Juni bis Mitte September. Ab Tieflehn $2^1/_2$ Std. KK 43, f&b WK 251, AV 30/3.

255

Riffler-Hütte

Zillertaler Alpen (2234 m), erbaut 1888 von der Sektion Prag, 1902 an Sektion Berlin verkauft, 1945 durch Lawine zerstört. Talort Mayrhofen. Ab Ginzling/Roßhag 4 Std. KK 37, f&b WK 152, AV 35/1.

Rojacher-Hütte

Goldberg-Gruppe (2718 m), erbaut 1897 von Wilhelm von Arlt, 1925 gekauft von der Sektion Halle/Saale, bis 1984 DAV-S. Halle, verkauft an OeAV-S. Rauris. Talort Kolm-Saigurn. Nur Getränke Anfang Juli bis Ende September. Von Kolm-S. 3 Std. KK 50, f&b WK 193, AV 42.

Rostocker Hütte

Venediger-Gruppe (2208 m), erbaut 1912 von der Sektion Rostock, jetzt DAV-S. Rostock, seit 1966 Zubau der Essener-Hütte, nun Essener- und Rostocker Hütte in Sektionsgemeinschaft mit S. Essen. Talort Hinterbichl/Virgental. Bew. jeweils 14 Tage vor Ostern und Pfingsten, Mitte Juni bis Ende September. Ab Hinterbichl 2¹/₂ Std. KK 46, f&b WK 123, AV 36.

Ruperti-Haus

Salzburger Alpen (1265 m), gepachtet von Wilhelm Mahla/Gablonz, ausgebaut und eingerichtet 1935 von der Sektion Reichenberg als Skiheim; 1942 nach Erstattung der Auslagen kein neuer Pachtvertrag. Talort Mühlbach. Jetzt Gasthaus und ganzjährig geöffnet. Ab Mühlbach ca. 2 Std. KK 15, f&b WK 103, AV 10/2.

Sachsendank-Hütte
Dolomiten (2578 m), erbaut 1883
von Richard von Meerheimb, Mä-
zender Sektion Leipzig; nach Weltkrieg I als Rif. Nuvolau der CAI-S.
Ampezzo. Talort Cortina D'Ampezzo. Sommerbewirtschaftung.
Ab Falzarego-Paß 2¹/₂ Std. KK
55, f&b WK S5.

Samoar-Hütte
Ötztaler Alpen (2501 m), erbaut
1907 von der Sektion Mark Brandenburg, Neubau 1938—52, jetzt
DAV-S. Berlin; im Krieg „Hermann-Göring-Hütte"; 1958 Umbenennung in „Martin-Busch-Hütte". Talort Vent. Bew. Anfang Juli
bis Ende September, Anfang März
bis Mitte Mai, Pfingsten. Ab Vent
3 Std. KK 43, f&b WK 251, AV
30/1.

Sudetendeutsche Hütte
Granatspitz-Gruppe (2650 m), erbaut 1928 vom „Verein Sudetendeutsche Hütte" der Sektionen Silesia-Troppau, Aussig, Teplitz-
Schönau, Saaz, jetzt DAV-S. Sudeten. Talort Matrei/Osttirol. Bew.
Ende Juni bis Mitte September. Ab
Matrei 4¹/₂ Std. KK 46, f&b WK
123, AV 39.

Sulzenau-Hütte
Stubaier Alpen (2191 m), erbaut
1927 von der Sektion Leipzig, jetzt
DAV-S. Leipzig, nach Zerstörung
durch Lawine Neubau 1978. Talort
Ranalt. Bew. Anfang Juni bis
Ende September. Ab Parkplatz
Graba-Alm 2 Std. KK 83, f&b WK
241, AV 31/1.

257

Schlüter-Hütte
Dolomiten (Geisler-Gruppe, 2297 m), erbaut von Franz Schlüter, Mäzen der Sektion Dresden; nach Weltkrieg I Rif. Genova al Passo Poma der CAI-S. Brixen. Talort St. Magdalena/Villnößtal. Bew. Mitte Juni bis Ende September. Ab Villnöß 3¹/₂ Std. KK 56, f&b WK S5.

Schwarzenstein-Hütte
Zillertaler Alpen (2922 m), erbaut 1894 von der Sektion Leipzig, nach Weltkrieg I Rif. Vittorio Veneto al Sasso Nero der CAI-S. Vittorio Veneto. Talort Luttach/Ahrntal. Bew. Mitte Juli bis Mitte September. Von Luttach 5¹/₂ Std. KK 82, f&b WK 152.

Steinbergalm-Hütte
Loferer Steinberge (1277 m), 1878 von der Sektion Prag gepachtet, 1888 an Sektion Passau abgetreten, jetzt privat. Talort Lofer. Von da ca. 2 Std. durch das Lofertal. KK 13, f&b WK 101, AV 9/1.

Stettiner Hütte
Ötztaler Alpen (2875 m), erbaut 1897 von der Sektion Stettin, nach Weltkrieg I Rif. Petrarca all'Altissima der CAI-S. Meran, auch Eisjöchl-Hütte. Talort Pfelders/Timmelsjoch. Bew. Anfang Juli bis Ende September. Ab Pfelders 4 Std. KK 53, f&b WK S8.

Stüdl-Hütte

Glockner-Gruppe (2801 m), erbaut 1868 von Johann Stüdl für die Sektion Prag, jetzt DAV-S. Prag. Talort Kals am Großglockner. Bew. Ende Juni bis Ende September. Ab Kals 5 Std., ab Luckner-Haus 3 Std. KK 48, f&b WK 122, AV 40.

Tulfer Hütte

Tuxer Voralpen (1337 m), erbaut 1925 von der Sektion Charlottenburg, nach dem Krieg DAV-S. Charlottenburg, 1980 verkauft an Privat. Talort Tulfes/Hall i. Tirol. Berggasthaus ganzjährig geöffnet. Von Tulfes $1^1/_2$ Std. KK 36, f&b WK 241.

Tappenkarsee-Hütte

Niedere Tauern (1820 m), erbaut 1932 von der Sektion Meißner Hochland, jetzt (Neubau) OeAV-S. Edelweiß. Talort St. Johann i. Pongau. Bew. Anfang Juli bis Ende September. Ab Kleinarl 4 Std. KK 67, AV 45/1 (in Vorbereitung).

Teplitzer Hütte

Stubaier Alpen (2642 m), erbaut 1889 von der Sektion Teplitz, 1905 aufgelassen; Neubau „Teplitzer Schutzhaus" etwas tiefer (2586 m); auch „Feuerstein-Hütte", „Hangende Ferner-Hütte"; nach Weltkrieg I als Rif. Vedretta pendente der CAI-S. Sterzing. Talort Sterzing/Ridnauntal. Bew. Anfang Juli bis Mitte September. Ab Parkplatz Erzaufbereitung 4 Std. KK 44, f&b WK S4, AV 31/1

Thüringer Hütte
Venediger-Gruppe (2240 m), erbaut 1926 von den Sektionen Jena und Weimar. Zerstört von Lawinen 1968 und 1978. Neubau 1973, jetzt DAV-S. Oberkochen. Talort Bramberg/Oberpinzgau. Bew. Anfang Juli bis Ende September. Ab Gasthaus Habachklause 5¹/₂ Std. KK 38, f&b WK 121, AV 36.

Tribulaun-Hütte
Stubaier Alpen (2368 m), erbaut 1892 von der Sektion Magdeburg, nach Weltkrieg I als Rif. Cesare Calciati al Tribulaun der CAI-S. Sterzing (1960 Neubau). Talort Gossensaß/Brenner. Bew. Anfang Juli bis Ende September. Ab Innerpflersch 3 Std. KK 44, f&b WK S4, AV 31/1.

Troppauer Hütte
Ortler-Gruppe (2150 m), erbaut 1895 von der Sektion Troppau/Silesia. Mehrmals von Lawinen zerstört, zuletzt 1919. Nach Weltkrieg I an CAI, nicht wieder aufgebaut. Talort Laas/Vinschgau; Laaser Tal, Standort Nähe Blockhüttl; ca. 2¹/₂ Std. KK 52, f&b WK S6.

Vajolet-Hütte
Dolomiten (Rosengarten, 2243 m), erbaut 1898 von der Sektion Leipzig, nach Weltkrieg I Rif. Vajolet der CAI-S. Trient. Talort Pera/Fassatal. Bew. Mitte Juni bis Ende September. Von Gardeccia 1 Std. KK 59, f&b WK S5.

Wangenitzsee-Hütte
Schobergruppe (2508 m), erbaut 1927 von der Sektion Moravia/ Brünn, jetzt OeAV-S. Nederlands Sportvereinigung (Neubau 1966). Talort Mörtschach/Mölltal. Bew. Mitte Juni bis Mitte September. Ab Mörtschach 5 Std. KK 50, f&b WK 181, AV 41.

Warnsdorfer Hütte
Venediger-Gruppe (2336 m), erbaut 1891 von der Sektion Warnsdorf, jetzt OeAV-S. Warnsdorf/ Krimml. Talort Krimml. Bew. Ende Juni bis Ende September. Ab Krimml 6 Std. KK38, f&b WK 121, AV 36.

Weißkugel-Hütte
Ötztaler Alpen (2504 m), erbaut 1893 von der Sektion Frankfurt/ Main, 1910 von der Sektion Mark Brandenburg käuflich erworben, nach Weltkrieg I als Rif. Pio XI alla Palla Bianca der CAI-S. Desio. Talort Graun/Reschensee. Bew. Mitte Juli bis Mitte September. Von Melag $2^1/_2$ Std. KK 52, f&b WK S2, AV 30/2.

Winnebachsee-Hütte
Stubaier Alpen (2362 m), erbaut 1901 von der Sektion Frankfurt/ Oder, jetzt DAV-S. Hof/Bayern. Talort Längenfeld/Ötztal. Bew. Mitte März bis Mitte April, Anfang Juli bis 20. September. Ab Gries/Sulztal 2 Std. KK 43, f&b WK 252, AV 31/1.

Wolf-Glanvell-Hütte
Dolomiten (2060 m), erbaut im Travenanzestal 1907 von der ÖTK-Sektion Dresden, in Weltkrieg I am 1. 8. 1915 zerstört, vom CAI nicht wieder aufgebaut. Talort Cortina D'Ampezzo. Von da 4 Std., ab Falzarego-Paß $2^1/_2$ Std. KK 55, f&b WK S5.

Zittauer Hütte
Zillertaler Alpen (2329 m), erbaut 1901 von der Sektion Warnsdorf, jetzt OeAV-S. Warnsdorf/Krimml. Talort Gerlos-Straße am Durlaß-boden-Speicher. Bew. Mitte Juni bis Ende September. Ab Gasthaus Finkau-Alpe im Wildgerlostal 3 Std. KK 38, f&b WK 152, AV 35/3.

Zittel-Haus
Goldberg-Gruppe (3105 m), erbaut 1886 von Ignaz Rojacher, in Obhut der Sektion Salzburg seit 1890; 1925 erworben von der Sektion Halle/Saale, dann DAV-S. Halle; verkauft an OeAV-S. Rauris 1984. Talort Heiligenblut. Bew. Anfang Juli bis Ende September. Ab Gasthaus Alter Pocher im Kleinen Fleißtal $5^1/_2$ Std. KK 50, f&b WK 181, AV 42.

Zufall-Hütte
Ortler-Gruppe (2265 m), erbaut 1882 von der Sektion Dresden, nach Weltkrieg I als Rif. Dux der CAI-S. Mailand. Talort Goldrain/ Vinschgau (Martelltal). Bew. Mitte März bis Mitte Mai, Anfang Juli bis Mitte September. Im Sommer Kfz bis Hotel Paradies hinter dem Zutritt-See, dann $^3/_4$ Std. KK 52, f&b WK S6.

Zwickauer Hütte
Ötztaler Alpen (2979 m), erbaut 1899 von der Sektion Zwickau, auch Planferner-Hütte; nach Weltkrieg I Rif. Plan der CAI-S. Meran. Talort Pfelders/Timmelsjoch. Bew. Anfang Juli bis Ende September. Ab Pfelders 4 Std. KK 53, f&b WK S8.

Mitgliederstand 1987

Deutscher Alpenverein (DAV)   474 956 (Sektionen 298)
Österreichischer Alpenverein (OeAV)   214 754 (Sektionen 183)

Vergleichszahlen bis Weltkrieg II
(des von 1873 bis 1945 vereinigten Deutschen und Oesterreichischen Alpenvereins (DuOeAV)

1880 =	71 Sektionen	8753 Mitglieder	42 Hütten
1890 =	183 Sektionen	24 068 Mitglieder	103 Hütten
1900 =	260 Sektionen	47 401 Mitglieder	180 Hütten
1910 =	395 Sektionen	91 198 Mitglieder	260 Hütten
1920 =	398 Sektionen	109 542 Mitglieder	237 Hütten
1930 =	440 Sektionen	193 583 Mitglieder	404 Hütten
+ 1938 =	500 Sektionen	300 000 Mitglieder	410 Hütten

+) mit den zum „Fachamt Bergsteigen" im Deutschen Reichsbund für Leibesübungen gleichgeschalteten Wander- und Gebirgsvereinen seit 1933; ab 1938 auch mit den österreichischen Gebirgsvereinen, zusammengefaßt als „Deutscher Alpenverein" im Zuge der „Neuordnung des Großdeutschen Reiches"

Vergleichszahlen

(Mitglieder allgemein, davon aus Ost- und Mitteldeutschland, soweit zu ermitteln)

1900	= allgemein	46 439	Ost- und Mitteldt.	11 598
1914	= allgemein	99 326	Ost- und Mitteldt.	27 008
1919	= allgemein	73 139	Ost- und Mitteldt.	20 131
1933	= allgemein	213 653	Ost- und Mitteldt.	37 430
1938	= allgemein	300 000	Ost- und Mitteldt.	32 808

Hüttenverlust nach Weltkrieg I

Bestand 1915 = 321

Davon wurden von Italien 72 enteignet, darunter 27 von ost- und mitteldeutschen Sektionen erbaute. 12 Hütten gingen an die CSSR verloren.

Die Entwicklung des Deutschen Alpenvereins (ohne Österreich) nach der Neugründung 1950

1960 = 179 886 Mitglieder
1970 = 243 066
1980 = 397 827
1987 = 474 956

Die neugegründeten deutschen Sektionen

mit den sitzverlegten ost- und mitteldeutschen einschließlich Berlin und Charlottenburg, daneben gesondert aufgeführt

1953 = 255 Sektionen allgemein	13 ost- u. mitteldeutshe
1959 = 286	31
1965 = 290	32
1972 = 292	29
1979 = 291	23
1987 = 298	19

Fazit

Immer mehr sitzverlegte ost- und mitteldeutsche Sektionen lösen sich wegen Überalterung der Mitglieder auf.

Die mittel- und ostdeutschen Sektionen im DAV (Dezember 1987) mit Mitgliedern aus ihren neuen BRD-Heimatgebieten:

Sektion	Mitglieder
Asch	575
Berlin	6 695
Breslau	743
Charlottenburg	438
· Dresden	687
Eger-Egerland	640
Erfurt	842
Gablonz	662
Greiz	805
Guben	46
Halle	120
Karlsbad	518
Kattowitz	220
Königsberg	598
Leipzig	359
Potsdam-Dinkelsbühl	625
Prag	455
Rostock-Marktheidenfeld	474
Sonneberg	345
Sudeten	655
	16 462

Die ostdeutschen Sektionen im OeAV (Dezember 1987)

Gablonz/Enns	461
Reichenberg	794
Warnsdorf	461
	1 716

Literatur

Lexika:
Allgemeines Verzeichnis der Ortschaften Österreichs, 1915
Beckmanns Welt-Lexikon und Welt-Atlas, 1932
Brockhaus, Handbuch des Wissens, 1923
Duden-Wörterbuch geographischer Namen
DDR – Grieben 1980
Knauers Lexikon, 1938
Meyers neues Lexikon, 1981
Müllers Verzeichnis der jenseits der oder-Neiße gelegenen, unter fremder Verwaltung stehenden Ortschaften, 1980
Ostpreußen-Lexikon, 1982
Ritters Geographisch-Statistisches Lexikon, 1910
Schlesien-Lexikon, 1982
Studetenland-Lexikon, 1985

Hüttenbücher:
Die Alpenvereinshütten des DAV, OeAV, AVS, 1982
Schutzhütten in Südtirol, Dondio 1976
Südtiroler Schutzhütten, Menara 1978
Taschenbuch für Alpenvereins-Mitglieder (versch. Jahrgänge)

Allgemeine Literatur:
Aufbewahren für alle Zeit, Lew Kopelew; Hamburg 1976
Alpines Handbuch I und II, Leipzig 1931
Aus dem Leben eines Bergsteigers, Julius Kugy; 1968
Bergfoto heute, Pause/Hubmann; München 1971
Bergsteiger, München 1938/39
Das Gehen auf Eis und Schnee, Franz Nieberl; München 1927
Der alpine Gedanke in Deutschland, München 1949
Der Alpenfreund, Monatshefte; Jena, Jahrgang 1870

Der Kampf um den Bestand des AV, Ernst Ganahl; OeAV-M. 3/87
Der Mensch und die Berge, Karl Ziak; Salzburg/Stuttgart 1956
Die Deutschen Alpen 1–5, Adolph Schaubach; Jena 1865–1867
Die Entdeutschung Westpreußens und Posens, Hermann Rauschning; 1925
Die Gestalt des Bergsteigers, Karl Greitbauer; Wien/Stuttgart 1956
Die Vereinigten Staaten von Nordamerika, Doré Orgrizek, Saarbrücken 1946
Die Vertreibung der Deutschen aus dem Osten, Hrsg. Wolfgang Benz; Frankfurt/Main 1985
Die Zeit 7/85
Deutsche Geschichte in Stichworten, Walther Gehl; Breslau 1939
Ein deutsches Bilderbuch 1870–1918; München 1982
Erfurter Heimatbriefe Nr. 49 + 50, Dr. Lorenz Drehmann; Saarbrücken 1984/1985
Görlitz, Heyde/Piltz; Leipzig 1972
Gornergrat-Chronik, F. A. Volmar; Brig 1958
Klassischer Journalismus, Egon Erwin Kisch; München 1974
Kleine Zermatter Chronik, Karl Lehner; Zermatt 1957
Krimmler Wasserfälle/Wasserfallweg, Naturkundlicher Führer Band 3, Innsbruck 1985
Marie Königin von Bayern, Marie Schultze; 1892
Mein Lebensweg, Prinz Ernst Heinrich von Sachsen; München 1968
Mitteilungen der Landesarbeitsgemeinschaft der alpinen Vereine in Bayern, München 1948–49
Mitteilungen des Alpenvereins, München 1950
Mitteilungen des Deutschen Alpenvereins, seit 1951
Mitteilungen und Jubiläumsschriften der Alpenvereins-Sektionen

Ostdeutschland und die deutschen Siedlungsgebiete in Ost- und Südosteuropa, Dörr/Kerl; München
Pontresina, Heinrich Tgetgel; Bern 1964
Reifeprüfung1953, Uwe Johnson; Frankfurt 1985
Schlag nach für Wanderer und Bergsteiger, Mannheim 1976
Selbstbiographie, Dr. Eduard Amthor; Gera 1879
Südtiroler Kurzwanderführer, Menara/ Hager; Bozen 1981
Süddeutsche Zeitung/Bayernseite vom 31. 12. 1985

Tat und Traum, Oskar Erich Meyer; München 1920
Verfassung und Verwaltung des DuOeAV, 4. Auflage München 1928
Western Geschichte, Joe Hembus; München 1979
Wolkenhäuser, Christine Schemmann; München 1983
Zeitschriften (Jahrbücher) und Mitteilungen des DuOeAV seit 1869
Zlatorog, Rudolf Baumbach; Stuttgart/ Berlin 1905
Zur jüngeren Geschichte des DAV, Alfred Hennewein, Stuttgart, Mitteilungen 3 + 4/1984

Personenregister

Irmgard von zur Mühlen

Als Gast in Königsberg

Bilder und Begegnungen aus dem heutigen Kaliningrad

112 Seiten: 40 Seiten Text, 70 Bildseiten mit 85 Farbaufnahmen, 10 Schwarzweißabbildungen und einer Karte; farbige Karte des Kaliningrader Gebietes; Plan der Stadt Königsberg aus dem Jahre 1931; Format 21 cm x 28 cm; gebunden in Efalin, Fadenheftung, farbiger, cellophanierter Schutzumschlag.

Verlag Gerhard Rautenberg
2950 Leer · Postfach 19 98 · Tel.: 04 91/41 42

Die Grenzen zeigen die Provinzen und
Länder des ehemaligen Deutschen Reiches